創発する意識の自然学

河村次郎 著
JIRO KAWAMURA

萌書房

創発する意識の自然学＊目　次

第Ⅱ部　意識と心身問題

創発する意識の自然学

序

我々人間は心をもった生命体である。そして、人間的心の中心に位置するのは「意識」である。さらにその核に「自我」というものがある。

動物にも心的機能や意識の低次の働きは垣間見られるが、人間のような思考能力や理性はないものとみなされている。これは、最も人間に近い霊長類たるチンパンジーにも適用される観点である。そして、周知のように思考や理性を司るものは意識である。そこで古来、意識は超動物的崇高性をもつものと考えられてきた。また、この超動物的性質はそのまま「超自然的崇高性」に置き換えられる。

意識は英語ではconsciousnessである。しかるに、それはもともと良心（conscience）を意味していたのである。一般に良心は道徳的理性の内面的声であり、動物的ないし自然的欲望を抑制するものとみなされている。それゆえ、欧米で言われる「意識」は、生物の単なる行動センター機能を超えた意味合いをもっている。そして、その根底に存するのは言語機能を携えた内省能力である。道徳的良心の内面的声としての意識は、まさにこの内省能力に基づいているというわけである。

以上のような思考傾向は、人間の心を動物から区別して神の領域に近づけることを暗示している。その際、人間の心的機能の中でも特に意識の働きが重視されことは言うまでもない。それゆえ多くの人は、この因習に従って意識を神聖視し、それを自然化することに反発するのである。そして、この傾向は欧米のみならず東洋諸国にも広く行き渡っている。

しかし、西洋には古くから自然主義や唯物論的思想があり、人間と動物の間に連続性を認め、意識を自然化する思考傾向も脈々と伝えられてきた。ただし、ここで自然主義をそのまま物質主義とみなし、それを上述の思考傾向、すなわち精神主義に対置させるのは軽佻である。事態はそれほど単純ではない。

たとえば、西洋哲学の礎を築いた古代ギリシャの二人の偉大な哲学者プラトンとアリストテレスは一般に師弟関係にあるとみなされているが、人間の心の捉え方には根本的相違が見られる。プラトンは基本的に精神主義的だが、アリストテレスは自然主義的なのである。とはいえ、アリストテレスの自然主義はデモクリトスに代表される唯物論とは徹底的に区別されるべきものである。彼の自然主義は師の精神主義を内側から突き破り、それを止揚したものなのである。「止揚（aufheben）」とは、低次の段階で否定されたものが高次の段階で洗練された形で取り戻されることを意味する。それゆえ、彼は心を唯物論者のように物質に還元することなく、自然化することに成功したのである。そしてその際「自然化」は「生命化」を意味する。ちなみに、この傾向はプラトンに全く存しなかったわけではない。彼の晩年の作品『ティマイオス』からそれは看取できる。

アリストテレスは西洋の学問史上初めて「心」を明確に主題化した人である。我々は彼の生命的自然主義を探究の基点に据えようと思う。

心や意識を自然化する傾向はその後イギリスの経験論哲学に引き継がれた。そして、その系譜から二〇世紀に新たな自然主義的経験論が生まれた。この新しい思想は、古典的経験論を内側から突き破り、宇宙論的広がりをもつ形而上学を肯定するものであった。アレクサンダーとホワイトヘッドがその潮流を代表する人物である。二人はともにプラトンの『ティマイオス』の思想を重視し、それをもとに宇宙論的形而上学を構築した。アレクサンダーの立場は創発主義的宇宙進化論と呼ばれ、ホワイトヘッドの立場は宇宙有機体説と名づけられている。両立場は自然を生きたものとみなし、時間と空間の融合性を実在の基底に据えるものであった。また、それは伝統的な心身問題にも一石を投じるものであった。そして、その際「創発」の概念が重要な役割を果たした。これは、特にアレクサンダーの思想において顕著であった。ホワイトヘッドは表立って創発主義を標榜しなかった。しかし、過程や生成をそのまま実在とみなし、無時間的な原子論的唯物論を否定する彼の姿勢は、万物が新奇への創発的進化という生命性を帯びていることを中心に据える世界観の表明であり、創発主義の一種であることに間違いない。「創発」の概念の重要性については本論で詳しく説明することにする。

ところで、この系譜において重要なもう一人の哲学者はジェームズである。彼は周知のように「純粋経験」という概念を提唱し、伝統的な主観―客観対置図式を破壊しようとした。これは、心の本体とも言うべき「経験」の生動性に還帰しようとする立場であり、必然的に生命的自然主義に連なるものである。しかし、経験が万物の根源であるとする彼の立場はけっして観念論的唯心論を表明するものではない。それは「自然的実在論」なのである。ちなみに彼は、もともと医学部出身であり、脳の生理学的機能に深く通じていた。また周知のように偉大な心理学者でもあった。今日、脳科学の領域においては意識と脳の関係をいかに捉えるべきかが論争の焦点となっているが、その際ジェームズの先駆的発言が必ず参照される。特に「意識はモノ（実体）ではなくてプロセスである」という彼の有名なテーゼは重宝されている。

前世期の後半以降急速に進歩してきた脳科学は、従来タブーとされてきた意識の問題にも着手した。しかし、意識の主観的特質と物質的脳の生理的過程の関係の解明は困難を極めており、哲学者と科学者の間で様々な議論がなされている。「心脳問題」と一括されるこの論争は、存在論上のある根本的欠陥から生じている。それは、「物と心」「精神と物質」「主観と客観」などの伝統的な対置図式に反省を加えないまま、脳と意識の関係を考えようとする姿勢である。さらに、これに「哲学と科学」「文科系と理科系」という旧来の学問論的対置図式が拍車を駆ける。

自然科学の優位を主張する脳科学者は、意識を脳の生理的過程に還元しようとするし、心の非物質性にこだわる人文社会系の学者はそれに反発する。後者は、前者の姿勢をカテゴリー・エラーだと言いたがる。つまり、本来対象化できない意識の主観的特質ないし個人の直接的体験内容を自然科学の手法で客観化（対象化）しようとするのは、異なる存在領域に属すものを一緒くたにしてしまう暴挙だというわけである。

自然科学的脳科学者と人文系学者のこの対立こそ、まさに前述の存在論的欠陥の産物に他ならない。それは徹頭徹尾不毛である。心と物、精神と物質は、異なる存在領域に属すのではない。それら一見断絶した存在次元に属すように思わせるものは、実はそれらに関する「説明様式」の相違なのである。このことは多くの中性的一元論者によって主張されてきた。カテゴリー・エラーは実は説明様式の相違にすぎないものをそのまま存在次元の断絶と受け取ったことだったのである。

存在論的観点は認識論的観点（説明様式）と表裏一体の関係にある。前述の不毛な対立を回避するためには、この両観点を生命的視点によって統制しなければならない。その際また自然の概念を捉え返す必要がある。これこそジェームズやホワイトヘッドが目指したことである。我々は、彼らにならって意識の根底に「経験」を据え、その自然的生動性を捉えなければならない。そして、そこから意識と脳の創発関係を把握することを目指す。

以上のような姿勢は、チャルマーズが提唱した意識のハード・プロブレムの解決ないし解消に大きなインパクトを与えることができると思う。たしかに一人称で語られる個人の意識の主観的特質は、脳科学（神経科学と認知科学）の三人称的な客観化によって説明困難であるように思われる。しかし、この主観―客観対置図式に災いされた問題設定は、直前の先輩哲学者が主張した「経験の自然的生動性」を無視している。脳の生理的過程も経験の一要素なのである。つまり、それは精神と全く別次元の機械的物質過程ではなく、「経験の物的極」なのである。そして、それは経験の心的極としての意識とシステム的に統合され、生命の自己組織化活動に寄与している。

最近の英米の心の哲学においてはサールが生物学的自然主義を提唱し、意識が脳の創発特性であると主張しているが、その説明は微に入ったものではなく、存在論的ならびに認識論的に不十分である。我々は心脳問題の解決のためにもぜひ創発の概念を洗練させ、その存在論的位置と認識論的機能を明確化しなければならない。

ところで、ジェームズはフッサールと書簡的交流があったので、その点に着目して純粋経験の哲学と現象学の類似性を主張する者がけっこういる。また、現象学者の中には創発の概念に興味をもち、それを思索に取り入れようとする者もいる。しかし筆者は創発の存在論にとって現象学的観点は不要だと思う。なぜなら、物質をも現象に還元してしまう現象学はしょせん唯心論の亜系であり、意識の質料因への観点を全くもち合せていないからである。それに対して創発主義は質料因をけっして無視しない。否《いや》、むしろそれを重視する。前世期における創発主義の泰斗マリオ・ブンゲは自らの立場を創発的マテリアリズムと名づけている。彼の心身問題に対する創発主義的解決策は天下一品であり、本書の論考の手本となっている。

我々は世界の中で他者と交渉しつつある自己を見出す。そして、自己を深く見つめ、その存在の意味に思いをめぐらす。「自分とはいったい何なのだろうか」「他人も自分と同じように考えたり感じたりするのだろうか」「私は何のために生きているのだろうか」「なぜ私はあのときあそこにではなく、他ならぬ今ここに存在しているのだろうか」「そもそも私はなぜこの世に生まれたのだろうか」……等々。

こうした自己存在への問いかけ、ないし関心こそ「意識」の核心を表している。それは「自己意識」と呼ばれる現象である。

「自己」というものは、内省が深まれば、環境世界から切り離されて、内面的孤立化に至り、極端な場合神秘化される。しかし、我々は内省が始まる以前に既に世界の中に投げ出され、他者との交渉に没頭していたのである。これは、個人の反省能力による主観と客観分裂以前の「意識と行動」の一体性を示唆している。本書の意図は、この一体性を生命論的次元で深く捉え、そこから意識と自然の関係を浮き彫りすることにある。

ところで、哲学でよく使われる「世界」という用語は、個人の身の周りの世界（つまり生活環境）から地域、国家、地球全体へと広がる社会、さらには自然全体、宇宙全体を意味する。シェーラーは「宇宙における人間の地位」を問題にしたが、我々はそれにならって「自然における意識の生命論的地位」を問いたい。「自然における心の位置」とか「物理的世界における意識の地位」という問題は既に英米の心の哲学において頻繁に論じられてきた。その中には創発の概念に言及したものも多々ある。我々は、こうした先例を手本として、意識の創発を生命的自然主義の観点から解明しようと思う。そしてそれは、意識の根幹をなす「経験」の時空構制を世界の時空構造との相即態において捉えることを基盤としている。そして、これに生命概念に関する深い省察が加わる。それによって意識の創発の存在論的根拠と認識論的根拠が統合的に把握されることとなるであろう。

最近、脳科学の分野では「社会脳」という概念が興味の的となっている。脳を生理学的ないし生物学的存在としてのみ見るのではなく、社会的存在としても見ようというわけである。また、哲学や心理学の分野では、意識を内面化して捉える傾向と社会的関係性の次元で理解する傾向の対立が古くからあった。科学者もそれぞれ世界観や研究方針という哲学をもっている。そこで、彼らは過去や同時代の哲学者の思想を参照しつつ、研究の方向性を探るのである。他方、哲学者も科学からインパクトを受けつつ自らの思想や理論を構築する。意識と脳の関係を問う最近の心脳問題は、こうした哲学者と科学者の相互影響を反映している。本書において我々は、こうした動向を踏まえつつ、脳の社会的相互作用から意識が創発するプロセスを説明しようと思う。その際、無視できないのが、意識の発生過程に関する生命論的考察である。そして、この考察は意識の系統発生と個体発生の両側面からなされる。

さらにそれに先述の経験の時空構制に関する考察が加味され、「創発する意識の自然学」が完成するのである。「自然学」とは古くからある「自然哲学」に類似の概念であり、自然科学とは区別される。それはまた自然を意味するギリシャ語のピュシスを示唆している。さらに、ピュシスの意味が創発の概念と結びつく。つまり、「立ち現れて自己展開する生きた自然の生成過程」を意味するピュシスが「新奇への創造的発展」を含意する創発と合体するのである。ここには深い方法論的考察と論理の精錬があり、けっしてロマン主義的情緒に流されることはない。

なお、筆者はこれまでたびたび「君自身にではなく自然に還れ」ということを主張してきた。本書もまたこのテーゼで締め括られる。我々は自然の中で生まれ、いつからとはなしに意識を獲得し、自我を芽生えさせ、喜び、悲しみ、悩み、愛し、憎み、いつの間にか年老いて、また自然に還る。これに触れて、ある作詞家は「わけのわからないことで悩んでいるうち老いぼれてしまうから、黙り通した歳月《としつき》を拾い集めて暖め合おう」と詠った。本書は、この「わけのわからないこと」の正体を解き明かそうとする一つの存在論的試みである。つまり、我々のこの世における「存在の意味」を意識哲学ないし心身問題の見地から創発主義的に解き明かそうとするのである。そして、それは生命に関する深い省察、ならびに自己と世界の交互往還的存立機構への鋭利な眼差しによって裏打ちされている。

意識をドイツ語でBewußtseinと言う。直訳すると「自覚態存在」となる。我々がこの世に存在することの意味への関心、さらにはそうした関心を自分がもっていることの自覚、これが意識の正体である。この意識が、自然の中で自ずと生まれ、紆余曲折を経ながら、新奇への創造的発展を繰り返し、最後にまた自然に還る。つまり死ぬ。しかし、これは無に帰することではなく、生命の大いなる連鎖の存続に寄与することなのである。

創発する意識の自然学は、この過程を存在論的に深い次元で記述し、その根本的意味を解き明かす。それは、ヘーゲルの精神現象学とは別の意味で、一つの「意識の経験の学」である。

第Ⅰ部　意識への問いと創発の存在論

第1章　哲学における意識への問い

はじめに

周知のように西洋の哲学は古代ギリシャにおいて自然界を構成する万物の根源への問いから始まった。万物の根源の候補としてはまず水、火、土、空気などの物質が挙げられ、次いでそれらを構成する最小単位として「原子」が浮上してきた。それに対して、数や正多面体のような数学的抽象物を重視する人もいた。さらには、自然全体の秩序の総元締として「知性《ヌース》」という理念的なものを提唱する人も現れた。これらの候補はどれも客観的ないし即自的なものである。たしかに、水とか土とか原子は物質的なものであるのに対して、数や知性は理念的抽象体である。アリストテレスの言葉を借りて言えば、前者は自然の質料因であり、後者は自然の形相因である。両者の間にはたしかに意味的相違がある。しかし、対象化された自然の客観的根拠であることに変わりはない。そこには思索し探究する当人の在り方への関心はない。

そうこうするうちに、自己への配慮を哲学の重要課題として喧伝する輩が現れた。ソクラテスである。彼は先輩たちの自然哲学的客観化の姿勢を批判し、真の知への愛を説いた。その真の知とは「善なる生き方」に関するものであり、その探究の根底には「汝自身を知れ」というモットーが控えていた。ちなみに彼は一冊の著書も遺しておらず、その思想は弟子であるプラトンの作品から知りうるのみである。

プラトンの叙述によれば、ソクラテスは魂の不死を信じる精神主義者であり、自然哲学には全く興味がなく、ひたすら善なる生の理念を追い求める人であったらしい。その姿勢は、今日の状況に置き換えて言えば、「自然科学である脳科学の唯物論的姿勢では意識の本質など分かるわけがない」とヒステリックに叫ぶ一部の哲学者に相当する。ある意味では、彼の姿勢は主観性を過度に重視する形而上学的立場なのである。それは一見立派ではあるが、自然からの離反を内に秘めており、最悪の場合、単なるエゴイズムに堕す。

ソクラテスの立場は基本的に精神と物質、心と身体を別次元の存在領域に置く二元論であり、この姿勢は弟子のプラトンはもちろん、近代哲学の祖デカルトにも引き継がれている。デカルトにおいて意識の問題は明確に哲学の舞台に登場したと言える。彼は、意識を自我の思考作用に還元し、それを物質的身体ひいては自然界から内面的精神世界に隔離してしまったのである。これは意識の悪しき形而上学であり、筆者の自然主義的方針には全く沿わない。

哲学における心や意識の取り扱いと言うとたいていデカルト流の内面性の形而上学が思い浮かべられがちだが、筆者はむしろアリストテレスの根本姿勢にならって、意識を生命的自然主義の立場から論じたい。それは、意識の続・自然学（メタ・フィジックス）、つまりその根源的自然学となる。

意識の根源的自然学は意識を経験に還元し、その自然的生動性を捉えようとするものである。そこでまず、意識と経験の関係について考えてみよう。

1　意識と経験

意識と経験の関係を考える際、どちらに重点ないし優位性を置くかが分かれ目となる。一般に、経験とは意識によって統制された行動の体験内容であると理解されている。この場合、意識によって経験が可能ならしめられていると思われており、明らかに前者が優位に立っている。経験を可能ならしめる先験的根拠を求める超越論的主観性の哲学が、こうした見方の代表である。それに対して、経験論の哲学は基本的に経験が意識を引き起こすと考える。つまり、自我の意識的反省内容に経験が括り込まれる前に、経験は既に生起していたと考えるのである。これは古典的経験論から現代の英米哲学へと受け継がれた思想である。もちろん経験論者の中にも意識的主観性を重視する人はいる。しかし、主潮流をなすのは、行動と身体と環境世界に深く結びついた「経験」を意識の根底に置く立場である。

経験を意識の前に据えることは、必然的に主観―客観対置図式を相対化することにつながる。つまり、哲学者から一般人まで広範囲に流布した主観と客観の対置図式は、基本的に意識的主観、つまり対象を観察する自我の主観性の優位から生まれるものであり、主観の反省能力を対象把握の絶対的権能者とみなす姿勢を前提としているが、経験論の哲学ではこの絶対的権能が破棄されるのである。この観点は、純粋経験を説いたジェームズと有機体の哲学を提唱したホワイトヘッドにおいて顕著であり、最も深いものとなっている[1]。

我々はたしかに普段の生活の中で「意識の流れ」というものを体験している。そして、それは時間的持続とともに空間的広がりをもっている。さらに、その中心に観察し内省し続覚する自我（私）が居る。この「私」を中心として、意識野は環境世界へと空間的に広がり、過去から現在を通って未来へと連なる意識の時間流を形成している。

つまり、「私」としての自我が経験の主観的統制者となっているのである。このことは疑いえない事実である。しかし、生命体としての人間が遂行する「経験」は意識によって把握し尽くされるものではなく、その枠をはみ出す無意識的ないし下意識的要素によって包まれている。自我の主観性が明確に把捉する体験の流れは、あくまで意識野の時間空間的枠内での内省内容であって、それを包む無意識的ないし前意識的要素は排除されている。事後的な気づきによってこうした要素が内省の網によって把捉され、意識的主観性に括り込まれるのである。しかし、主観的自覚の力は強大で、本当は「事後的」であったことが、あたかも最初から自覚的に把捉されていたかのような錯覚を意識的自我に与える。そこで自我は得意になって、私こそ経験と体験流の統治者であり、意識的主観性こそ経験の主人であると思い込む破目になるのである。

こうした意識的自覚に依拠した主観優位の経験理解こそ、一般に流布している主観―客観対置図式と心身（物心）二元論の元凶である。そこでは、経験の物的側面が無視され、身体や行動という物的要素が排除されてしまっている。また、基本的に「私」には属さない、環境世界や他者の存在も視野の外に置かれている。しかし本来、「経験」にはそれを包み活性化する「場」としての環境、ならびにそれに豊かな内容を供給する他者というものが帰属しているはずである。ところが、体験と知覚と反省の主体としての意識的自我は、そうした要素すべてを自己の外の客観として対象化し、自らの意識流に基づいた経験の外在的要素とみなしてしまうのである。その際、自我の主観性は、意識野と体験流の発生源のゼロ点として、空間的延長性を全く欠いた真空の非自然的存在に収縮してしまっている。それはそのまま身体を欠いた純粋精神の様相を呈している。こうして、経験は物的契機と身体的側面という客観的ないし即自的要素を剝奪されて、意識の主観性の奴隷となってしまうのである。

デカルトに始まる近代の意識や心の哲学的理解の多くは、以上のような観点に支配されている。しかし、ジェームズとホワイトヘッドはこの観点に根本的異議を唱え、「経験」が主観と客観の分離以前の前意識的性質を中核としており、単に心的なものではなくて生理的で物理的な契機も包含していることを強く主張した。つまり彼らは、意識が経験を構成するのではなく、経験が意識を可能ならしめると考えるのである。また、主観が客観を対象化して構成するのではなく、客観こそ主観を可能ならしめる経験の契機であると断言する。これは、主観的観念論を批判する自然的実在論の観点である。

一般に意識の哲学的研究というと主観性に定位したものが多く、それを先験化し自然の外に置く二元論的発想に基づくものが主流をなしている。それに対して意識の科学的研究は、還元主義に則って、それを対象化する姿勢が濃厚である。しかし、この場合も経験のもつ「場」的性質は顧慮されず、従来の主観—客観対置図式は温存され、無批判に受容されていしまっている。もし、意識の真の科学を樹立したいのなら、因習的な二元論的形而上学は脱構築されなければならない。つまり、真正な経験の形而上学に基づいた意識の自然的実在論の哲学に依拠して、科学的研究のプログラムを練り直さなければならないのである。ところが、近年の意識科学の存否をめぐる哲学者と科学者の論争は、旧態依然の二元論的観点に翻弄されている。それは、たとえばチャルマーズが提起した意識のハード・プロブレムをめぐる論争にも表れている。

2　意識のハード・プロブレムを断罪する

チャルマーズは、クオリアに代表される人間の感覚経験の主観的相が神経科学と認知科学の標準的な客観主義的方法では説明できないと主張し、意識を脳の生理学的過程へ還元することを拒否する。意識のハード・プロブレム（困難で厄介な問題）とは、この主張を際立たせるために立てられたものである。[2] 我々は、快晴の日の空の深い青色や美しい音楽の音色やずきずきする歯の痛みなどに接して、様々な感覚の質を経験する。その経験は、経験の担い手としての「私」固有のもので、主観的相の現象的性質に満ちている。チャルマーズは、この経験の性質が物理主義的哲学や客観主義の自然科学ではけっして説明できないと言うのである。この発言は、脳科学が意識の主観的性質に関与し始めたときになされたので、識者の間に大変な波紋を投げかけた。そして心脳問題に関する意見の二大分裂を引き起こした。つまり、脳と意識の因果的結合に関する還元主義と非還元主義の対立を激化させたのである。

還元主義が旧来の物理主義ないし唯物論の伝統を引き継いでいることに変わりはない。そして、唯物論の敵対者は二元論である。しかし今日の非還元主義は、デカルトの実体二元論に代表される旧来の立場とは違う。意識と脳を分離した別の存在次元に置くのではなく、それらの性質に関する説明方法が根本的に別の文脈に属すと主張するのである。これは性質二元論と呼ばれるものであり、チャルマーズのハード・プロブレムもこの立場から提起されている。

それは不合理極まりない実体二元論に比べれば格段の進歩であるが、旧来の主観―客観対置図式を温存している点で手落ちの感は否めない。チャルマーズはたしかに「経験」というものを重視しているが、その主観的相ばかり重視して、主体と環境の相互関係ないし交互往還から理解される「客観↓主観」というベクトルへの視点を全くもち合せていない。これは、ジェームズやホワイトヘッドから見ると、一歩後退した立場であると言える(3)。

私が体験している個人的意識。それはかけがえのないものであり、客観化的自然科学の方法では説明できないように思われる。そこで多くの人は、脳科学が人間の心、とりわけ主観的意識を脳の神経過程に還元するという仕方で説明しようとする姿勢に反感を覚えるのである。チャルマーズのハード・プロブレムは、けっしてこうしたナイーヴな反感から提起されたものではないが、そうした反感を鼓舞したこともまたたしかである。そして、多くの二元論マインドの人を脳科学と意識哲学の真剣な対話から退避させてしまったこともまたたしかである。これは由々しき事態であり、彼の問題提起は、その鋭さにも拘らず、断罪されなければならない。

彼は意識と経験の関係への視点をたしかにもち合せていたが、経験のもつ自然的性質を顧慮できなかったのである。その自然的性質とは客観性、身体性、生命性などである。これらは「生動性」として一括りにできる性質群である。また、経験を主観的なものとして個人の内面へと隔離する姿勢も断罪されなければならない。経験は、個人の心的内面や皮膚に囲まれた身体の内部で完結するものではなくて、社会や自然という生態的環境へと脱自的に延び広がったものなのである[4]。

こうした観点は、人間を環境の中で生きる有機体として捉え、脳もその有機的構成要素として理解する視点を併せもっている。つまり、人間の経験を環境内存在として捉え、そこから脳と意識の関係を捉えようとするのである。そして、ここで「創発」という概念が登場する。この進化生物学由来の概念は、哲学的心身問題においても極めて重要な役割を果たしている。

「創発」とは、システムのもつ全体的特性は要素の線型的加算からは説明できず、物質的基盤からそれに還元不能で予知できない新しい性質が現れる、ということを指す概念である。そこで、「心ないし意識は脳の創発特性である」というテーゼが意味するのは、心や意識が脳の神経システムから因果的結合をもって生じるけれども、その物質的性質には還元できない非物質的性質をもつ、ということとなる。しかし、ここで「非物質的性質」という言葉には注意が必要である。それを旧来の二元論的観点から解釈してしまっては元の木阿弥である。

ここで言う意識の非物質的性質は、旧来の精神―物質対置図式から「精神実体」として受け取られてはならない。それはあくまで自然的生命現象として理解されるべきである。そして、このことは「意識はモノ（実体）ではなくてプロセスである」と主張したジェームズ、ならびに原子論的唯物論を批判する有機体的自然観から従来の物質概念を否定して、「プロセスが実在である」と喝破したホワイトヘッドの思想[5]を参照して説明されるべきことである。

また、「意識が脳の創発特性」であるというテーゼは、意識と脳の一対一関係のみではなく、身体や環境という生態的要素にも暗に言及しているということにも注意しなければならない。「創発」というのは、そのように含蓄の深い概念なのである。

3　意識はモノではなくてプロセスである

我々の身の周りの世界はモノで満ち溢れている。机、椅子、茶碗、家、ビル、自動車、木、人、猫、雲、電柱、太陽、月……等々。つまり、世界は大小無数のモノから出来上がっているように思われる。そして、それらのモノは分子、原子、素粒子と細分化される物理的実体としての微小粒子から構成される「物質」である。物質としての微粒子や巨視的物体は空間の中で延長をもつ実体として存在する。「実体」とは「これ」と言って名指すことができる物体的存在者であり、多くの場合手で触れたり掴んだりすることができる。こうした存在者が一般にモノと呼ばれるのである。

こうして存在＝モノというナイーヴな存在観が成立し、それが哲学的に深く存在の意味を考えない人々に流布する破目になる。彼らの頭には存在＝モノという観念が染み着いているので、心、意識、愛、平和、幸福といった抽象的対象に対してもモノというレッテルを貼ってしまう。ここには「名詞で言い表せるものは、それが物的なものであれ心的なものであれ、すべて対象的なモノである」という思い込みが存している。我々は、何かが名詞で言い表されると、それに対応するモノがどこかに存在すると思ってしまうのである。

ちなみにここで注意すべきなのは、何かがモノであるためには物と心、ないし物質と精神の区別を問わない、ということである。つまり、机も心もモノとしてどこかに存在すると考えてしまうのである。より詳しく言えば、机は物質界ないし自然空間内の物質的モノであり、心は精神界ないし観念空間内の心的モノである、というふうに存在論的には無差別に理解されてしまう。そこで、意識もモノ、つまり対象的実体として受け取られてしまう破目になる。

しかし、注意深く観察し省察すれば分かるように、自然界は物質だけではなくエネルギーや時間空間、さらには情報といった流動的存在からも成り立っている。物体も空間内に静止しているばかりではなく、運動し変化する。このように自然界はプロセス的性質をもっているのであり、単純にモノの複合体として捉えることはできない。つまり、それはモノ的存在観では到底捉えきれない性質をもっているのである。そして、この観点は心的現象にも適用されるべきである。

古くから多くの人の頭を悩ませてきた心と物、精神と身体の関係という難問は、以上に述べた紛い物である「心的なモノ」と「物質的なモノ」の相容れない存在性格に折り合いをつけるという間違った観点から生じた紛い物である。最近流行している心脳問題もまだこの観点に翻弄されている。そして、その傾向は哲学者と科学者双方に広がっている。

意識を心的なモノとして捉えるから、それを脳ないし身体のどこかに局所化して位置づけないと気が済まなくなる。それを物質還元主義的に推し進めるか、意識を二元論的に別の存在次元に分離してしまうかが問題なのではない。とにかく意識をモノとして捉えてしまうナイーヴな存在観に根本的欠点が潜んでいるのである。

ジェームズは既にこの点に気づいており、「意識はモノではなくてプロセスである」と断言していた。また、ホワイトヘッドは自然自体がプロセス的生命性をもっていると主張した。この二人は心身問題の存在論的基盤を中性的一元論に置いている。中性的一元論とは、世界を構成する究極の要素は心的でも物的でもない中性的なものであるとする立場である。これは同時に多元主義という性格ももっており、心的なものと物的なもののどちらかに傾いたり、他方を一方に還元してしまったりするということがない。我々は意識と脳、ないし心と身体の関係を考える際、ぜひ両人の思想を参考にすべきである。

世界は空間の中にモノがばらまかれた無機的なものではなく、エネルギーと時間と情報によって賦活される有機的自己組織体である。そして人間も、機械としての身体に幽霊のような心を潜ませた二元論的ロボットではなく、心的生命によって活性化される自己組織的有機体である。意識の本質や存在性格を考える際には、こうした観点を顧慮しなければならない。

意識をモノとしてではなくプロセスとして捉える姿勢には、自己と世界の交互往還的存立機構から理解されるべき「経験」の根源的生動性への視点が付随している。経験の根源的生動性は主観─客観の二元対立を克服し、意識を自然に根づかせるものである。

我々が自己を意識するとき無意識的辺縁から意識の自己集中が立ち上がってくる。それは、主観としての自己が環境世界を客観化し対象化しつつ物質的世界の中で精神的我を見出すのとは根本的に違う。むしろ無意識的辺縁としての自然という客観から自己の主観化的気づきが促されるのである。そして、我々の身体は周りの自然と連続性をなしており、自己と世界、心と自然は本来一体のものなのである。とにかく自然もプロセス、意識もプロセスである。この生成的世界から自己と世界、意識と自然の交互往還的経験の生命性が立ち上がってくるのである。

4　新たな意識の経験の学の構築

周知のようにヘーゲルの『精神現象学』は「意識の経験の学」という副主題を携えている。感覚的確信という低層から出発して絶対知という頂点に至る意識の自己経験の弁証法的上昇は壮観であるが[6]、思弁の度合いが強すぎて、現実の人間的経験にはそぐわない面が多々ある。また、彼は自然に対して精神を優位に置いている。それに対して、筆者が構想する「創発する意識の自然学」は精神よりも自然を重視する。この観点から筆者は新たな意識の経験の学を構築しようと思ったのである。

ヘーゲルの精神現象学からいったん目を離して、一般的視点から意識の自己経験について考えてみよう。我々が意識活動を働かせる際、さしあたって覚知の視圏に入ってくるのは自己ではなくて環境世界の外的対象、つまり物体や動物や他の人々である。その際、特に印象深いのは知覚の対象がもつ感覚的性質である。たとえば、朝焼けや夕焼けの鮮やかな赤色の質感、好意をもっている異性の笑顔のさわやかさ、大好物の料理の食欲を刺激する香り。あるいは、生意気な後輩のむかつく顔の質感、吐き気を誘う汚物の悪臭……等々。

これら知覚対象のもつ感覚質は、知覚主体によって感覚器官から受容され脳内で情報処理されると、主体に主観的感覚質の自覚の意識を引き起こす。つまり、「私は今……の感じがしている」ということがはっきり自覚され、その感覚の質が意識の主観的局面を占拠するのである。これが、いわゆるクオリアの感得というものであり、そこでは意識と自然の交差が生起している。

意識と自然の交差には自己と世界の交渉が並行していると言える。しかし両者は単純に置き換えられない。クオリアの感得は知覚対象のもつ現象的感覚質という外面的なものに関わるが、それを感得しているという主体の自覚は内面的なものであり、自己の生命的存在機構から発出してくる。つまり、クオリアの感得は意識の主観性の表層に属すのに対して、自己意識は生命的存在という意識の深層に食い入るものなのである。換言すれば、クオリアに対する主観的意識は consciousness の通常の意味としての感覚的―知覚的意識（awareness）に相当し、自己意識は conscience という人間存在の深みを示唆しているのである。ただし、ここで conscience というものをもっぱら道徳的―倫理的な意味での「良心」と受け取ってはならない。それは、人間存在の生命的深みを示唆する心の一側面と理解すべきである。つまり、それは「なぜ私はそもそもこの世に生きているのだろうか」という存在への問いと並行するものなのである。この問いが、クオリアの神秘性を凌駕することは自明である。

新しい意識の経験の学は、この深い生命的自己存在の意識がどのようにして発生するかを系統発生と個体発生の両側面から論じようとする。ちなみに、この一般的表現の「発生する」という言葉は、心身問題的ならびに生命存在論的には「創発する」と置き換えて、厳密化されるべきものである。

生物進化の過程で意識が創発し、その根本機能を獲得した生物種が個体の成長過程で意識の創発を自ら経験する。どちらの場合にも意識の創発の先行条件ないし必須の基盤は「生命」である。生命あるものだけが心をもち意識を獲得するのである。そして、進化の頂点にあるものが、自分が意識をもっているということを自覚し、その生命的意味を問うことができる。

原始的生物や下等動物にも行動と密着した無意識的な心的機能はある。しかし、その自覚は無に等しいか、ほとんどない。チンパンジーになると自己意識の最下層が現れるが、それもぎこちない。ホモ属の最先端たる我々ホモ・サピエンス・サピエンスにおいて自己意識は明確に機能しているのである。

自己意識は「経験」という概念と密接に関係している。新たな意識の経験の学は、創発する意識の自然学として、自己意識の発生根拠を生物進化と個体成長（人生行路）の両側面から経験論的に解明することを目指す。それは、近代以降の自己意識の哲学とは違い、主観的意識の権能を根拠とする意識内在的構成主義の立場を取らない。先述のように、意識を経験に従属せしめ、主観的構成主義に歯止めをかけて、自己と世界、意識と自然の交互往還的融合性に基礎を置くのである。それが自然科学的研究に対して開かれたものであることは言うまでもなかろう。

意識をもっぱら主観的で非物理的なものと見る立場は、他人の観察による自己の意識の理解に疑念を呈す。自己の意識は自分だけが内側から理解できるというわけである。思考内容、クオリアの感得、感情、記憶、秘密、うそ……等々。たしかにこうした現象は私秘的で他者のアクセスを許さない。しかし、そうした私秘的な心的現象もその「内容」に関しては外部起源の公共性によって満たされている。それらは個体が成長の初期において無意識裡に身辺の他者（特に父母や兄姉）から供給された情報なのである。しかし、それに関する記憶は主観的に構成されないまま成長し、思春期以降の主観的構成能が確立した意識によって初めて追憶されたとき、私秘的な存在領域に移されてしまうのである。

新しい意識の経験の学は、この意識内在的主観的構成主義から「経験」を救出し、それを自然的生命界という故郷へと帰還せしめることを趣旨とする。つまり、それは「失われた自己の存在の意味の取戻し」なのである。

我々は、意識している我を世界の中に見出すとき、現在時の意識から過去や未来を主観的に構成する傾向が強いが、これに歯止めをかけて、経験を自然に根づかせつつ自己意識の生命的意味を創発主義的に捉えることが肝要である。なぜなら、これによって意識を矮小化する主観性の原理が打ち破られ、ひいては主観―客観対置図式自体が突き破られ、意識の経験論的本性が根源的自然主義の観点から解明されるからである。そしてこれが、物心二元論と密着した近代的自我のせせこましい主観性の形而上学によって失われた自己の存在の意味を、新たな意識の根源的自然学（メタ・フィジックス）によって取り戻すことに他ならないのである。

注

（1）Cf. W. James, *Essays in Radical Empiricism*, Dover, New York, 2003（伊藤邦武訳『純粋経験の哲学』岩波文庫、二〇〇四年）、A. N. Whitehead, *Science and the Modern World*, The Free Press, New York, 1997（上田泰治・村上至孝訳『科学と近代世界』松籟社、一九八七年）、拙著『自我と生命――創発する意識の自然学への道――』萌書房、二〇〇七年

（2）Cf. D. J. Chalmers, *The Conscious Mind : In Search of a Fundamental Theory*, Oxford University Press, 1996（林一訳『意識する心』白揚社、二〇〇一年）、Facing up to the Problem of Consciousness, *Toward a Science of Consciousness*, ed. S. R. Hameroff, A. F. Kaszniak, A. C. Scott, MIT Press, 1996, pp. 5–28

（3）Cf. D. R. Griffin, *Unsnarling the World-Knot : Cosciousness, Freedom, and the Mind-Body Problem*, University of California Press, 1998, *Process Approaches to Consciousness in Psychology, Neuroscience, and Philosophy of Mind*, ed. M. Weber and A. Weekes, State University of New York Press, 2009, C. de Quincey, *Radical Nature : Rediscovering the Soul of Matter*, Invisible Cities Press, Montpelier, 2002

（4） Cf. J. Dewey, *Experience and Nature*, Dover, New York, 1958（河村望訳『経験と自然』人間の科学社、一九九七年）

（5） Cf. A. N. Whitehead, *Process and Reality*, The Free Press, New York, 1978（山本誠作訳『過程と実在』（上・下）松籟社、二〇〇〇年）、*The Concept of Nature*, Prometheus Books, New York, 2004（藤川吉美訳『自然という概念』松籟社、一九八二年）

（6） Vgl. Hegel, *Phänomenologie des Geistes*, G. W. F. Hegel・Werke 3, Suhrkamp, Frankfurt am Main, 1970（樫山欽四郎訳『精神現象学』（上・下）平凡社、一九九九年）

第2章　意識科学の可能性

はじめに

ふわふわした主観的現象として物理的実体性のない「意識」は、長い間科学の研究対象として認められなかった。心理学においてすらそれは脇に追いやられていたのである。ただし一九世紀に一度だけ意識を自然科学的に研究しようとする運動が勃興した。ドイツのヴントとアメリカのジェームズの研究室においてである。しかし、その運動の火はすぐに消えてしまった。その後、心理学は客観的に観察できる「行動」に視点を絞り、内面的意識の研究を断念してしまった。

この傾向はその後数十年続いた。ところが、一九九〇年頃からにわかに脳科学（神経科学）が意識について論じ始めることになる。実はこの傾向は、認知科学的方法によって内面的認知過程がコンピュータ・シミュレーションのもとに研究可能となった頃から徐々に現れてきていたものであった。それが一挙に堰を切ったように興隆し始めたのである。

探究の端緒は、視覚的意識《アウェアネス》の脳内神経機構の解明であった。我々が物を見ているとき脳内の神経システムはどのように視覚情報を統合して意識的自覚にもたらしているのか、というのが眼目であった。これは心理学の行動主義的制約はもとより自然科学の客観主義的禁制をも打ち破る大胆な発想であった。ついに自然科学が意識という主観的現象を研究対象にし始めたのである。

しかし長い間意識を探究してきた哲学者側からの評価には手厳しいものが多かった。哲学者ならずとも、はたして今日の脳科学は本当に意識の本性に立ち向かっていると言えるのだろうか、という疑念は消し難いものがある。とはいえ、脳科学の意欲はけっして衰えず、研究範囲は広がる一途である。これは何を意味するのだろうか。その意義と妥当性を科学哲学的見地から考えることは極めて重要である。そしてその際注目されるべきなのは、科学者兼哲学者として一〇〇年前にこの問題に言及していたジェームズの見解である。

1　ジェームズの予言をめぐって

ジェームズはハーバード大学の医学部出身であるが、臨床医になることを避けて基礎医学に進み、生理学と比較解剖学を研究した。神経系の生理学に詳しい彼は、その後心理学に転向し、意識の自然科学的研究を目指すことになる。彼によると、心理学とは意識状態そのものの記述と説明であり、心は世界とともに進化してきたのだから、意識を物的環境から切り離して考えるべきではない、とされる。そして彼は、心的活動が脳の活動の完全な関数であり、意識の状態の直接の条件が大脳両半球の何らかの活動である、と断言している(1)。しかし、自由意志の問題を介して、意識と大脳の神経活動の相関の難問性に突き当たり、意識の形而上学の必要性を強調している。次に引用する彼の発言は極めて意味深長である。

一定の脳の状態に一定の"sciousness"（識）が対応しているとき、何か確実なものが起こる。その本質の真相を窺《うかが》うことこそ真の科学的業績であって、その前には過去のすべての業績は顔色を失うであろう。しかし現在のところ心理学は、ガリレオ、および運動の法則以前の物理学、ラヴォアジェ、および質量はあらゆる反応を通して変化しないという考え以前の化学の状態にある。心理学におけるガリレオやラヴォアジェが現れればたしかに有名人になるであろう。彼らは必ずいつかは出現するであろうが、もし現れるとすれば過去の成功は将来の指針にはならない。しかしながらこのような人が現れたときには、問題が問題であるから、彼らは必然的に「形而上学的」になるであろう。そのときまでには、彼らの出現を促す最上の方法は、我々の探りつつある暗闇がどれほど深いものかを理解し、我々が出発点とした自然科学の仮定は暫定的であって改訂されるべきものであることをけっして忘れてはならない。(2)

ここで言われるsciousnessは、心的状態に対応する生理学的事実を求める際に仮説として要請される知者の自覚態のことであり、「内的感じによって確実に感知された意識状態」（consciousness）とは違う。自由意志を含み、物理的因果性を踏み越える「意識（consciousness）」はあまりに敷居が高いので、一段落として「識」に止まろうというわけである。とはいえ、識と脳状態の対応すら現状では解明困難である、と言っているのである。「一定の脳状態に一定の識が対応しているとき起こるもの」とは何であろうか。それが近年の心脳問題の核心に当たることは言を俟たない。ジェームズの発言から一〇〇年以上も経つが、未だにこの問題は解けないのである。もちろん還元主義者による主観的意識の消去という方策はある。しかし消去しきれないからこそ心脳問題は存続しているのである。他方、二元論者による意識と脳の生理状態の頑固な分離も一向に止む気配がない。還元主義者（唯物論者）と二元論者（精神主義者）の対立は古代ギリシャ以来のものであるが、この対立を乗り越える第三の立場もたしかに存在する。そうした立場には幾つかの類型があるが、そのうち最も見込みがあるのは創発主義である。ジェームズは、志向としては還元主義と二元論双方を乗り越えようとしているが、創発概念ないしそれに相当する原理に目覚めていない様子が窺われる。そこで彼は苦境に追い込まれる破目になったのである。前掲の発言はそれを象徴している。

彼は、識と脳状態の対応を探究する際、自身がもともと信奉していた「心と世界の共進化」を顧慮すべきなのに、なぜかそれが抜け落ちている。換言すれば、その対応の探究の際には、意識とそれを取り囲む物的環境の相互作用をぜひ顧慮しなければならないのに、それが視野の外に追いやられている。ここには方法論の一貫性が見られない。我々は、内面的で私秘的な意識の主観的状態のことを考えると、それをついつい物理的因果性の枠外に置いてしまう傾向がある。自由意志に関連した意識の主観的状態に関する私的思念はその最も際立った例である。そこで、つい二元論に逃げ込みたくなる。二元論を避けようとしたジェームズでさえ、その誘惑に十分抗することができなかったのである。しかし、還元主義によってその誘惑を振り切ろうとしても無益である。そこで着目すべき概念として「創発」が浮かび上がってくる。

内面的な意識の主観的状態は各個人の統覚作用によって「一なるもの」として把握されるので、つい心的実体と受け取られてしまう。つまり、物理的因果性の枠外にある「心的なモノ」と解釈されてしまうのである。その際、意識と物的環境の相互貫入は無視される。意識はモノではなくてプロセスなのであり、脳と頭蓋骨の枠を超えて環境世界に延び広がっているのである。換言すれば、脳は外延をもったモノであるが、意識は外延が環境世界にまで拡散した開放的で流動的なシステムなのである。それゆえ、意識と脳の対応関係はモノとモノ（物的モノと心的モノ）の一対一対応の観点からは理解できない。意識と脳の対応関係を理解するためには、意識と脳と環境世界の三位一体構造を理解せしめる事的でプロセス的なシステム存在論が必要なのである。そして、その際重要な役割を果たすのが「創発」という概念である。

意識と脳の関係をめぐる難問に、物理的実体の確認できない心的自由意志がどうして物理的な身体運動を引き起こすのか、というものがある。その際問題となるのは、非物理的な意識が物理的因果性に直接影響するとするなら、質量とエネルギーの保存則が破られて不合理な事態になる、ということである。しかし、この唯物論的反論は前提が間違っている。つまり、意識を非物理的実体として無批判に想定し、それが物理的プロセスに影響できるはずがない、という隠れ二元論の素朴なモノ的存在論を前提としてしまっているのである。

繰り返すが、意識はモノではなくてプロセスである。それは外延をもたない開放的なシステムである。しかも、それが非物理的なものであるという証拠はどこにもない。質量保存則やエネルギー保存則は、物理的なもの（P1）と物理的なもの（P2）の関係の一局面に適用できるにすぎない。そもそも世界がすべて物理的なものだとしても、現行の物理学で全部説明できるわけではないのである。政治物理学というものがいつまでも現れないのはその証拠である。誰も政治が非物理的なものであることを喧伝しないのに、意識に関しては青筋を立ててそれを強調するが……。

話がややこしくなるので、詳論は後の章に譲ることにして、ここでは次のことを指摘しておこう。ジェームズは、心と世界の共進化、ならびに意識と物的環境の不可分性、さらに意識はモノではなくてプロセスである、という自ら信奉した原理に則って、意識と脳の創発関係に着目すべきだったのである。そして、「創発」というものがけっしてマジックを意味するものではなくて、複雑系としての世界における要素間の相互貫入を示唆する存在論的概念であることを理解すべきだったのである。

2　意識の神経科学的研究

従来の禁制を破る意識の自然科学的研究は、かつてＤＮＡの分子構造の研究でノーベル賞を受賞したフランシス・クリックによって本格的に開始された。彼は、還元主義の原則に沿って人間の意識活動を脳内ニューロンの相互作用から説明しようとする。そして一切の思弁的説明を退ける。その際、生命概念に関する思弁的―神秘主義的主張たる生気論の失敗に言及する。つまり、自ら頂点を極めた分子生物学のＤＮＡ還元主義こそ生命の本質を説明するものであり、生気論に代表される思弁的生命概念はまやかしとして葬り去られた、というわけである。そして、この前例を意識の問題の解決にも適用しようとする。すなわち、脳の生理的な神経活動から意識や心を切り離して論じようとする一切の二元論的立場は虚偽であり、脳内に約一千億個あるニューロンの相互作用から意識を還元主義的に説明することこそ本道だと主張するのである(3)。

還元主義とは対象となる現象を実験・観察的アプローチによって客観化しようとする立場である。しかし人間の意識は複雑なシステムなので、クリックはとりあえず客観化しやすい視覚的意識を取り上げる。ちなみに、ここで言う視覚的「意識」は、先述の深い生命的自己意識（consciousness）ではなく、知覚と運動に関係する認知的気づき（awareness）を指している。そこで以後、前者を意味する場合には「意識」、後者を指す場合には「アウェアネス」と区別して表記することにする。

クリックは、「意識はモノではなくてプロセスであり，注意と短期記憶が意識の発生に深く関与している」というジェームズの先駆的主張を受け入れ、意識が脳内ニューロンの相互作用から創発する仕組みを解明しようとする。しかし、感覚の主観的質（クオリア）や自己意識といった高次の現象には目をつぶり、還元主義的客観化の方法にはまりやすい視覚的アウェアネスに探究の射程を絞る。これは既に大変な手落ちなのだが、「人間はワンパックのニューロンにすぎない」と信じるクリックは、臆することなく探究を進める。

我々が対象を見ている際、網膜から受容された電磁波（光量子）としての視覚刺激は、視神経と視床の外側膝状体（LGN）と視放射を経て、後頭葉の視覚皮質に到達する。この間の情報伝達は電気パルスの形でなされるが、左右の網膜から受容された視覚情報は、LGNを通る前に視神経交差において左右反対が反対になる。そして第一次視覚野（V1）において全体像が、とりあえず把握される。その後、第二次～第五次視覚野（V2－V5）において立体性、深さと距離、色、運動、物体の位置、形などが把握される。また各視覚野の連合の組み合わせが、様々な視覚要素を形成し、それらのさらに高次の連合が一つの視覚像となるのである。この間に視覚皮質はベクトルコード化的計算を行っている(4)。

ところで、視覚情報は単純なものから複雑なものまで多種多様である。クリックは、比較的単純な視覚情報の処理に焦点を当てて、その神経機構を解明することから始めようとする。たとえば、一本の赤いバラが眼前にあるとしよう。クリックの仮説に沿って言えば、赤いバラの花は、視覚野において色、形、大きさ、距離といった要素が捉えられ、嗅覚システムでは香りが捉えられる。そしてそれらの知覚内容が記憶や気分と連合して、「美しいバラ」の視覚的アウェアネスが成立するのである。このとき、脳内のそれぞれの認知モジュールを構成するニューロン群は同時発火するが、その発火の波は、モジュール間の連合性に即して、次々に関連するニューロン群に及んでいく。そして、この同時発火は一定のリズムをもっている。それはガンマ周波帯（約四〇ヘルツ）の神経的振動である。この振動に合わせて、関連するニューロン群は一斉に発火し、それが他の認知モジュール群に波及していくのである。こうして知覚要素の結合ないし情報の束ねが実現されるのである。こうした結合ないし束ねにワーキング・メモリが連動することによって視覚的アウェアネスが生起する、クリックは考える。

こうした説明を聞いて目くじらを立てる伝統的な二元論者や精神主義者は多いと思う。つまり、自己意識を含み感覚の主観的質に満ちた人間の心を全く説明していないではないか、というわけである。認知哲学的により詳しく言うと、認知モジュール間の知覚要素の結合がワーキング・メモリを介して視覚的気づき《アウェアネス》を生起せしめるとしても、それが知覚者本人の「私」による主観的体験として自覚されることの説明にはとどかないのである。いったい「私」が見ているものの主観的質感、その経験とは何なのであろうか。そして、それを実現する脳内の部位はあるのだろうか。これは古くから問われてきた難問である。よくある答えは、脳内に知覚的ホムンクルス（小人）がいて、それが知覚要素を統合して、一つの意識経験にもたらしている、というものである。これはあまりに神話的だが、それをソフィスティケイトした思想は、いくらでもある。デカルトの実体二元論はその代表である。

クリックは、ジェームズに倣って意識を実体ではなくプロセスと捉え、その観点から統制的ホムンクルスの存在を否定し、あくまでニューロンの相互作用から意識が創発すると考える（この際、アウェアネスがいつの間にか深い意味での「意識」と等置されていることに注意されたい）。しかし、彼の言う「創発」は脳内に限定されたもので、身体と環境にまで拡散する、その本来的意味は顧慮されていない。前述のように「創発」とは本来、複雑系としての世界における要素間の相互貫入を示唆する概念である。彼は、このことに無頓着なまま、創発概念を便宜上用いているにすぎないのである。

またクリックは脳神経系の可塑性をほとんど顧慮していない。故意に無視していると言ってもよいほどである。周知のように脳の神経可塑性とは、経験や学習による神経回路の変化・再編成のことを指す。脳が経験の主体だとしても、その活動は身体と環境からけっして切り離せないのである。ところが、因襲的な主観―客観対置図式では主体と世界（身体を含む）は切り離されて理解されてしまう。実は、クリックもこの図式の罠にはまっているのである。彼は、古い霊魂実体のようなものを否定して、それを脳内ニューロンの相互作用に置き換えているだけで、その相互作用が身体と環境からの情報的フィードバックと連動していることに気づけないのである。それゆえ彼は、意識が脳の創発特性であるということの真意に全くとどいていない。もともと創発概念は還元主義と相容れないものなのである。もちろん、還元主義を創発主義の手下としてシステム科学を構築する途はあるが。

クリックの立場は「意識の神経相関項（neural correlate of consciousness：NCC）」を視覚的アウェアネスに絞って探求するものであり、これは弟子のクリストフ・コッホにも受け継がれている。[5] また、視覚から他の感覚系に視野を広げたり、感情や自己意識にまで研究を広げたりする者もいる。しかし、基本となるのはＮＣＣの探求であり、それが意識の神経科学的研究の基本となっていることに変わりはない。

こうした神経科学的研究を補うものとして認知心理学の研究データがある。たとえば、日本におけるその方面の代表者たる苧坂直行は、覚醒・アウェアネス・リカーシヴな自己意識という意識の三階層を探究の基本に据えているが、[6] こうした図式は認知現象の直接の観察から得られるものであり、ニューロンの活動・組成を調べることとはまた別次元のものなのである。抽象的な認知過程に関する認知心理学的研究の補助なしには、意識の神経科学は盲目になってしまう。

意識の研究は最下層の覚醒から始めて、アウェアネス（クリックやコッホはこれに専心している）を通って、自己意識という高みにまで登るものでなくてはならない。還元主義のアプローチは覚醒とアウェアネスには適合しやすいが、自己意識や現象的意識は苦手とする。それに対して、英米の心の哲学における現象論や独仏の現象学では自己意識や現象的意識ばかりが重視される。それらはどれも片手落ちである。意識の科学的研究には三階層全部への目配りが必要なのである。

また、意識の三階層を統制する頂点（ないし基盤）として「経験」を想定することもできる。ジェームズが言おうとしたことは、実はこれなのである。彼の提唱した純粋経験の概念は主観―客観対置図式を乗り越えようとするものであった。ちなみに、これに類する思想はハイデガーやメルロ＝ポンティが強調した世界内存在の概念に見られる。彼らに倣って言うと、意識の主体は「世界（自己の身体を含む）を対象化する認識主観」ではなく「身体運動を伴いつつ環境世界にまで拡散した、世界の内に居住する事的活動主体」なのである。ちなみに、ハイデガーの言う世界内存在（In-der-Welt-Sein）はもともと主観と客観の対置図式ならびに内部と外部の隔絶を克服するための概念装置だったのであり、それをメルロ＝ポンティが身体性の次元で深め、神経学的臨床例に応用したのである。

実は、還元主義者のクリックとコッホ、ならびに意識のハード・プロブレムの提唱者のチャルマーズ双方が、因襲的な主観─客観対置図式に囚われてしまっている。彼らには世界内存在ないしそれに準ずる概念への配慮が全く欠けている。それが不毛な対立と行き詰まりを引き起こしていると思われる。

そこで肝要なのは、先述の社会脳の概念と脳の可塑性の関係をまず意識の神経科学的研究に取り入れることであり、それから意識と脳の創発関係を世界内存在の経験にまで拡張して理解することとなる。

3　社会脳・可塑性・創発

あらゆる生物の脳は環境との相互作用ならびに他の生物との交渉を通してその神経システムを構築してきた。これが高度の知能と言語機能を獲得した人間の脳において一つの頂点に達していることは言うまでもない。つまり、生物の脳は環境内部での群生様式によってそのシステムが形成されるのであり、人間においてその傾向が最高潮に達したのである。

ところで、人間の心、特に意識は各人の私的主観性を特質としており、自然科学が近寄りがたい神秘性をもっている、と多くの人に信じられている。この信念が意識の非物理的性質という存在論的確信を生み、さらにそれが意識の非公共的私秘性という観念に誘う。それに対して、自然科学としての脳科学は意識をなんとかして神経生理学的過程に還元しようとし、それをもって意識の神秘的性格を払拭しようとする。

意識の神秘主義と物理主義（還元主義）のこの対立は二重のカテゴリー・ミステイクによって生じる不毛なものである。つまり、双方とも従来の主観―客観対置図式、ならびに精神と物質の二元論に翻弄されて、意識と脳の関係を探る真の視点に立てないでいるのである。

意識と脳の関係の本質を理解するためには、意識の主観性が他者との関係から生まれる脱自的性格をもつということ、ならびに意識の主観性の基盤となる脳の神経システムが他者の脳との情報交換（コミュニケーション）を介して構築されるということに目を開かなければならない。ところが、これまでの意識の観念論的理解と脳科学双方が意識を個人の内面に閉じ込め、その脱自的公共性を理解できないでいた。そして、これが両者の不毛な対立の元凶だったのである。

しかし近年、脳科学者の一部から「社会脳（social brain）」という概念が提出され、自己と他者の関係から生じる個人の内面的主観性としての意識の基盤となる脳の神経システムを探求する動きが出てきた。その際、意識のみならず脳の働きも個人の頭蓋骨の枠を超えて、環境世界と他者の脳との相互作用から理解しようとする傾向が顕著となっている。

これは、先述のジェームズの意向（心と世界の共進化を重視する姿勢）を脳機能の理解にまで拡張したものとみなせる。ちなみに、そうした社会脳の概念の原型は既にプラグマティズムの社会哲学者ミードが提出していた。彼は、内面的意識に社会的行動が先立つと主張し、意識の発生源を個人の内面的主観性から他者との社会的交渉の場面に移したが、それと同時に脳の神経システムの構築が社会の組織的構造や人間関係の様式と相即していることを指摘した。(7) この指摘は大雑把なものであったが、その後の神経科学の発展による脳内神経回路網の可塑的な結合様式の解明がその正しさを証明した。サルの脳に確認されたミラーニューロンなどはそれを後押しするものである。このミラーニューロンは、サルの脳の腹側運動前野を中心として存在し、頭頂葉と上側頭溝へと結合網を張り渡し、一つのシステムを形成している。そして、それはヒトの脳にも比較解剖学的に応用理解できるものとされている。

ミラーニューロンの注目すべき機能は、他者の動作のプログラムを自分の脳内で再現する、つまり他者の脳の内部状態を自己の脳の内部状態としてシミュレーションする、ということである(8)。この発見を応用すると、サルやヒトなどの社会的動物の脳は他者との相互作用によってその働きが賦活される器官であるとの理解が得られ、さらにその際身体的動作の模倣が重要な役割を果たす、という共通した見解に至る。発達心理学において既に自己意識の芽生えが他者、特に母親との身体的触れ合いに淵源することが指摘されていたことを顧慮すると、その発見と応用的理解はいよいよ興味深いものとなる。とにかく人間（ヒトとヒトの間で生きる我々）の脳は他者との社会的相互作用からその神経結合様式を形成するのであり、機械のように単独で機能するものではないのである。

ここでコンピュータの電子回路網と人間の脳の生きた神経回路網の構築の違いが明らかとなる。コンピュータのハードウェアの基盤となる電子回路網は製作時から固定されたものであるが、生物としての人間の脳の神経回路網は経験や学習によってその結合様式を可塑的に変化させる。これを脳の神経「可塑性」と言う。そして、それは脳内に一千億個ある神経細胞（ニューロン）間での神経線維の配線の変化によって生まれる性質である。

この配線の変化は、各ニューロンがもつ出力線維・軸索と樹状突起（ならびにニューロン本体の入力部）が出会う極微の間隙（シナプス）の結合の強度・持続性に基づいている。それだけではない。神経線維は刺激への反応を介して、あるいは情報処理の都合上、随時成長し伸び広がるのである。つまり軸索の伸張とその末端部における枝分かれが脳内で頻繁に起こっている。たとえば新しいことを経験したり学習したりするとこれが起こる。また記憶作用にも付随する。

コンピュータの情報処理は固定したハードウェアに多種多様なソフトウェアをインストールすることによってなされる。それに対して、人間の脳はハードウェアたる神経回路網自体が可塑的に変化するのである。それに外部からの情報入力の多種多様性が加わるので、もし人間の心脳関係にハードウェア―ソフトウェアの図式を適用したいなら、それは脳の世界内脱自的居住性を顧慮したものでなければならない。つまり、環境世界の組織的構造と人間関係の様式が脳の神経回路網の組織化に反映する様式を両者の相互作用を顧慮して解明しなければならないのである。そのためには従来の主観―客観対置図式を乗り越え、脳の内部と外部世界の相互反転的浸透性を理解しなければならない。そして、その際媒介項として重要な役割を果たすのが身体性である。

人間の認知活動は頭だけでなされるものではなく、身体運動によって強く賦活されるということは近年の認知脳科学の一致した見解となっている。もともと生物の脳は身体運動による環境との関わり、そして生きるための情報処理の必要性から進化の過程で生まれたものである。

最も原始的な単細胞生物には脳も神経系もない。それが次第に単純な神経系をもつ生物に進化し、さらにそれが複雑化して中枢神経系を生み出し、最終的に脊髄と連結した脳の巨大化につながったのである。こうした過程は生命の自己組織化的活動を示している。それゆえ、人間の脳の可塑性もこの活動の一環として理解できる。さらに、ここから人間の脳と意識の創発関係へと目が開かれる。

創発という概念は生命の自己組織化を示唆している。生物ないし生命体としての人間は環境の中で自然物や他者と相互作用しつつ意識を生み出し、それを働かせるのだが、それに「身体に有機統合された脳」の可塑性が相即している。そして脳の神経活動は環境世界へと脱自的に延び広がり、外部世界の情報構造を自己の神経回路網形成に反映させている。こうした点を集約すると、社会脳・可塑性・創発の三者が密接に関係し一体構造を実現していることが理解できるようになる。そして、社会環境や他者との相互作用から創発する個人の意識に脳の神経可塑性が相即的に付随し、それが自己と世界を一体化せしめる生命の自己組織化運動を示唆する、ということに目が開かれるのである。脳の社会的相互作用と意識の創発の関係については後で詳しく論じることにしよう。

4　意識科学の可能性

我々各人は生涯、自分の脳を見ることはない。また、目をはじめとする感覚器官は基本的に外部の環境に向かっており、そこから情報を得ている。たしかに、体性感覚というものがあり、自分の身体内の臓器や血管や筋肉や骨格や末梢神経の感覚もある。しかし、脳自体の感覚は実はないのである。

脳自体に感覚がないことは識者の間では周知のことだが、意外と知らない人が多い。頭痛は脳自体が痛んでいると思い込んでいるのである。頭痛は実際には脳を包む膜にめぐらされた末梢神経から発している。

ワイルダー・ペンフィールドの実験で有名なように、癲癇《てんかん》の患者を無麻酔の意識ある状態にして、その脳を電極で刺激すると幻覚や過去の記憶などの様々な意識内容を誘発することができる。脳自体が痛覚をもたないので、このような実験が可能なのである。(9)

脳が感覚をもたないということは心脳問題にとって実は重大な意味をもっている。意識は感覚や知覚の束として統合性をもち、そこから主観性を伴った自我の観念が生まれてくる。「このずきずきする痛みを感じているのはこの〈私〉であり、他の誰もそれを共有しえない」というあの観念である。この主観性の背後に脳自体が感覚をもたないという事実が控えている。

意識の本質は志向性と主観性にあるという考え方は識者の間で広く流布している。また、主観は主観自身を対象化できないので、客観主義的脳科学によって意識の本質を解明することはできない、と断言する人もかなり多い。

こうした見解は一見深いものに思えるが、実は底が浅い。「意識の本質が主観性にあり、それは客観化できない」という発想の背景には、「脳自体には感覚がなく、自己対象化の機能がない」という事実が控えているのである。つまり、意識のみならず脳自体が対象化しえない一種の主観性という存在性格をもっているのである。それゆえ、古くからある主観―客観対置図式とパラレルな一人称と三人称の素朴な対置図式は見直す必要がある。それに頼り切ることは大きな弊害をもたらすからである。

意識は個人の人生行路の体験内容に基づいた個別的で主観的なもので、その人本人の一人称的言語報告からのみ知りうるのに対して、脳科学の実験・観察・データ解析という手法は個別性を捨象した法則定式化的な対象化であり、三人称の客観的視点に定位している、という二元論的見方が脳科学に対する疑念を助長している。しかし、よく考えてみると、唯一無二なものに思える個人の意識も、その内容の成立には他者との社会的共同生活が大きく寄与し、超自然的な神秘性などないことが分かる。また、個別的なのは意識や主観性だけではなく、個人の生きられた脳もそうなのである。脳腫瘍に罹ったAさんの脳と自閉症を生み出したB君の脳とノーベル賞を受賞せしめたC氏の脳はそれぞれ個性的であり、比較を絶している。勉強好きで内向的なDさんの脳とスポーツ好きで外向的なE君の脳も比較を絶していると言ってもけっして過言ではない。

以上の事柄は、「個別と普遍」の関係は「精神と物質」の関係とは次元が違うということを示唆している。我々は、心脳問題を考える際、「個別と普遍」の関係が「精神と物質」の関係と混同されやすいことに警戒しなければならない。

脳と意識は、存在次元が全く異なったものではなく、それに関する説明様式が別文脈に属しがちな双子の兄弟なのである。それゆえ、よく言われる脳と意識の間のカテゴリー・ミステイクの本性は、存在論的次元のものではなくて認識論的なものである。意識を説明する際、我々は通常その内容や質に言及し、その基礎にある質料因としての神経の活動やその分子的組成はとりあえず視野の外に置く。これは現象学において顕著な姿勢であるし、一般人の常識的見方ともなっている。意識の真の科学を樹立したいなら、ぜひこのカテゴリー・ミステイクを回避しなければならない。それゆえ、一人称の現象学的分析内容を三人称の神経科学的データと並行論的に突き合わせることによって意識科学を樹立しようとするヴァレラの神経現象学の提案[10]よりも、「存在論的に主観的な意識」を「認識的に客観的な科学」によって解明することを推奨するサールの生物学的自然主義の方法[11]の方が有益なのである。

「一定の脳の状態に一定の‘sciousness’（識）が対応しているとき、何か確実なものが起こる」。ジェームズが言ったように、これを解明することが意識科学の最終目標である。「識」をそのまま深い意味での「意識」に置き換えても差し支えない。とにかく、そのとき起こる「何か確実なもの」とは何なのか、が問題なのである。

それは生命の本質の顕現である、と筆者は思う。それは社会内存在としての個人の「身体に有機統合された脳」が自己を対象化できない状態で遂行する「経験」の発動である。そのとき、まさに脳（身体に有機統合され、環境世界的情報場へと脱自的に関与しつつ自己に還帰する主体の志向性の器官としての脳）の対象化できない自己言及的自己組織化活動である[12]。それはまた、自己と世界を渦動的に統合する生命の自己組織化運動、すなわち根源的自然（ピュシス）の顕現である。そして、それこそ脳から意識が「創発」するということの本来的意味なのである。

意識科学の可能性はひとえにこの創発現象を精緻に捉えることにかかっている。それは精神と物質の対立の彼岸にある我々の存在の意味にも答えてくれるものとなるであろう[13]。

注

（1） Cf. W. James, *Psychology : The Briefer Course*, Dover Publications, New York, 2001（今田寛訳『心理学』（上・下）岩波文庫、二〇〇一年）

（2）W. James, *op. cit.*, p. 335（邦訳（下）三三九ページ）

（3）Cf. F. Crick, *The Astonishing Hypothesis : The Scientific Search for The Soul*, Simon & Schuster, New York 1995 以下、クリックの説はこの本から抽出したものである。ちなみに、F・クリック／C・コッホ「意識とは何か」松本修文訳（『別冊日経サイエンス第一二三号・心のミステリー』日経サイエンス社、一九九八年）も参照。

（4）脳神経系におけるベクトルコード化については、P. M. Churchland, *The Engin of Reason, the Seat of the Soul : A Philosophical Journey into the Brain*, MIT Press, 1995（信原幸弘・宮島昭二訳『認知哲学――脳科学から心の哲学へ――』産業図書、一九九七年）、M. Spitzer, *Geist im Netz : Modelle für Lernen, Denken und Handeln*, Spektrum, Heidelberg 2000（村井俊哉・山岸洋訳『脳――回路網のなかの精神――』新曜社、二〇〇一年）を参照。

（5）C・コッホ『意識の探求――神経科学からのアプローチ――』（上・下）土谷尚嗣・金井良太訳、岩波書店、二〇〇六年を参照。

（6）苧坂直行「脳と意識：最近の研究動向」（苧坂直行編『脳と意識』朝倉書店、一九九七年）を参照。

（7）Cf. G. H. Mead, *Mind, Self and Society : from Standpoint of a Social Behaviorist*, The University of Chicago Press, 1967（河村望訳『精神・自我・社会』人間の科学社、二〇〇二年）

（8）村田哲「脳の中にある身体」（開一夫・長谷川寿一編『ソーシャルブレインズ』東京大学出版会、二〇〇九年）を参照。

（9）W・ペンフィールド『脳と心の正体』塚田裕三・山河宏訳、文化放送、一九七九年を参照。

（10）Cf. F. J. Varela, Neurophilosophy : A Methodological Remedy for the Hard Problem, *Journal of Consciousness Studies* 3, No. 4, 1996, pp. 330-349

（11）Cf. J. R. Searle, *Consciousness and Language*, Cambridge University Press, 2002, *The Mystery of Consciousness*, The New York Review of Books, 1997

（12）この「脳の対象化できない自己言及的自己組織化活動」という契機は極めて重要である。それは標準的な脳科学（神経科学+認知科学）によっては解明しがたい「脳の内奥的本性（ピュシス）」なのである。

（13）これは科学と哲学が一つになることにつながる。

第3章　方法としての創発の存在論

はじめに

意識が脳から創発する現象であることは、これまで何度も述べてきた。といっても、水槽の中にある単独の脳からではなく、「身体に有機統合され環境と相互作用する主体の志向性の器官としての生ける自己組織化的脳」からそれは創発するのである。この過程を記述し説明するのが創発する意識の自然学なのだが、そのためには精緻な方法論が必要となる。

過去の偉大な哲学書は緻密な理論体系として、みな優れた方法論をもっていた。たとえばハイデガーの主著『存在と時間』は解釈学的現象学を方法とする学的存在論の体系であり、その概念規定と論理展開は精緻を極めている。その他、カントの『純粋理性批判』、ホワイトヘッドの『過程と実在』といった大哲学書においてその傾向は顕著である。我々もぜひ、こうした先哲の姿勢に倣って、意識哲学を厳密な理論体系にするために方法論を確立しておこうと思う。

我々が目指しているのは「創発する意識の自然学」という理論体系である。それは自然界の、ひいては宇宙の中での「意識」の存在地位を問うという意味で「存在論」という性格を帯びている。しかも、永遠不滅のイデア的存在を問うのではなく、生々流転する自然界における生命的存在の意味を探求するのである。つまり、過程がそのまま実在であり、生成即存在であるような世界の存在構造に根差した人間の意識の根源を存在論的に問おうとするのである。そして、その際注目されるのが「創発」という概念なのである。

我々は、この概念がどういう経緯で哲学と科学に登場し、それがどういう問題局面で重要な役割を果たしたかを顧慮しつつ、それが意識の存在論の方法の支柱になることを確認しなければならない。それによって意識の「自然学」というものの学問的地位が明確となり、本書の理論全体に整合性が付与されるであろう。

1 「創発」の一般的概念

まず「創発」の一般的概念について述べておこう（と言っても日常的意味ではなくて学問的意味での一般性だが）。

創発（emergence）は、大きく分けて二つの意味をもっている。まず、それは「先行する与件から予測できない新しい性質が現れる」ということ。次に、「全体としてのシステムのもつ性質は部分の総和からは理解できず、それを超えている」ということ、換言すれば「全体としてのシステムがもつ性質は、それを構成する要素が単独ではけっしてもちえないものである」ということ。こうした二種の意味をもっている。

我々は普通、知覚や考察の対象となるものはそれを構成する要素ないし素材から出来ており、前者は後者に還元できるという信念を暗に抱いている。たとえば、水（H_2O）は水素原子と酸素原子に還元できるし、人間は細胞とそれを構成する分子に還元できる、と思っている。しかし、水や人間の示す多様な性質はけっして原子や分子の合成から導き出せるものではない。人間という複雑な生命体ならまだしも、水という単純な物質ですら、その性質は原子に還元できないのである。それではは原子や分子の「相互作用」で理解できるかというと、それでもまだ足りない。システムのもつ全体特性は、要素の総和をはるかに超えているのである。というより、それとは次元が違うのである。これは、前に述べた「複雑系としての世界における要素間の相互貫入」という事態に関係している。還元というのは、この事態を無視して、観察や考察や分析を孤立した対象に限局することによってなされる操作なのである。それは原因結果の関係を比較的明確に示してくれるから一見正当なものに思えるが、実は事の一面を突いたものでしかない。しかし、単純な割り切りや手っ取り早い実証性らしきもので満足したがる人にとっては還元の方が創発よりも科学的に正当に思えるのである。要するに素朴な唯物論を信奉している人にとって創発の概念は胡散《うさん》臭いものでしかない。また、二元論の立場を取る人たちにとっても創発の概念は困惑の元となる。それも当然。創発という概念は唯物論（還元主義）と二元論の不毛な対立を克服するという意図から創られたものだからである。

とにかく、創発という概念はいいかげんなものではなく、世界の奥深い本性を知るためにぜひ必要な哲学と科学の道具なのであり、還元主義とは別の意味での実証性と実用性をもっているのである。

2　心身問題における創発概念の意味

「創発」はもともと進化生物学から出てきた概念であるが、哲学的心身問題においても重要な役割を果たしている。その役割とは、直前に述べた唯物論と二元論の対立を乗り越えることである(1)。

意識に代表される心的現象は、物質や物理的現象と違って、空間内に定位したり定量的に把握したりしにくい性質をもっている。こうした物理的現象と心的現象の違いを強調すると二元論に行き着く。それに対して、その違いを見かけのものとみなして、確実に空間的で定量的な存在を把握できる物埋的実在にのみ実在性を認めると唯物論になる。その際、心的現象は物埋的現象に還元され、解体され、ひどい場合消去される。心なんて本当は存在しない単なる幻想だ、というわけである。

しかし、極端な唯物論たる消去主義は現実にそぐわない。現実には、我々は意識を働かせて自分の体や周囲のものを動かしている。そこには明らかに意図や目的性がある。また、内面的表象空間というものもたしかに機能的に存在しており、そこで記憶の抽出や論理の展開やイメージの形成や内的独語がなされている。これらは、コンピュータで言えばソフトウェアが実現する一時ファイルに相当し、流動的な存在様式をもっているが、現実の物理的世界にたしかに影響を及ぼす因果的産出力をもっている。

行動主義はこの内的表象世界の存在を否定して、外部から観察できる行動に心や意識を還元した。他方、二元論の陣営は、内的表象世界を物理的世界から切り離して、独立自存する心的実体とみなした。両陣営とも、素朴な主観―客観対置図式と精神と物質の二元分離から出発し、極端な結論に至っている。二元論からこの傾向は即座に看取できるが、消去主義たる行動主義も実はこの傾向に翻弄されて生じた立場なのである。両陣営に共通するのは、存在するものは心的であれ物的であれすべてモノ的実体である、という素朴な信念である。また、部分と全体、要素とシステムの弁証法的相互帰依の関係が理解できていない。こうした姿勢が、物と心の並列的存在把握に由来する「物か心か」という誤った二者択一の傾向を生み出しているのである。

現実の生命的世界に根差した物心関係ないし心身関係の把握のためには、この誤った二者択一をぜひ乗り越えなければならない。そのために要請されるのが「創発」の概念であり、それを基礎に置いた生成的世界の存在論なのである。

意識は不断の流れをもっており、現れては消え消えては現れる生成的存在様式に彩られている。それはまた、脳の神経活動の状態依存的な関数であり、生理的―物理的世界からけっして切り離されない。ここで「状態依存的」というのは、環境世界（自己の身体も含む）の状態と密接に関係しているという意味であるが、これに着目すると内的精神世界と外的物理世界という二分法が解体し、心と物が情報によって橋渡しされているということに目が開けてくる。環境世界の状態とは情報に他ならないからである。(2)

心と物、内的世界と外的世界が架橋されるということは、全体的システムたる生命的世界が要素間の相互貫入によって成立する生成的存在様式をもつことを示唆する。心と身体、意識と脳の関係は、この相互貫入という観点から創発主義的に理解されなければならない。つまり、心は身体の物質組成や生理的過程に還元されたり、それらから分離して別の世界に匿《かくま》われたりするのではなくて、身体の生命的活動から状態依存的に発生するのである。同様に、意識は脳の生理的神経活動に還元されたり精神世界へと匿《かくま》われたりするものではなく、身体に有機統合された環境内存在としての脳から状態依存的に創発するのである。ここで「創発する」というのは、単に「発生する」というだけではなく、自由意志を行使して創造的行為に誘うという含みがある。

心身問題とその先鋭的形態たる心脳問題は難問であり解答困難である、という悲観的意見が多い。他方、安易な唯物論や二元論で簡単に片を付けようとする人もけっこういる。ソクラテス（ないしプラトン）やデカルトが立てた心身問題は、非物理的な心と非精神的な物（身体）の関係、つまりAと非Aの合致関係を求めるという、もともと解答困難な設定がなされていた。つまり、それは必然的にアポリアに導く疑似問題性を孕《はら》んでいたのである。これでは不合理な結論や立場間の不毛な対立しか生み出さない。それに対して、「心と身体が一つであるか二つであるかを問うてはならない」と主張し、心を身体の生命的原理としての形相とみなしたアリストテレスの自然主義的立場は先見の明があったと言える。(3) 彼は既にデカルト的心身問題の不毛性を予見していたのである。

心が身体の形相であるということは、今日の言葉に置き換えると、それが身体の物質組成や生理的過程の自己組織化の原理である、ということになる。自己組織化ということはシステムの生命活動と同意である。そして、この活動は環境世界や自己身体内の様々な要素の相互貫入と非線形的加算から成っている。ここから個人の意識が創発してくるのである。

我々人間は環境の中で他者や自然物や社会現象に関わりつつ生きる心身統合的存在、つまり一つの生命システムである。個人の脳の機能もこうした生命システムの活動の一環として理解されなければならない。繰り返すが、意識が脳から創発するということは、水槽の中の単独の脳から意識が魔法のように物理的因果関係を超越して現れるということではなく、身体に有機統合された生命システムの一部としての脳の神経活動の形相因が創造的行為に導くように発現するということである。ここには物質と精神の分離以前の生命活動の原点がある。心身問題における創発概念の彫琢の意義は、この生命活動の原点を把握するということにある。

3　存在論的次元

ふわふわした主観的現象として物理的実体性のないように思われる「意識」は、この自然界の中でどのような存在論的地位にあるのだろうか。この問題を創発主義的立場から考えるのが本書の趣旨である。

意識の存在について考える際に肝要なのは、主観—客観対置図式という認識論的構図、ならびに実体的ないし対象的な存在（つまり「実体的なモノが目の前に在る」という意味での「存在」）の観念に囚われないことである。

意識はたしかに各人の自我（「私」）によって経験される主観的現象である。一般に「主観的」ということは、各人の観点に依拠する束の間の現象として受け取られている。たとえば、ある人が「私はあの桜が綺麗だと思う」とか「私は今胃が痛い」と意識する場合、それは観察ないし体験の主体たるその人の観点に依存するもので、その観点を離れては実在性をもたない、というふうに断定される。つまり、そうした主観的観点に依拠する意識には客観的実在性はない、というわけである。しかし、よく考えてみれば分かるように、「桜が綺麗だ」とか「胃が痛い」という意識は、ほとんどの人に共通する体験内容である。しかも、その体験を構成するのは物理的実体性をもった桜や胃や目や神経や脳である。ただし、問題はその体験の主体たる自我の存在である。体験ないし経験はその主体と対象から成っており、対象が物理的なものだとしても、それを感覚し知覚し統覚する主体自身はけっして対象化できない、と近代以降多くの哲学者が主張してきた。こうした主張の背景には、意識が経験を構成するという暗黙の前提がある。それは主観的構成主義とか意識内在主義という立場である。デカルトやバークリやカントがこの系列の代表者である。

それに対して、ジェームズやデューイやホワイトヘッドは経験が意識に先立ち、前者が後者を可能ならしめていると主張した。彼らの立場は自然的実在論である。このうちホワイトヘッドの主張は特に示唆的で含蓄が深い。彼は、経験は物的極と心的極の統合体であり、単なる主観的意識を超越している、と考えた。主観的意識は経験の一契機にすぎず、物理的契機に対して何ら優位性をもっていない、というわけである。この思想はジェームズの純粋経験の概念を有機体的自然観によって深めたものであり、西洋哲学史上、物心二元論超克の頂点に達している。(4)

意識が物心統合的な経験の一契機だとするなら、その存在は物理的客観性に半身を浸したものとして理解される。そして、この観点が自然有機体説と生成即存在ないし過程即実在の観点と結びついて、意識の生命的創発性の存在論的理解を熟成せしめるのである。

意識の存在を把握するために創発の概念を考察の中心に据え、さらに経験の自然的過程を顧慮してその考察を深めるなら、創発する意識の自然学は文字通り自然と熟成してくる。我々人間は、この世界（宇宙）における自己の存在に関心をもつ存在論的（形而上学的）生物である。意識の存在やその本質への関心は、そうした人間的自己の

「自覚的存在様式（Bewußtsein）」を反映している。つまり、主観の表象的意識と自己の自覚的存在は表裏一体の関係にある、と言える。意識への関心は死へと向かう有限な個人の存在の象徴的表示であり、その背景には「生命」の本質が控えている。そしてその本質は、個人の有限な生命の背景に大いなる生命の連鎖と自然の大生命が控えていることから理解されるべきものである。

我々個人の意識と生命は死による肉体と脳の解体後消滅する。しかし、生命そのものは別の個体によって受け継がれ、けっして途絶えることなく、存続する。つまり、個体的生命は有限だが、生命そのものは死なないのである。そして、この生命そのものは自然の贈与として理解できる。それゆえ創発する意識の自然学は、自然の中で生まれいずれ自然に還る個人の意識を、大いなる生命の連鎖の一契機として捉えつつ、その創造的意義に向けて存在論的に把握することを目指すのである。

注

（1）創発概念の由来と意義の基本的理解のために以下を参照。C. Lloyd Morgan, *Emergent Evolution*, William and Macmillan, London, 1920, M. Bunge, *The Mind-Body Problem : A Psychobiological Approach*, Pergamon Press, Oxford, 1980（黒崎宏・米澤克夫訳『精神の本性について——科学と哲学の接点——』産業図書、一九八二年）、M・マーナ／M・ブーンゲ『生物哲学の基礎』小野山敬一訳、シュプリンガー・ジャパン、二〇〇八年、P・L・ルイージ『創発する生命——化学的起源から構成的生物学へ——』白川智弘　郡司ペギオ－幸夫訳、NTT出版、二〇〇九年、*The Emergence of Consciousness*, ed. by A. Freeman, Imprint Academic, 2001

（2）拙著『情報の形而上学——新たな存在の階層の発見——』萌書房、二〇〇九年を参照。

（3）アリストテレス『心とは何か』桑子敏雄訳、講談社学術文庫、二〇〇五年を参照。

（4）Cf. A. N. Whitehead, *Process and Reality*, The Free Press, New York, 1978（山本誠作訳『過程と実在』（上・下）松籟社、二〇〇〇年）、拙著『自我と生命——創発する意識の自然学への道——』萌書房、二〇〇七年

第4章　意識への問いと生命論の関係

はじめに

世界の中で「私」の存在を自覚する作用としての「意識」は、「自分は生きている」という実感と表裏一体の関係にある。それゆえ、意識の本質を探る際には、「我あり」の自覚と密着した生命の本質を知る必要がある。

筆者はかつて「自我を意識する生命」というものを問題にし、それを通して意識と生命の関係を探索したことがある[1]。これは、現代の分子生物学に代表される還元主義的な生命理解を超えて、心的次元をも包摂した生命の概念を析出しようとしてなされたものである。

意識と生命の関係を問うた先哲の代表はベルクソンである。また、彼にはるか先立ってアリストテレスが心と生命の統一的次元を存在論的に探求していた。前者は唯心論的傾向が顕著だが、後者は自然主義的姿勢が濃厚である。何と言っても後者は生物学の祖なのである。

既に何度も触れたように、現代において脳科学が意識研究の主導権を得ているが、その研究姿勢は生態学的生命の概念を顧慮したものではなく、機械論的な還元主義の傾向が強い。それゆえ生きた人間の意識に肉薄できないでいる。意識にせよ生命にせよ、その根源的本質に肉薄するためには、それらの質料因（物質的基盤）だけではなく、形相因や目的因も顧慮しなければならない。そして、こうした態度が意識と生命の相互帰依的関係に目を開かせてくれることになるのである。

意識は究極的には生命の本質の顕現として理解できる。この観点に定位して意識への問いと生命論の関係を探るのが本章の趣旨である。

1　生命概念の多義性と意識

英語の life は生命概念の多義性を一手に引き受けている。それは日本語で「生命」「生活」「人生」と三通りに訳される。

「生命」は生物学を中心として使われる言葉で、あらゆる生物の存在様式を指している。植物も動物も人間もすべて生命をもった存在者であり、意識や思考能力の有無は問われない。また、意志や目的をもって身体を動かすかどうかも植物に関しては度外視される。今日の分子生物学に依拠した生命科学において、生命をもつ存在者とは、細胞によって構成され、その核内にＤＮＡを格納したものとされている。ただし、ＤＮＡは生命の質料因にすぎない。生物には他に、環境の中で栄養を摂取しつつ他の生物と共存するという側面がある。また、単なる物質系と違って、エントロピーの増大に逆らって秩序を自己組織化するという性質をもっている。この自己組織化という性質は無生物にも見られるものなので、地球や社会や組織に関しても比喩的に「生命をもっている」という表現がなされることがある。こうした側面や性質は目的因や形相因を示唆している。

また、生命体は自己の身体だけではなくそれを取り囲む環境をも自己の生命の構成契機として含んでいる。換言すれば、有機的自然としての生きた環境の中で、生物は自己組織化的生命活動を営んでいるのである。これが単なる還元主義的な機械論的生命観を超えた生態学的生命の概念というものである。

「生命」という言葉が生態学的次元を含意すると、わずかながら「意識」との関係を暗示するようになるが、「生活」という概念を取り上げると、その関係が大きくクローズアップされる。

「生活」は、生物のうちで群生ないし社会的行動を取るものの活動様式を指す。特に、コミュニケーション能力を駆使して集団行動をし、組織を構成する生物の存在様式を意味するものとしてそれは使われる。この傾向が、言語能力をもつ高等霊長類たる人類において極まることは言うまでもなかろう。

ここにおいて生態学的生命の概念は社会性の次元に踏み込み、意識と生命の関係が顕わとなり始める。言語的コミュニケーション能力を駆使して社会的組織や制度を生み出し、その中で意志や思考力を発揮しつつ他者と共存する社会的生物としての人間の存在様式、それが「生活」と呼ばれるものなのである。

もちろん、この存在様式はアリやミツバチといった社会性昆虫やゾウやシマウマなどの草原の群生哺乳類やサルなどの霊長類にも当てはまる。そうした生物の群生的行動様式が言語的反省能力によって洗練されると、人間に見られるように意識を駆使した社会的生活様態を取るようになる。そこには社会的行動と内面的意識の循環構造が現れ、結果として「意識」というものが社会的生活としての生態学的「生命」に淵源することが看取される。

社会性動物が内省能力を強化すると「他者と違う自己」という観念が芽生え、個の尊厳が自覚され、自我意識が生じることになる。「人生」という言葉は、こうした自我意識をもった人間存在の生命の側面を指したものである。つまり、人生とは人間的生命のことなのである。そしてその際、死生観というものが関与してくる。

人生の意味への問いは哲学と宗教と文学を中心として古来、人類の普遍的関心事であった。「なぜ私は生きているのだろうか」「何のために人間は生きているのだろうか」「不老不死は可能だろうか」「まだ死にたくない」「本当の幸福とは何だろうか」といった問いかけはすべて人生の意味への関心を表している。ここから社会の在り方や自然環境の保護の問題や生命そのものの意味へと関心は広がっていくことがある。そうした傾向は前述の「生活」や「生命」の意味への関心を反映しているのだが、そのうち個の自覚と死生観に関心が集中すると「人生」の意味への問いが際立ってくるのである。かつて流行した実存哲学などはこの問題意識に深く彩られていた。また、文学は常にこの問題に没頭している。医学の中でも精神医学やターミナルケアに領域においてそれへの関心は強い。

「死」は「生命」の終焉を意味する。それゆえ、それは生命の意味を映し出す鏡のようなものである。特に、自己の存在に関心を深め、個の尊厳に目覚めると、死生観は生命そのものの意味への問いの中心に躍り出る。ここでは自己意識と生命の関係が際立ち、結果として意識と生命の関係が最も看取しやすくなる。つまり、かけがえのない自己の存在として「実存」が切実な死生観を介して生命の意味への問いかけに直結するのである。

こうした実存的問いかけはたしかに意識と生命の関係を深く指し示すが、それだけでは事足りない。やはり、先述の社会的次元や秩序の自己組織化といった形相因的要素や生態学的要素も顧慮して意識と生命の関係を捉えなければならないのである。

いずれにせよ生命概念の多義性と意識の関係はこれで概略が掴めたと思う。

2　他者と共に在る環境内存在としての「私」

人間各人の意識は他者との交渉から生まれる生態的機能である。そして、意識の主体は各人の「私」、つまり自覚的自我である。この自覚的自我はそれぞれ独自の価値観や世界観や人生観をもっており、その観点の中心に主観的パースペクティヴというものが存している。

一般に、「主観性」というと内面的私秘性を帯びたものとして理解され、その内実は他者が入り込めないバリアーで覆われ、その人本人のみが知りうるものとみなされている。たしかに主観性にはそういう性質があるが、その発生源はあくまで他者との社会的共同生活にある。他者とのコミュニケーションと身体的触れ合いなしには、実は「私」という観念は生まれないのである。ちなみに、これは道徳的ないし教育的観点からの単なる価値的指標を意味するのではなく、意識の発生の自然的根拠に関する事柄である。

普通、意識というと個人の経験ないし体験の主観的内容を意味するものと受け取られているが、それは表層に触れているにすぎない。意識の根源的働きは生命活動に密着したものであり、主観性を核とする自覚的意識の辺縁に薄暗く延び広がる無意識的要素をも包含した「経験」を源泉としている。

経験は自然的行動と相即したもので、基本的に生物の存在様式、つまり生命活動を直接反映している。先述のように意識は経験の下位概念として後者に依拠している。とすれば、意識は結局生物の生命活動の一発現形態なのである。このことは、前節で述べたlifeの三つの相、つまり「生命」「生活」「人生」すべてに当てはめて理解できる。ちなみに、それら三つの相に共通するのは「他者との共存」ないし「群生」という契機であるが、これが社会的生物の頂点に立つ人間において最も洗練されたものとなっていることは言うまでもない。

人間は社会的群生動物の中で最も知能が高く、とりわけ言語的内省能力が優れているので、自我の観念の支配力が強く、結果として意識が私有化されやすく、主観性への思い入れが深くなる。精神と物質を峻別する二元論はこの傾向を極限まで推し進めたものであり、その姿勢は意識の自然的根拠からの離反を象徴している。

デカルトに代表される二元論的思考は、独我論と個体主義の罠にはまってしまっており、人間の社会性と自然的生命性から逸脱している。個人の内省や瞑想によって捉えられる自我と意識の性質は、本来自然的経験に淵源する意識そのものの表層を撫でたものにすぎず、とうてい深いものとは言えない。しかし、人間に潜むある種の性向が、非物質的で私秘的な「唯一無比の私」というものを過度に尊重させてしまうのである。

こうした思考にはまってしまう人はみな、人間各人の自我観念と意識が他者との社会的交渉から発生する「競合的協働現象」であることを見失っている。「競合的協働現象」とは、憎み合いつつ愛し合うことであり、批判し合いつつ協力し合うことであり、敵対しつつ和解することである。「君子は和して同ぜず。小人は同じて和せず」という中国の格言があるが、競合的協働現象は「君子は和して同ぜず」ということを表しており、二元論的独我論は「小人は同じて和せず」ということを暗示しているのである。

もともと二元論的独我論は人間個体を皮膚で囲まれた身体に限定し、意識をその内部で生じる非物質的実体として理解することに一辺倒であった。それに対して生態学的視点に立つと、人間各人は環境内存在として捉えられ、その自我や意識は身体の外周を超えて環境世界にまで延び広がったものと理解される。つまり、「私」とは一個の身体の中の神秘的小人（ホムンクルス）ではなく、身の周りで出会われる他者や自然物や社会的要素をも含み込んだものであり、基本的に粒子的実体ではなく、事的でプロセス的なシステム的存在として理解されるべきものなのである。このことは、自我とは実体ではなく、関係性の一契機であることを示唆している。平たく言うと、「私」は他と隔絶した唯一無比の存在ではなく、他者との関係性から反照する「他人のレプリカ」なのである。

「〈私〉とは他人のレプリカである」などと言われると、一部の人は自尊心がいたく傷つけられて、激しく反論するであろうが、そういう人は実は自分を見失っているのである。換言すれば、他者と共に在る自己への配慮を怠り、共生という契機に淵源する意識の自然的本性から逸脱してしまっているのである。

生命の大いなる連鎖への視点は、独我論的思考による個人の歪んだ尊厳意識や不死への幼稚な憧れを打ち砕く。生命は本来私有化されるべきものではなく、他者と共有されるべきものなのである。そして、そうした生命の本性に淵源する人間各人の意識は、環境世界の諸要素との交渉を介して生成し、経験のフィールドを形成するのである。この際、意識と経験の間には循環の構造が成り立っている。

3　人間が生きていくための道具としての意識

直前に「生命の大いなる連鎖」ということを言ったが、次にこれを介して意識と生命の関係を考えてみよう。我々人間は社会的動物であり、他者と社会的契約を取り結びつつ生活している。それは家族、友人関係、職場、地域社会、国際社会といった大小様々な形態をもつ。こうした他者との共同生活の中で我々各人は自我を育み意識を形成してゆくのである。

もともとあらゆる生物は自らの種を維持するために本能的に生殖活動を営むが、これが種全体の生命の維持を可能ならしめ、ひいては地球上の全生物が形成する「生命の大いなる連鎖」を維持せしめるのである。

周知のようにこの地上の生物の中で絶滅した種は数知れないし、進化して形質が変化したものも多数ある。現生人類は、チンパンジーとの共有祖先たる類人猿から進化したものであることが判明しているが、地球上での生命の大いなる連鎖の一員である点においては、最も原始的な生物たるアメーバと変わらない。人間における意識と生命の関係を生物進化や生命連鎖の観点から理解するためには、我々がアメーバと共有する原初的生命感覚に目を開き、それが進化の結末ないし頂点としての人間的な自我や意識に結実する様式を把握しなければならない。

我々各人はみな自分の生命を本能的に守ろうとする。そして、そのために食物を摂取し、睡眠を取り、危険を回避し、敵を察知し、仲間を増やそうとする。また異性と交遊し、結婚し、子をもうける行動もこの傾向の延長上にある。こうして、我々人類は種を維持し、生命の大いなる連鎖に寄与するのである。それゆえ個人の生命維持の意志は全体としての人類の存続と表裏一体の関係にあることになる。個の自覚と社会的共同性は一つの根源的生命から派生する相互帰依的二側面として理解されるべきである。

西洋では近代以降、個の自覚が推進され、封建制度を打ち破る民主主義が興隆し、結果として個人主義が推進されることになった。これは好ましい傾向ではあるが、楽観は許されない。こうした近代主義には人間的精神の動物的自然に対する優位観が随行し、人間がこの地上の支配者であるかのごとき傲慢さを生み出し、科学技術による自然破壊を推進したからである。これを主観性の形而上学による自己破滅と見る哲学者もいる。つまり、人間原理の過剰適用によって自然を理解しようとして、そのしっぺ返しを食らったというわけである。ちなみに、こうした主観主義的人間優位主義は、自然理解だけではなく、心や意識の理解をも蝕んでしまった。

デカルトからカント、フッサールに至る主観性重視の意識理解は、「生命の道具としての意識」という観点から完全に逸脱し、結果として意識の自然的本性を捉えることができなかった。最初に「我思う」という自覚的意識の主観性があるのではなく、「とにかく生きよう」とする本能的意志があるのだ。しかし、それは全く盲目的なものではなく、整合的な自己組織性をもっている。つまり、生命の自己組織性が意識の根底に存しているのである。これを社会的生活の側面に当てはめて言うと、社会的行動が内面的意識に先立ち、その発生の根拠となっている、ということになる。(2)

我々は、普段の生活の中で取り立てて自己を意識することは稀である。朝起きて、食事を摂り、職場に行くために電車に乗り、仕事をし、帰宅し、就寝するという一連の行動のほとんどは無意識的行動に終始している。ちなみに、ここで言う「無意識的」ということは全く意識がないということではなく、反省的自覚を欠いた機能的認知活動としての行動的意識が優位に立っていることを指している。それはまさに意識が生命活動の奴婢《ぬひ》となり、自然態で遂行されていることを意味する。多くの人は、意識というと自覚的主観性を核とする心的現象を思い浮かべるが、それは氷山の一角にすぎないのであって、その本体は生命という大海に浸かった機能的で行動的な部分なのである。こう言うと、機能的意識に対する現象的意識の優位を指摘する一部の学者から反論を食らいそうだが、現象的意識や自己意識を自然に根づかせる形でより深く生命論的に捉えるためには、むしろこうした観点が必要なのである。個体の発達の過程を見ても、自覚的意識は後発のもので、無意識的生命活動に従属した機能的意識が先行していることが分かる。こうしたことを謙虚に認め、自然の恩恵に感謝し、主観性の絶対権能を断念することが、自然からの意識の創発の事実に目を開かせ、その生命的本質に目覚めることを可能にするのである。そして、他者との社会的共存における真の自己実現と創造的人生の開拓を可能ならしめるのである。創発とは新奇への創造的前進という生命の本性に根差したものだからである。(3)

4　意識への問いと生命論

以上に述べたように、この世界の中で自己の存在を自覚する作用としての「意識」は、生命の本質に深く根差している。我々各人は生きるために意識（consciousness）をもち、よりよく生きるために良心（conscience）をもつのである。これは生命の実践的側面に関することであり、そこから意識の目的因や形相因の理解が得られる。他方、生命には周知のように生理学や分子生物学が解明する物質的メカニズムの側面がある。これは意識の質料因の理解に寄与する。意識の質料因が脳の神経活動であることは、今日ほとんどの人が認めている。

意識と生命の関係を質料因の側面に限定して考えると、脳を中心とした身体の生理的活動が関心の的となるが、それでは生態学的次元が抜け落ちてしまう。つまり、人間的生命のもつ生活や人生という側面が無視されてしまうのである。意識は人間個体の環境内存在に根差した生態的機能なのであり、その意味で生活や人生の問題と密着している。そして、ここに意識と生命の関係の目的因と形相因の関与が顕現してくる。

ちなみに身体に関しても、それをもっぱら生理学的メカニズムの観点から捉える仕方だけではなく、生命感覚の観点から有機体論的に理解する仕方がある。もともと人間は環境の中で生きる有機体なので、意識の本質もその性質に淵源しているのである。

この地球上で物質の分子的進化が生命をもった存在者を生み出し、それが長い間の生物進化のプロセスを経て、ついに意識をもった生物としての人類を生み出すに至った。この進化のプロセスは宇宙（存在の場）と物質と生命の三者が密接に関係する形で共進化してきたことを示唆する。そして、このことが人間的意識と生態学的生命の相即性を顕わにするのである。我々のもつ生命感覚は、原始的生物であるアメーバと共通のもので、身体の自己運動感覚と密着している。つまり、知性の座である脳が働く以前の原初的身体感覚に相即しているのである。分別的知性は意識を個体の内面の私秘的領域に追いやってしまうが、原初的生命感覚は意識と自然の一体性に目を開かせる。すなわち、個人の意識が、生物進化を生み出した宇宙の大生命と一体のものであり、万物に対して開かれた存在であることに目覚めさせるのである。これは、言い古された小我と大我の一体二重性を表現するものだが、脳科学が進歩して意識の質料因がますます明確となってきている今日においてもなお重要な観点だと言える。

意識を生命現象として捉える立場の者の多くは、主観―客観という反省的構図の乗り越えを主張する。つまり、最初に世界を観察し自己の存在を確認する「私」が在り、その「私」の主観性が一切の認識活動の基盤として、意識の本体であるとみなす姿勢を批判し、もともと世界と一体であった自己の原初的生命感覚の自然性から意識の本性（nature）を捉えようとするのである。

結局、生命論的観点からする意識の理解は、近代的自我のせせこましい主観性を脱してプシュケー（身体的心《たましい》）の故郷たる自然へと還帰しようとする哲学的衝動によって動機づけられているのである。換言すれば、新奇への創造的前進という生命の原初的活動が意識の働きの原動力となっているという理解が、個体主義的で独我論的な意識理解を破壊しつつ、創発主義的な生命と意識の関係把握を可能ならしめるのである。

注

（1）拙著『自我と生命――創発する意識の自然学への道――』萌書房、二〇〇七年を参照。

（2）Cf. G. H. Mead, *Mind, Self and Society : from Standpoint of a Social Behaviorist*, The University of Chicago Press, 1967（河村望訳『精神・自我・社会』人間の科学社、二〇〇二年）

（3）B・グッドウィン『DNAだけでは生命は解けない――「場」の生命論――』中村運訳、シュプリンガー・フェアラーク東京、一九九八年を参照。

第5章　意識の根源としての自然

はじめに

我々の意識は自然のサイクルと相即した生命的性質をもっている。睡眠・覚醒の生物的時間のサイクルや春・夏・秋・冬という季節の循環は、我々の身体的心の核に位置する「生命感覚」ないし「生命感情」に深く浸透している。つまり、意識と自然は本来一体のものなのである。

しかし、二元論的な心観において意識は自然から分離され精神的内面世界に匿《かくま》われてしまう。その際、自然は機械的で受動的な物質体系とみなされ、恣意的に心に対して極端な矛盾対当的性格を与えられる。つまり、主観的意識の自覚態を核とする人間的心は、自由意志と目的性をもった能動的な精神実体として、機械的自然に対して水と油の関係に置かれるのである。ここに「意識の不自然」の源泉がある。「観察する主観としての意識」と「その意識が対象化する客観としての自然」という一七世紀の哲学に由来する対置図式は、この「意識の不自然」を余すところなく示している。そこでは主観と客観、精神と物質、心と身体といった対立項を包越している「生命の場」としての自然が完全に見落とされている。

我々の意識は、身体の生理活動を質料因とし、環境世界の情報構造ないし意味連関によってその目的性を付与されるものとして、自然に対して開かれている。このことを顧慮して、我々は意識と自然の関係を把握しなければならない。

意識と自然の一体性を理解する際、身体性が重要な契機となるが、単に意識への身体感覚の現れを記述しただけでは主観主義に終わってしまう。超越論的現象学はこの陥穽にはまりやすい。意識はむしろ現象を超越した物自体の領域にあるのだ。換言すれば、物質（matter）にも心があるのだ。[1] これは二元論者や現象学者には絶対に分からない思想である。

我々は、意識と自然の関係を捉え、かつ「意識の根源としての自然」という概念を彫琢するために、ぜひ「母なる自然」の贈与たる物質そのものに心の原基があることを理解しなければならない。そして、この宇宙が自己組織能をもつ一つの巨大な有機体であり、物理的自然そのものにクオリアが含まれており、それがあたかも大我のようにふるまい、小我としての我々各人の意識と一体二重性の関係にあるという理解に至らなければならない。脳科学と現代物理学がシステム論的にふるまうなら、従来の機械論的自然科学とは違って、けっしてこうした理解の妨げにはならない。これはジェームズやホワイトヘッドが予言していたことである。我々は、この大宇宙全体が新奇への創造的前進を能動的に遂行する自己組織的有機体であり、小宇宙としての個的意識がその働きを分有していることを捉えなければならない。なぜなら、それによって「意識が自然から創発する」ということの意味が精確に把握されるようになるからである。

1　意識の不自然

意識の根源的自然を論じる前に不自然な意識理解について述べておこう。

不自然な意識理解の特徴としてまず、意識というものをその所有者にしか知りえない私秘的現象と捉える姿勢が挙げられる。次に、それを空間の中での延長的実体性をもたないものと解釈する傾向が挙げられる。さらに、最も一般的なのは意識を全く非物質的なものとみなす傾向である。

意識がこのようなものとして理解されると、それは身体に属しつつも身体に服従しない舵取り役の地位をあてられ、物質化を免れるという自己欺瞞の蓑を被りつつ自然から離反する破目になる。「身体に属しつつもそれに服従しない」という捉え方に実は不自然さが隠されている。そして、この不自然さの根底には、本来自然との関係において捉えられるべき心（意識）というものをもっぱら自己の身体との関係に限定して理解する姿勢が存している。これは後で論じる心身問題の不毛性、つまりその不自然性と密着している。

心の一機能としての意識は、自己の身体を含む周りの自然と密接に関係している。ところが、デカルトに始まる近代の哲学的心身問題は、心と身体の関係に専心し、意識と自然全体の有機的関係ないし共生関係に視野を広げることができなかった。そこで、自我の自覚と自由意志の行使と非物質的精神性という性格に関心が限定され、自然へと脱自的に延び広がった意識の忘我的性格がほとんど顧慮されなかった。これは心身二元論的意識理解の不自然さを余すところなく伝えるものである。

こうした不自然な意識理解は最近の脳科学のみならず、哲学における心身問題の議論にも悪影響を与えている。脳科学は意識と脳の機能的因果連関に研究の射程を絞りがちである。また、英米の心の哲学は従来の主観—客観対置図式に呪縛された不毛なパズル解きに熱中する傾向にあり、独仏の現象学は脳の機能理解を取り入れない旧態依然の意識と身体の関係把握に終始している。これらはみな「心と身体」という問題設定によって視野を狭められ、「心と自然」という本来の思考案件に対して盲目となっている。

「意識の忘我的性格」というものは、現象学陣営のほとんどの人や心の哲学の一部の人が重視する「意識の志向性」と対極の位置にあるもので、いわゆる無意識とも違う。ブレンターノによって定式化された、心的現象を物的現象から峻別する指標としての「志向性」は、実は意識の自然から逸脱している。意識は根源的にはその忘我的性格によって物質的自然へと半ば身を浸しているのである。換言すると、物質的自然にも志向性に類似の性格が備っており、それが主観性を放下《ほうげ》した（つまり忘我した）意識の機能に反映するのである。

ちなみに、自然に備わる志向性に類似の性格とは自己組織的秩序形成への向性のことである。つまり、近代科学が否定した目的因が自然の中に見出せるということであり、それが意識の機能に反映するのである。こうしたことを認めないすべての意識理解は不自然である。二元論と唯物論はその代表だが、身体性をもちだす現象学も主観性に呪縛されている限り、その意識理解は不自然である。特に脳を故意に無視ないし軽視したがる現象学者の姿勢は不自然である。

しかし身体性という契機はやはり重要である。そこで我々に要求されるのは非現象学的（非超越論的）な身体感覚の理解ということになる。ただし、それを論じる前に意識と行動の関係について述べておこう。

2　意識・行動・脳

意識と行動は密接に関係している。しかし、その関係の理解は哲学上の立場によって大きな違いがある。主観的構成主義や意識内在主義では、経験が意識的経験に還元される傾向が強いので、行動は事後的に意識の反省作用によってその意味が捉えられがちとなる。それに対して、客観主義的で実在論的な自然主義の観点に立つと、経験は意識と行動の表裏一体関係から成り立つ生命的事象として捉えられる。それゆえ、意識が行動の先導役として特権的地位をあてがわれることはない。むしろ、生きるための行動がまずあり、それが環境内の意味連関を介して内面化されるとみなされるのである。この場合、意識は行動が内面化されて初めて生じるのではなく、生命的行為としての行動の発動において既に忘我的意識として機能していたのである。これは、原始的生物から高等霊長類としての我々人類へと連続する生物の根本的生命機能の発現とみなされる。

　生命的機能としての忘我的意識の本質を捉えるためには、意識というものを反省や表象の機能を中心として理解する態度を諫《いさ》めなければならない。そのような態度は意識を極度に主観化して、物理的自然の生命的自己組織性から切り離してしまっているからである。たしかに意識には主観性という性質が備わっているが、それはけっして核をなすものではなく、一つの契機にすぎない。多くの人が意識を主観的現象と誤解している。意識という行動の監視人がまずあり、それが誤ることのない内観機能を駆使して、身体行動を自由に制御ないし支配しているというわけではないのである。

　神経科学者リベットの有名な実験結果として、我々人間が自由意志を発動させる〇・五秒前に大脳の補足運動野で準備電位が高まっている、というものがある[2]。要するに、意識的な自由意志という精神現象に脳の物理的活動が先立っているというわけである。この事実を知ってあわてる者は軽薄である。身体に有機統合された生命的システムとしての脳の活動が反省的意識の主観性に先立っているのは当たり前のことなのである[1]。ところが、二元論的観点に呪縛された意識内在主義者は、反省的把捉によって確認できる「自己の意志」を行動の始動因（作用因）の座に据えないと気が済まないので、脳の物理的活動が精神的自由意志に先行するという主張に断固反対するのである。

ここには意識内在主義の陥穽が見事に表れている。

実は意識の本質は反省によっては捉えられないのである。意識は、主観―客観対置図式に基づいた意識内在主義の観点によって主観的現象として把捉される以前に、既に生きるための行為として機能していたのである。そしてその行為は、（身体に有機統合された）脳の物理的活動そのものなのである。しかし、一般に「脳」の働きは身体や環境から切り離されて理解される傾向にあるので、直前に括弧で括った「身体に有機統合された」という性質が無視されてしまう。より詳しく言えば、脳は身体に有機統合され、環境世界の意味連関（情報構造）へと脱自的神経線維を張りめぐらした主体の生きるための器官なのである。それが自由意志と無関係だと言い張るのは不自然である。(4)

前にも言ったが、脳自体には感覚がなく、その本質は現象しない。それゆえ、すべてを現象に還元し、その本質的意味を超越論的（先験的）意識の構成物として把握しようとする現象学は、リベットの実験結果の意味を理解できないのである。現象学はけっしてデカルトの二元論を超越していないし、精神現象を意識内在主義的観点から把握しようとする陥穽にはまったままとなっている。実はリベット自身がデカルト的二元論に翻弄されて自ら得た実験結果の解釈を誤っているのだが、現象学によってリベットを批判する姿勢もまた（身体に有機統合された）脳と意識の自然的一体性を捉えることができないという点では同じ穴の貉《むじな》なのである。

たとえば、無意識的過去把持といった概念をもち出して、意識や自由意志に対する脳の物理的活動の先行性を否定する観点があったとしよう。この場合も「無意識」というものが「隠れ意識内在主義」によって生み出された観念である限り、駄々っ子の論理の域を出ない。そもそも無意識的過去「把持」という概念自体が胡散《うさん》臭い。「把持」はあくまで意識内在主義と主観的構成主義を象徴する概念だからである。意識内在主義の時間理解では時間は遡れないものとされるが、それは時間論としては極めて底が浅い。実在を構成する自然的時間は精神と物質、主観と客観の分離以前の様態にあり、それは空間と不可分なのである。それゆえ、鮭が川を遡るのと同様に自然に遡ることができる。そもそも時間が遡れないとしたら、刑事裁判において過去の犯罪はどう扱われるのであろうか。すべてないことにでもするのだろうか。結局、無意識的過去把持といった概念をもち出して、脳に対する超越論的主観性の優位を言い張る現象学的立場は、空虚な観念論にすぎないのである。

我々は、超越論的＝先験的＝観性ではなく、あくまで自然的「経験」に基づいて意識の本性を捉えなければならない。そのためには身体感覚と自然の関係を有機体の哲学に照らして理解する必要がある。

3　身体感覚と自然

我々は酸素を含む空気を吸って二酸化炭素を吐き出す生き物である。この呼吸作用は、我々が自然と一体であることの身体的次元を端的に象徴している。また、我々は身の周りの空気という自然空間の中で身体を動かしつつ生活している。つまり、生命の維持に不可欠な空気を含む自然空間は、我々の身体活動の場という意味をもっているのである。

海水浴場に出かけて水泳すると、今度は水が身体運動の場となる。水が生命を生み出した原基であることは誰もが知っている。水に浸かると、我々は空気に包まれているときとは別の生命感覚をもつ。真夏の海水から厳寒期の温泉にまで至る多様な相をもって、水は我々に豊かな感覚を惹起せしめる。

太陽の光もまた我々の生命の場を形成する重要な環境要因である。光は粒子でありかつ波動であるという性質をもつ量子であるが、それはこの宇宙の生命の源であると同時に物質の根源に位置することが認められている。光は自然空間を満たし、屈折や反射によって様々な様態を示す。また、その波長の違いは多様な色彩として現れ、我々の情感に訴えてくる。さらに、量子（エネルギー）としての太陽光は熱の高低を伴うが、それが気温として我々の身体にダイレクトな感覚を付与するのはみな経験することである。このように、光は我々の心身に豊かな自然感覚を供給する生命的物理現象である。

我々がその上に立っている大地を構成する土もまた、我々と自然の一体性を感得せしめる重要な環境要素である。アスファルトやコンクリートの上で運動するのと土の上でそれをするのとでは基本的に身体感覚が違う。言うまでもなく後者の方が自然との一体性を感得せしめるのである。土は植物が生育するための不可欠な基盤であり、我々に豊かな生命感覚を惹起せしめる草木の緑は土と一体のものとなっている。ちなみに、大地は我々の身体運動の見えざる背景としての重力とも密接に関係している。重力は身体感覚と自然を一体化する蝶番《ちょうがい》なのである。そもそも地球と人間個体は引力によって一体となっているし、地球そのものが一つの生命体であるというガイア仮説を顧慮すれば、重力を介した自然と身体感覚の一体性はいよいよ明瞭となるであろう。

以上のように、空気、水、光、土、重力という我々を包む自然の諸要素は、身体感覚に生命的質感を付与しつつ、我々に人間と自然の一体性を自覚せしめる。これは平たく言うと、我々は自然によって生かされて生きているということの自覚である。意識を物理的自然から切り離す二元論的心観は、そもそも身体感覚というものを二次的なものに格下げし、あくまで純粋思考を重視する。それゆえ、意識と自然の身体感覚的一体性ないし有機的統一性に目を開くことができない。他方、超越論的現象学は、身体感覚を重視するが、その物理的次元ないし質料因を省察に取り込めないので、結局は二元論にとどまってしまう。つまり、意識と自然の関係は物理的接合点を欠いた「現象の記述」の次元で捉えられるにとどまるのである。身体性の理解も同様で、生理学的次元は質料因として十分顧慮されることはなく、身体感覚の意識への現れへと関心が偏向している。それ自身感覚をもたない脳が特に軽視されるのはそのためである。そもそも現象学で言う「身体性」は、身体そのものではなくて「身体の意識」、つまり二元論で言う非物質的意識にすぎないのである。

それに対して、ジェームズの根源的経験主義とホワイトヘッドの有機体の哲学を融合する観点からすると、意識と身体と自然は一つの巨大な経験のシステムを形成するものと理解され、反省的意識による現象の意味把握、つまり意識内在的な主観的構成に傾くことはない。なぜなら「経験」は、意識的主観が先験的（ないし超越論的）に主観と客観を結びつけるという仕方で遂行されるものではなく、生命体（身体を生きる有機体）としての個体と自然環境が一体となって遂行するものだからである。[5] そこには主観と客観の分離は存在しない。主客未分の有機体と環境、主体と世界の生命的一体性が、経験の渦動的生成を引き起こしているのである。ただし、これはけっして主観的観念論を示唆するものではなく、自然的実在論に基づいた客観主義に裏打ちされた見方であることを銘記してほしい。西田幾多郎の純粋経験とジェームズのそれは根本的に違うのである。[6] 身体感覚と自然の関係を理解する際には主観的観念論に陥ることはぜひ避けなければならない。それは自然的実在論の観点から客観主義的に理解されるべきものなのである。

4　意識の根源としての自然

自然における心ないし意識の地位というものは古来、哲学の重要問題であった。二元論者は意識を物理的自然から切り離し、それを非物質的精神世界に帰属せしめた。それに対して唯物論者は意識を脳の物理的状態に還元し、ひどい場合にはその存在を消去しようとした。この対立は哲学的心身問題において今日まで続いている。

それでは、この対立を乗り越える方途はどこに見出されるであろうか。それは、意識と経験の関係を顧慮し、さらに経験と自然の関係を捉え返すことに見出される。その際、自然自体の意味が再考されなければならない。

自然は、原子論的唯物論が主張するような無機的空間の機械的構造とその中にばらまかれた原子（物質の断片）の集合として捉えられてはならず、有機的関係空間の中で時間的生成を伴う各出来事の相互浸透的集成として理解されなければならない(7)。心身統合的生命体としての人間の意識は、こうした有機的自然の中で生きるためになされる経験の主体化として創発するのである。

経験は生命の自己組織化活動であり、それは物理的自然の自発的秩序形成と相即している。経験を非物理的なものとして自然から切り離す観念論的ないし精神主義的態度は、経験が反省の様態において主観化され、外部の物理的自然や自己の身体内の生理的活動とは別の次元に属すものと捉えられることに由来する紛い物である。経験は主観と客観が分離する以前の生命の自己組織化活動であり、それは物理的自然に半身を浸しているのである。それが反省によって主観化されると、意識的自己と対象的世界の分離が生じる。しかし、それは生命の維持のための自己モニター機能の発動することとして理解できる。つまり、経験の主観的意識化は生存のための道具なのである。ところが、観念論的思考は道具を目的と誤認して経験を意識的経験に還元し、物理的自然に過度に対置するのである。身体性はたしかに重要な契機だが、それを「身体の意識」に還元してしまっては元の木阿弥である。身体の生理活動や物質的組成は生命の形相性を示唆するものであり、その目的論的秩序は主観化以前の忘我的意識、つまり機能的意識の構造に深く反映している。

それでは、自我の自覚を伴った自己意識に関してはどうであろうか。それも生命の自己組織化活動の一端としての自己モニター機能の反映である限り、身体の生理的秩序、とりわけ脳のそれと深く関係している。

物理的自然も生きており、その中で経験を遂行する我々も生きている(8)。自己と世界の関係は主観と客観の対置として捉えられてはならず、一つの巨大な生命システムの要素間の共鳴として理解されるべきである。いわゆる意識の現象的質（クオリア）は、神秘的内面世界にのみ帰属するものではなく、物理的自然そのものから発してくるのであり、そこには経験の生命的脈動が生起しているとみなされる。鮮やかな赤や神秘的な紫の質感は、人間主観の生み出す観念ではなく、自己と世界を包摂する巨大な経験の脈動の個体的分有なのである。

こうした主張は一見詩的で思弁的色彩が濃いように感じる人も多いであろう。しかし近年、宇宙自体が一つの巨大なコンピュータないし認知システムであるとする見方が物理学の方から出てきている。システム論的な宇宙論となると、それが「自己組織化する宇宙」として進化論的観点から精密な体系化的把握がなされる。[9] また、宇宙の根源を情報構造として理解する立場もあり、生物進化における生命と意識の創発もその自己展開として説明される。[10]

こうした考え方はプラトンとアリストテレスに萌芽的に見られたが、前世期のジェームズの純粋経験の哲学やアレクサンダーの創発主義的宇宙進化論[11]やホワイトヘッドの有機体の哲学においてより洗練されて再興した。彼らの思想は「意識の根源としての自然」というものを考える際、最高の道標となる。

とにかく、我々は子供の頃自然と一体であったのだ。それが成長して分別臭くなると、知覚し反省し思考する「私」と外の対象的世界の分離が優勢となり、意識が自然から切り離されて二元論的に把握されるようになる。[12] 私は考え、自己を自覚するから存在するのではない。そもそも生きて存在しているから考えることができるのである。私は自然によって生かされて生きている。意識の根源は非物質的精神実体ではなく「生きた自然」なのである。

注

(1) Cf. C. de Quincey, *Radical Nature : Rediscovering the Soul of Matter*, Invisible Cities Press, Montpelier, 2002

(2) B・リベット『マインド・タイム――脳と意識の時間――』下條伸輔訳、岩波書店、二〇〇五年を参照。

(3) この点に関して、T・ノーレットランダーシュ『ユーザーイリュージョン――意識という幻想――』柴田裕之訳、紀伊國屋書店、二〇〇二年を参照。ノーレットランダーシュは、「私たちはリベットの発見した遅れによって、〈私〉と自由意志のどちらかの選択を余儀なくされている。私たちは自分で思っているものをはるかにしのぐ存在だという事実、自覚しているよりはるかに多くの資質をもっているという事実、そして、気づいているよりも広い世界に影響を及ぼしているという事実と、向かい合わなくてはならない」(同書、三一八ページ)と述べている。つまり、自己は意識的主観性を自然に向かって脱自的に乗り越えているのである。

(4) この「脱自的神経線維」という表現はもちろん一つの比喩である。つまり、実際に脳内の神経線維が頭蓋骨を超えて外界に延び広がっている、と言っているのではない。脳内の神経回路が外界の知覚情報と不可分の関係にあり、意識の発生にとって両者の共鳴が不可欠だと言っているのである。また、生物の脳内の神経回路の構築は環境への適応と密接に関係しており、環境世界の情報構造は脳内の神経システムの構築に深く関与している。それゆえ、脳内の神経線維は自己内で循環する形で回路網を形成するのではなく、脱自的に、つまり自己の殻を破って回路網を構築するのである。換言すれば、脳内の神経線維と外界の知覚情報は「包握」し合って、一つの経験を形成しているのである。先述の脳の可塑性はそれを象徴している。

(5) Cf. J. Dewey, *Experience and Nature*, Dover, New York, 1958(河村望訳『経験と自然』人間の科学社、一九九七年)。なお、この本は本章の構成に大変役立ったことを付記しておく。

(6) これは、西田の『善の研究』とジェームズの『純粋経験の哲学』を読み比べれば、すぐに分かることである。

(7) Cf. A. N. Whitehead, *Science and the Modern World*, The Free Press, New York, 1997(上田泰治・村上至孝訳『科学と近代世界』松籟社、一九八七年), *The Concept of Nature*(藤川吉美訳『自然という概念』松籟社、一九八二年)

(8) Cf. A. N. Whitehead, *Modes of Thought*, Macmillan, Toronto, 1968(藤川吉美・伊藤重行訳『思考の諸様態』松籟社、一九九九年)

(9) E・ヤンツ『自己組織する宇宙——自然・生命・社会の創発的パラダイム——』芹沢高志・内田美恵訳、工作舎、二〇〇一年を参照。

(10) たとえば、品川嘉也『意識と脳——精神と物質の科学哲学——』紀伊國屋書店、一九九〇年

(11) Cf. S. Alexander, *Space, Time and Deity*, Macmillan, London, 1920

(12) ヘーゲル『精神哲学』(上)船山真一訳、岩波文庫、七一ページ以下を参照。

第6章　自我と宇宙

はじめに

我々は環境の中で自己の存在を自覚する意識的生命体である。それゆえ、自己の存在の意味に関心をもつ。また同時に社会の在り方や自然の成り立ちや宇宙の起源にも関心をもつ。

「自己と世界」という問題は古くから哲学の中心課題の一つであった。環境とか世界という言葉はかなり広い意味をもっており、漠然と使われることが多いが、それを自己の存在の意味と関連される形で「生命の場」として捉えれば、自我の問題との結びつきが見えてくる。

「私とはいったい何なのか」「なぜ私は生きているのか」「死んだらどうなるのか」という実存的問題は、生命や宇宙の起源への問いと密接に関係している。こうした問いかけはナイーヴな方向に逸脱することが多いが、自然哲学的ないし存在論的に洗練することはそう難しくない。そこで、本章では「創発する意識の自然学」の構築という本書の趣旨に沿って、「自我と宇宙」という問題について考えてみようと思う。

1 パスカルの問い

数学者・物理学者であると同時に哲学者（キリスト教的思想家）でもあったパスカルは『パンセ』の中で次のように述べている。

私は私の生命のみじかい期間がこれまでのそうしてこれからさきの永遠のうちに吸いこまれて失せるのを眺めるとき、また私の占めている、私の眼に映りさえもする小さな空間が、私の知らない、私を知ってもくれぬもろもろの空間の無限のひろがりのうちに沈み入るのを眺めるとき、自分はどういうわけでこの処にいてあの処にいないのか、それをおそれ、それをいぶかしくおもう。なぜなら私がなにゆえにここにいてあそこにいないのか、なにゆえに今ここにいてあの時にいないのか、その理由といっては少しもないからである。誰が私をここにおいたのか。いかなる者の命令と処置によってこの処とこの時とは私にふりあてられたのか。

これらの無限の空間の永遠の沈黙は私をおそれしめる(1)。

我々は自己の存在の意味にときおり関心をもち瞑想にふけったりするが、その解答はまず得られない。我々は存在の意味を知らされないままこの世に放り出されているのである。信仰や宗教によって安易な解答をでっち上げても人間的深みには達しない。熱烈なキリスト教信者であったパスカルも上のように自己存在の不可解さに呻吟している。それは間違いなく誠実な態度である。

人間は繰り返し自己を超越して人格を深めていく。安易な解答で満足するのは、この自己超越という姿勢が欠如している証拠である。それでは何に向かって自己を超越してゆくのであろう。それは、聖人君子に無限に近い位置に向かってであると同時に宇宙の起源ないしその存在の意味に向かってである、と言える。

パスカルは「私を知ってくれぬもろもろの空間の無限のひろがり」を強調し、その「無限の空間の永遠の沈黙」が私をおそれしめる、という感慨を吐露している。問題はここにある。無限の空間としての宇宙は本当に私を知ってくれないのであろうか。

たしかに宇宙や身の周りの空間そのものは我々に何も語りかけてこないし、自らの存在の意味を告知せず、我々の存在にもお構いなしのように見える。しかしそれは、自らを宇宙の中心に勝手において、主観的視点から宇宙と自己の存在の意味を問おうとするからである。私は今ここにおり、それを無限の空間としての宇宙が取り囲んでいる。しかし他の人はまた別の時と処におり、その人の「今ここ」と私の「今ここ」は違う。アリストテレスやカントやホワイトヘッドにとっての「今ここ」はパスカルにとっての「今ここ」とは違うのである。ただし、これら四様の「今ここ」はやはり「今ここ」である。様態は違っても形式は同じである。それゆえみな同様の問いを発しうるのである。

しかし実存主義者は形式の同等性では満足しない。かけがえのない自己の個別性にこだわるのである。筆者はこの点に関しては大変疑問である。私の「今ここ」は別の人から見れば「あのときあそこ」なのである。ここには相対性理論が成り立つ。また、宇宙の立場から見れば「私」を自覚する各人の「今ここ」はすべて「あのときあそこ」なのである。それゆえ、自己の実存にこだわる主観主義の人は客観主義の人や宇宙そのものと意志疎通することができない。そもそも会話が成り立たないのである。無限の空間が永遠に沈黙するのも当然である。

自我と宇宙の関係を問う際にパスカルの主張はたしかに触発的だが、行き詰まることもまたたしかである。有益なヒントを与えてくれるのはアリストテレスやホワイトヘッドの自然主義的姿勢である。この見地に立つと生命原理が自我と宇宙の関係を統制していることになる。生きているのは自我だけではなく自然と宇宙もそうなのである。また、かけがえのない自己は各々自己を超越して生命の大いなる連鎖を形成している。それゆえ各自己の死は別の自己の生によって贖《あがな》われ、それぞれの「今ここ」という実存意識は相互浸透的となる。隣人愛と社会福祉が成り立つのはまさにこの座標からである。

しかし、自己の成長には挫折や不安や反抗という否定的契機も必要である。直接客観主義的態度に立つよりも一度主観的態度で悩んでみた方がより深い人格と宇宙意識に到達するものなのである。その意味でパスカルの言葉はやはり含蓄が深いと言える。

2　自我・時空・世界

各人の「私」の意識は時間的流れと空間的広がりをもっており、それらは自己を取り巻く世界の構造を反映している。「私」の思考内容、表象内容、記憶内容、感情内容のすべてがこの構造を反映している。しかし、それらの心的機能の担い手としての自我という主体は一見対象化できない消尽点のように感じられる。自我の意識内容は客観化できるが、自我そのものは客観化できないというわけである。この観点に立つと、自我は世界から切り離され、非物質的精神実体として理解されるようになる。それは経験の対象とはならず、一切の経験に先立つ超越論的主観だというわけである。これは近代の主観性の哲学を支配した思想だが、大変な間違いを犯していると言える。一切の経験を先験的眼差しで見守る主観としての自我が最初にあるのではなく、世界と自我が有機的に統合してなされる「経験」が最初にあり、反省の結果先験的主観という観点が生じるのである。それゆえ経験の主体は一般に考えられているような意識的自我ではなく、「世界と自我の連動」という生命的事態なのである。そして、この事態の根本形式は時間と空間である。

世界には社会的側面と物理的側面と自然的側面があるが、それぞれ時間と空間の形式をもっている。これらを取りまとめて世界の時空形式と呼ぶことができる。他方、人間各自の意識も独自の時空形式をもっているが、それは世界の時空形式を内部反映したものとなっている。世界と自我の連動として生起する「経験」は、世界の時空形式と自我の時空形式の相互間で起こるフィードバック・フィードフォワードから成っている。つまり、両者の間には相互浸透の関係があるのだ。

人間の意識は、各々の自我の生活歴とそこで形成されたパースペクティヴや記憶内容が重要な契機をなして、個性を形成している。それは一見唯一無比のもののように思われるが、実は社会情勢や自然事象の斉一性という各個体に平等に降りかかる環境要因によって深く規定されており、金太郎飴的相貌ももっている。唯一無比のように思われる側面は各人が自己の生命活動を統制するための道具なのであり、対人関係の中で生起するものとして、やはり世界から切り離して実体化することはできない。つまり、自我の個性もまた世界の形式を反映したものなのである。しかも、その世界は機械的物質体系ではなく、自己組織化する有機的関係構造として理解されるべきものである。

それゆえ、各人が自己を自覚し意識的表象を形成するとき、世界の時空形式との有機的関係構造が集約的に表現される。「私は今このように考える」とか「私は昨日このように感じた」という意識内容には必ず世界の形式と構造が反映する。後者なしに「私」の経験は立ち上がらないのである。

現在（二〇一一年六月）、日本のほとんどの人の意識は、三か月前に起こった未曾有の大震災と恐怖の原発事故によって引き起こされた放射能汚染によって大影響を受けている。日常の生活行動から就寝中の悪夢、目覚めたときの憂鬱、将来に対する不安、価値観の変容。こういったことはすべて、個人の内面的意識が環境要因と不可分のものとなって、その内容を形成していることを証明している。現在の日本人の意識は大震災と原発事故によってその機能を制約されているのである。

こうした例は極端なものなので民衆の理解を得られやすいが、平穏な日常生活でも内面的意識と物理的自然界が隔絶しているということはない。いかなる時節・局面においても主観と客観が対立していることはなく、自己と世界は生命的連動において意識を創発せしめているのである。そこには自我・時空・世界の三位一体性が成り立っている。

3　自我と宇宙

我々各人の一生は約八〇年である。また現生人類（homo sapiens sapiens）が誕生してから二〇万年ぐらいである。それに対して宇宙の年齢は約一四〇億年と推定されている。八〇年対一四〇億年という巨大な懸隔において我々は宇宙の中で自己を意識するのである。大きさの差に関しては言うまでもない。宇宙に対する我々の大きさは太平洋に浮かぶ米粒以下である。まさに無限の空間の永遠の沈黙が我々各人を包んでいるのである。

環境世界の中で自己の存在を自覚し、短い生涯でありながら成長の過程で自我を育む我々は、ある特殊な能力をもっている。それは意識である。脳は外延をもつ物体だが、その脳の創発特性としての意識は外延をもたず、無限の宇宙に思いをめぐらせることができる。

意識には自覚できる部分と自覚できない部分がある。現象する部分としない部分と言ってもよい。我々が悠久で無限大の宇宙の中の矮小な存在として自己を自覚するとき、まず自覚可能な現象的意識が機能している。その際、まさか見たこともない宇宙の端や未知の天体や宇宙の始まりが意識に反映しているとは思わないであろう。自覚的意識によって現象的意味内容として確認できるものにのみ意識の対象の地位をあてがう主観主義の立場からすれば、宇宙全体が意識に反映しているなどという発言はナンセンスなものでしかないであろう。しかし、我々は意外と自分のことは分かっていないものである。自己の成立に関わるものの中には自己の現象的意識に反映しないものが沢山ある。換言すれば、意識には意識を超える能力が備わっているのである。より正確に言うと、生命的意識は主観的な現象意識を超えて宇宙に延び広がっているのである。この延び広がりは、ノエシスに対するノエマとして超越論的ないし現象学的に還元できない。むしろ、そのような還元という意識内在主義的態度を放下《ほうげ》したとき、初めて自ずと顕現してくるような真理なのである。「自ずと顕現する」ということは、ピュシス（能産的な根源的自然）の働きとみなされる。

客観的に見ると、我々の意識と自我は生物進化（系統発生）と個体の成長（個体発生）という二つのプロセスを経て創発したものである。つまり、自分だけがアクセスでき確認できる内面的主観性として意識と自我も、実は自分で作り出したものではなく、自然よって生かされて生きているのである。そして、この「自然によって生かされている」という契機が無限の宇宙への意識の無自覚的延び広がりと深く関係している。

ビッグバンによる宇宙の誕生以来物質の分子的進化が進行し、有機分子の結合・組織化から生命が創発し、生存のための情報処理の必要性から神経系の進化が起こり、ついに意識機能をもつ脳を備えた人類がこの地球に生まれた。この間の過程は、ノエマとして超越論的に明確に再生できないが、自覚されざる身体的―生命的知として我々の意識の辺縁を形成している。重力に関連した身体的生命感覚などはその一例である。本能的知と言ってもよい。それは自然と一体となった野生の感覚であり、無限の宇宙に溶け込むような意識の拡散的感覚である。これは我々を構成する遺伝子、タンパク質、血液、水分などに刻印された宇宙の情報構造の反映とみなすことができる。これらの有機的物質を構成する分子・原子・素粒子には宇宙の物質進化の歴史が刻印されている。それが身体システムとして組織化され、脳と感覚器官を介して環境と相互作用した結果生じるのが意識である。意識が機能するとき必ず身体感覚が連動するが、身体を包む空気や水や大地や天空もまた必ず関与する。そのとき、意識の脱自的延び広がりが生起するのである。そして、それは無意識的に宇宙の果てまで時間空間的に延び広がる。これは主観主義や意識内在主義の観点からはけっして理解できないことである。

ただし、身体を構成する有機分子に宇宙の物質進化史が刻印され、それが宇宙意識として我々に自覚されると言っても、賛同者を得ることはまだ難しい。宇宙と意識の関係をより説得的なものにするためには、精神と物質を仲介する「情報」というものを宇宙の生成と構造の中核に据える観点が必要となる。その場合の「情報」とは、一般に流布している知識やメッセージという意味のものではなく、アリストテレスのエイドス（形相）にあたるものとなる。またプラトンが『ティマイオス』で宇宙の誕生の説明に使った永遠的範型としてのエイドスも非常に参考となる。また、近年の量子情報科学の見解も示唆的である。[2] チャルマーズは心脳問題の舞台で精神と物質を仲介する原理としての情報ということを提唱し、アンディ・クラークとともに「拡張した心」（つまり筆者の言う脱自的意識）を重視している。[3] こうした見解も大変参考になる。

とにかく「物質としての外部世界」と「非物質的な内面的意識」という対置図式に則っている限り、環境に延び広がり、さらには宇宙全体を反映している意識という概念は理解できない。物質の根底に形相的情報があり、それが森羅万象を統べているのだとすれば、宇宙自体が巨大な意識的生命体であり、それが大我としてふるまい、小我としての我々の意識に反映するということの理解の糸口が得られる。しかし、詩的感慨や野放図な擬人化に流れることは避けなければならない。そのためには「社会」という常識的契機が常に有効である。身近な生活世界としての社会における自我の在り方という低地から、徐々に「宇宙と自我」「大我と小我」という高地に上昇していくことが望ましいのである。

いずれにしても、芥子粒ほどの我々の自我も無限大の悠久の宇宙に対して何ら引けを取らないということは、自然そのものが我々の意識に授けてくれた存在論的真理なのである。

注

（1）パスカル『パンセ』（上）津田穣訳、新潮文庫、一九九九年、一四四ページ以下

（2）拙著『情報の形而上学――新たな存在の階層の発見――』萌書房、二〇〇九年を参照。

（3）Cf. D. J. Chalmers, *The Conscious Mind : In Search of a Fundamental Theory*, Oxford University Press 1996（林一訳『意識する心』白揚社、二〇〇一年）、A. Clark & D. J. Chalmers, The Extended Mind *Philosophy of Mind : Classical and Contemporary Readings*, ed. D. J. Chalmers, Oxford, 2002, pp. 643-651, A. Clark, *Supersizing the Mind : Embodiment, Action, and Cognitive Extension*, Oxford, 2011

第7章　創発する意識の自然学の提唱

はじめに

第1章と第2章で説明したように、意識は哲学と科学の両視点から探究される現象である。それはさらに両視点を統合する観点からも考察されるべきものである。

哲学は古代ギリシャにおいて自然哲学として始まった。つまり、現代の自然科学を内包する学問だったのである。そこには主観と客観、精神と物質の明確な区別はなかった。ただしソクラテスとプラトンがこの区別の原型を哲学にもち込んで以来、精神的現象としての意識は次第に自然哲学の領域から外されるようになった。この傾向は一七世紀以降ますます顕著となり、意識は自然哲学の末裔としての自然科学の領域から完全に排除されてしまった。ところが、一九世紀末から二〇世紀初頭にかけて意識の自然科学的研究を実験心理学の舞台で模索する動向が現れた。しかし、この動向も行動主義の趨勢に圧されてすぐに衰退してしまった。

その後、意識の自然科学的研究は少数の人々によって隠れるようになされ、なんとか息を継いできた。他方、現象学を中心とする意識哲学の陣営は、野放図に意識の現象論的意味探求に没頭し続けていた。意識の物理的ないし生理的基盤を排除する研究方針は二元論的世界観にフィットするものであり、難しい心脳問題も回避しやすかったから、実用性を無視したその一見高尚に見える姿勢は、知的なマスターベーションという本性を巧みに覆い隠しつつ、一部の人の間で偏愛され続けたのである。

そうこうするうち意識の神経科学的研究が突如始まり、その還元主義的姿勢は人文系の学者の大変な顰蹙《ひんしゅく》を買うことになる。そして、意識は脳の機能に還元できるのか、それとも非物質的な実体という存在論的地位を保つのか、という思想的対立は再び激化した。

これでは一〇〇年前に提起されたジェームズの試案は全く浮かばれない。真の意識科学は自然科学と形而上学を統合する地平において展開されるべきものなのである。そして、これまで何度も強調したように、還元主義と二元論の双方を超える創発主義の観点からその研究は推進されるべきなのである。

筆者が提案する「創発する意識の自然学」は、古代ギリシャの自然哲学に見られる有機的自然（生きた能産的自然）に定位して生命的心（プシュケー）の存在論的意味を問うたアリストテレスの姿勢を基底に据える。そして、それを一九世紀から二〇世紀にかけて英米で起こった創発主義の哲学に結びつけ、その観点を現代の脳科学における意識研究の妥当性の科学基礎論的吟味に応用しつつ、根源的自然主義の観点から意識の生命的本質を探索しようとするものである。その際、現代の心の哲学の諸説や脳科学の諸成果が参照されるのは言うまでもない。しかし、探索への原動力は学説の解釈からではなく事象そのものへの深い関心から発してこなければならない。そして、その事象そのものとは意識の生命的本質なのである。

また、創発する意識の自然学は、脳科学を中心とする自然科学を参照とするものの、あくまで自然哲学として遂行される。それは、諸科学の成果を集約しつつ探究目標の解明に向けて存在論的に統合する帰納的形而上学という性質を帯びている。そして、その方法は第3章で明示したように「創発の存在論」である。
本章では、以上の事柄を顧慮し、かつこれまでの論述の集約をねらいつつ、筆者の提案する「創発する意識の自然学」の骨子を開陳することにする。

1 「意識が創発する」とはいかなることか

創発する意識の自然学は、意識の創発のプロセスを記述しつつ意識の生命的本質を解き明かすことを目標とする。それでは「意識が創発する」とはいかなる事態なのであろうか。まずこれを説明しておかなければならない。

「創発（emergence）」とは予期せぬ事態が起こることである。この場合、システムを構成する要素の線型的加算から予期できないということ、ならびに先行与件から因果論的に結果を予期できないということ、という二重の含意がある。意識が「身体に有機統合された生命的情報システムとしての〈脳〉」から創発するということは、これまで何度も触れてきた。しかも、その脳は環境と相互作用する主体の生きるための器官である。志向性の器官と言ってもよい。意識と脳の創発関係を理解するためには、脳の物質的組成や生理学的システムを調べているだけではだめで、脳と身体の関係、さらには脳と身体と環境の三者関係を顧慮する必要がある。なぜなら、「関係を取り結ぶ」ということが要素間の生命的合奏としての創発現象の本質をなしているからである。それゆえ脳還元主義と二元論的現象論のどちらも意識の創発的本質を捉えることができない。

意識は生命体が環境の中で生きるための機能であり、生物進化の過程が準備条件となって個体の成長の過程で発生するものである。「発生する」というのは一般的表現であり、それを厳密に言うと「創発する」となる。

意識の基本的働きは外界の状態や特定の対象への注意である。これは、（睡眠しておらず）覚醒していることを条件とする生物的機能であり、脳機能が十分発達していない下等動物にも備わっているものである。環境の状態や対象への注意は、動物が生きていくために必須の能力であり、行動の制御と直結している。この意識の低級な働きは生物進化の過程で、身体を動かして生活する動物において創発したものである。そこには感覚器官の分化・精密化と神経系の中枢化の進行が随伴していた。しかし、この意識の創発の第一段階も要素の線型的加算や先行条件からの因果的推論からは理解できない。そこには生物進化における生命体と環境の相互作用が控えており、この相互作用なしには感覚器官と中枢神経系の進化が起こりえず、結果として意識の創発は起こりえなかったからである。系統発生的な意識の創発の第一段階は、身体運動能力をもつ生命体と環境の「相互作用」の結果であり、生命体の進化単独でも環境要因単独でも起こりえなかったのである。また、両者の単なるつなぎ合わせでもない。「相互作用」とはそのような要素間の単純な協働ではなく、要素の分離以前の「世界の生命的本質」、つまり新奇への創造的前進を無限に繰り返す「有機的自然」の根本構制に由来するものなのである。その際、意識の発動元は経験的性質をもつ自然そのものとなる。生命体という主体も自然の一部なのである。

しかし、こうした生存のための基本的機能としての行動的意識には明確な自己言及性ないし再帰性がない。つまり、環境の状態に注意していることそのものへの注意がないのである。換言すれば、注意し志向し行動を自動的に制御することはできても、その働きに気づけないのである。そして、この働きに気づくことが意識の次の段階に至ることを意味する。

意識の次の段階は、環境の状態や他の生物に注意しつつ行動を制御する心的機能への気づき（awareness）である。これは哺乳類の中でも高等な層にのみ見られるものであり、創発の様態がより複雑である。つまり、生命主体と世界の経験的統一が主体の自覚を促す方向へと傾き、主体と世界のフィードバック・フィードフォワードないし相互浸透の関係がより複雑になっているのである。

意識の生命的機能の気づきが自覚にまで高まると自己意識が創発する。自己意識は、環境の状態や諸々の対象に注意しつつ行動を制御していることに気づいているのは「自分だ」というメタ意識（気づきの自乗＝awareness[2]）を指す。気づきにおいて既に始まっていた主観と客観の分離は、この段階に至ると確然となる。

普通、意識というとこの自己意識のことを暗に指すことが多く、前二段階、特に覚醒という低級な生物的意識は度外視されやすい。しかし、意識の生命的本質を理解するためには自覚がなく自然との一体性がより強い覚醒の方がむしろ重要なのである。なにしろ、その意識には主観と客観の区別がないのだから。

ともあれ、人間的自己意識は意識という現象を理解する上で模範的地位にあることはたしかである。それは、個体発生との関係が最も明瞭で、一見意識の創発の理解の模範となりうるように思われる。しかし、それでは発達心理学における意識の発生過程の説明レベルに止まってしまう。創発する意識の自然学はもっと広大な存在論的ないし宇宙論的視野において意識の創発を説明しようとするので、意識の低層も顧慮してその生命的本質が顕現するような創発のプロセスを解明しようとする。それは意識と自然が一体となって生起する経験の根底から自己意識が発生してくるプロセスの記述である。

「意識が創発する」ということは、系統発生においても個体発生においても世界の経験的本質が関与しており、ミクロコスモスとしての個人の内面的意識とマクロコスモスとしての宇宙の情報構造が相互浸透的となっていることを顧慮して、生命論的な自然哲学の観点から理解されるべきものなのである。

成長の過程でいつの間にか発生した自己意識に驚愕の念を覚えて、意識の本質を理解しようとしても、その根底には到達しない。自覚以前の意識の生命的根拠へと脱主観主義的に遡らない限り、意識の創発の根源的自然《ピュシス》には到達できない。それは鮭が川を本能的に遡るような虚心の様態をもってなされるべきものである。

2　主観と客観の分離を超える存在論的観点

意識の最上位層に属す自己意識は主観性を核とする現象であり、これを基点として意識の発生根拠を問うと、意識の自然的本性からの離反に陥る。自己意識の低層には自覚のない気づきがあり、さらにその根底に主客未分の生物的意識がある。近代の認識論的哲学に特徴的な主観と客観の対置図式は、意識を主観とし自然を客観として理解したが、この観点に立つ限り、意識の自然的創発を捉えることはできない。それを捉えるためには主観と客観の対置図式を乗り越える存在論的観点が要求される。これはデカルトの「我思う、ゆえに我あり」というテーゼを「我あるがゆえに我思う」に逆転することを意味する。

存在論的観点は自然哲学ならびに生命論の観点と密接に関係している。特に有機的自然観ないし宇宙有機体論に立脚する場合、その関係は実り豊かなものとなる。意識をドイツ語で Bewußtsein と言い、直訳すると「自覚態存在」になることは前に指摘した。創発する意識の自然学は、この「自覚態存在」の自然的根拠に遡及しようとするのである。それは同時に経験の自然的生動性へと生命論的に還帰することを意味する。

最初に「我思う」という主観的意識があるのではなくて、「我あり」という自然的事実がある。また、経験の流れを客観化して再構成（つまり反省）する主観的自我が根底にあるのではなく、主体と世界が一体となって生起する自然的経験の流れの中で「生かされて生きている〈私〉」という観点が生じるのである。

主観と客観の関係を観察する高次の先験的主観性という考え方が、意識の観念論的把握の元凶となっている。しかし、その考え方は無限の背理に陥らざるをえない。それは認識の確実性という権利要求を意識の本質の把握に適用したものだが、残念ながら意識の表層をなでるだけのものに終わっている。「意識は、その働きと内容が主観によって確認されるときに限り存在するのだから、先験的主観性による確認作業こそ、その存在と本質を保証するものだ」という考え方は、認識論的神経症の強迫観念にすぎない。認識論者がそう考える以前に彼はもう既に存在していたのである。彼が「存在していた」ということは、「自然によって生かされて生きていた」ということに等しい。そうした自然の恩恵の中で自己の存在を自覚することが「自覚態存在」としての意識の本性なのである。そして、それは認識論的にではなく存在論的に捉えられるべき事柄である。

創発する意識の自然学が主観―客観対置図式を超えた存在論的観点を採るのは、意識が先験的主観性によっては捉えられない生命的本質をもち、それが自己の外部の自然から自己に到達する経験励起的存在であると確信するからである。つまり、一般に意識は主観↓客観というベクトルにおいて生起すると考えられているが、創発する意識の自然学はホワイトヘッドの有機体の哲学に倣って意識の創発を客観↓主観というベクトルにおいて捉えるのである(2)。それゆえ、その存在論的観点は自然有機体説と密接に関係している。

3　意識の経験の学という性格

創発する意識の自然学は、意識の自己経験を分析するという性格をもっている。それはそのまま意識の創発のプロセスの記述となる。

我々各人は、成長の過程でいつの間にか自覚的意識を獲得し、過去の自分を振り返り、将来の自己の在り方に思いをめぐらすようになる。意識の経験を反省しつつ理解するのは、とりあえず主観性を伴った自覚的意識である。しかし、これをそのまま先験的（超越論的）主観性による意識の発生根拠への遡及に置き換えると、意識の創発の自然的根底から逸脱してしまう。創発する意識の自然学は超越論的意識哲学とは違って、主客未分の経験の自然的流れに着目し、意識の発生根拠を問うのである。その際、意識は経験に従属するものとみなされる。つまりそれは、主観としての先験的意識が客観としての経験内容を反省しつつ意味構成するのではなく、自然と一体となった生態的経験の自己集約化としての意識を存在論的に把握するのである。

先に見たように、意識はその原初態において外界の対象に向かっている。そこには自覚も主観―客観の分離もない。これは意識の自然的生命性という原事実を表している。ここに経験の広範性が関わってくる。

経験は意識のすべての相をカバーするものなので、主客未分、主客分離両相において機能している。そこで、創発主義的な意識の経験の学は、意識を経験に従属させる形で脱主観主義的ないし脱先験主義的にその発生根拠を探求する。それゆえ、自覚的意識が熟成し反省能力過剰となった成人の意識から発生的現象学を展開することなどない。また、それは発達心理学の観点とも違う。そのような領域的存在論としての個別科学ではなく、意識と自然、意識と生命、意識と宇宙、意識と存在という普遍的問題を普遍的存在論の観点から問う形而上学的性格をもった学なのである。それゆえ、それは個別科学の成果を集約しつつ普遍的存在論に集約する帰納的形而上学と定義できる。

ただし、創発する意識の自然学は自覚的意識の主観性もけっして軽視しない。何と言っても思考能力と意味把握と再現能力に秀でているのは自覚的意識だからである。問題は、それを基点とか頂点とみなすことなく、経験の豊饒性に根差した意識の根源的自然《ピュシス》を捉えることなのである。そこで、自覚的意識の構成能力はその目的に奉仕してもらうことになる。そもそも学の構築を目指す限り、明晰な知性と論理は必須のものなのである。

しかし、明晰な知性も深遠な洞察力も我々が自然によって「生かされて生きている」という原事実を忘れてはならない。自然有機体説に根差した意識の経験の学は、我々が生かされて生きているという原事実を片時も忘れない。そして、その観点から自然的意識が自覚的意識にまで高まる過程を考察するのである。とはいえ、けっして自然に対して精神の優位を説く観念論に堕することはない。自然の優位はいかなる局面においてもゆるがない。それゆえ、生物的意識から人間的な主観性に高まった自覚的意識は再び自然への還帰を存在論的に模索することになるのである。これは、創発主義的な意識の自己経験の学が、自然に還る意識の自己運動の説明として完結することを意味する。

4　自然に還る意識の自己運動

母なる自然から生まれた我々の意識は、最初自然と一体となった無自覚の様態において働き始め、いつしか自覚的主観性を獲得し自然に対して自己を対置するようになる。そして、最後に再び自然に還る。しかし無に帰するわけではない。次世代にバトンパスすることによって生命の大いなる連鎖に寄与するのである。

無自覚的様態において意識は自然と一体になっているが、自覚的様態においてもそれは自然へと自己を融解させる可能性を秘めている。そもそも、こうした問題を論じている筆者をはじめとした多くのナチュラリストたちは、意識的に自然に還帰しようとする。それでは自覚的意識による自然への還帰はどのようになされるのであろうか。

そのためには、まず自己が自然によって生かされて生きているのであって、自然を意のままに操作できるという思い込みを放棄する必要がある。これは同時に、「自己の内面が自己自身に対してくまなく知れ渡っており、内観は誤りえない」という主観性の自己欺瞞を放下《ほうげ》し、自己の半身が無意識的自然によって構成されていることの自覚を意味する。さらにこれに、経験が意識の上位概念であるという理解が付け加わるべきである。

経験は、前述のように無自覚・自覚の両相ならびに主客未分・主客分離の両相をカバーするものであり、自然に浸透した側面とそれに離反した側面の両方をもっている。こうした両義的で多面的な性質をもつ「経験」が意識の根底に存し、その機能を発現せしめる基盤となっているのである。それゆえ、経験の自己組織性という生命活動を理解することが、自然へと還る意識の自己運動の本質を理解するための鍵となる。

意識はその自覚相においては主観的だが、経験はその自覚相においてなお主客未分であり、自然と一体となっている。経験の自覚相は認知的というよりは行為的であり、身体運動と不可分の生命性ないし生態性をもっている。経験と意識はたしかに上下関係にあるが、双子の兄弟のような面もある。それゆえ、経験の豊饒な生命的自己組織性は意識の活動にたしかに反映しているのである。問題は、この反映の仕方を、自然への意識の自己還帰という一点へと収斂させて理解することにある。

意識は自覚態において自己を主観、自然を客観として理解するが、これを表層的な働きとして捉え、その根底に自然と一体となった生態的で行為的な「経験」が存していることを、意識の創発過程に照らして把握することが肝要である。つまり、意識ももともと無自覚的自然態にあり、最後には自然に還り、自己の主観性を葬り去る、ということを深く自覚する必要がある。こうしたことを体得すれば、意識の脱自的性格が自ずと理解できるようになり、それが自然の大生命によって生かされて生きている一生命体のささやかな能力であり、経験の従弟であることが骨身に知れるようになるであろう。

自然へと還る意識の自己運動は、人生行路の諸段階における、幾多の苦難や歓喜のもとに練磨され、熟成していく。それは、ホワイトヘッドのように成功することもあるし、デカルトのように失敗に終わることもある。人生と社会の荒波はいつの時代にも凪《な》ぐことがない。しかし、それは自然への還帰を我々に促し、生命の大いなる連鎖へと個人の意識を深く帰依せしめる、試練としての指標なのである。

5 経験の形而上学としての創発する意識の自然学

創発する意識の自然学は、単に心理的現象としての意識の本質を探究するのではなく、普遍的存在として世界の根本原理とみなしうる「経験」の本質に照らして、意識の創発様式を存在論的に解明する。それは同時に自然哲学という性格をもっている。

経験は単なる主観的現象ではなく、物理的性格をもった自然現象であり、自己と世界の連動ないし共鳴において生起する。この場合、世界自体が経験的性質をもっている、ということになる。(3) 換言すれば、世界が経験を遂行しているのである。これは主観主義的思考によっては理解しがたい事態である。

古代の原子論的唯物論や近代の機械論的自然観、ならびに現代の還元主義的自然科学のパラダイムにおいて、物理的自然としての世界が経験を遂行しているなどという見方は不合理以外の何物でもない。百歩譲っても「それは擬人化だ」と言われるのが関の山であろう。しかし、ホワイトヘッドの有機体の哲学によれば、経験はそもそも物理的なものであり、それは主観的に発生するのではなく、客観としての世界から主体に到来するものなのである。この思想に影響を与えているのは、プラトンの『ティマイオス』の宇宙論、ジェームズの純粋経験の概念、ワーズワースやシェリーの詩が象徴的に表現した自然の息吹、そして量子論や相対性理論という物理学が捉えた新しい物理的自然像である。これらはすべて、世界ないし物理的自然が生きた自己組織性によって賦活されていることを示唆している。これは「経験の脈動」が宇宙を統べていると言うに等しい。(4)

我々人間各人が経験を遂行しうるのは、そうした宇宙の経験の脈動を分有しうるからなのであり、自らの内面の奥底からそれを発動させるからではない。経験は、主観の先天的形式によって構成される形で起動するのではなく、世界の形相ないし宇宙の情報構造が個体によって分有される形で創発するのである。それゆえそれは、基本的に心理的ないし主観的なものではなく、物理的ないし即自的なものである。このことを理解するためには主観的構成主義と意識内在主義を超越しなければならない。それは、経験のメタフィジックス（形而上学）、つまり続・物理学（meta-physics）の仕事である。

経験のメタフィジックスは、意識を経験の自然性に基づいて理解しようとする。より詳しく言うと、有機的世界の自己組織性が経験の脈動という性格をもつことを顧慮しつつ、根源的な能産的自然から意識が創発する様式を解明しようとする。

「創発」はギリシャ語のピュシスの深い意味と密接に関係している。つまり、「立ち現れて自己展開する生成的事態」を意味するピュシスが、意識の自然的「創発」の核心を示唆する。それゆえ、経験の根源的自然学（メタフィジックス）は、意識の発生過程に着目するとき、必然的に「創発する意識の自然学」となるのである。

もちろん、筆者が想定する「創発する意識の自然学」はホワイトヘッド的観点に終始するものではない。それは、自然と社会の中で生きる具体的個人の実存的意識も顧慮した経験の自然哲学として構築される。また、心身問題、脳科学、進化論、生命論、時空論、人間学といった哲学と科学に跨《また》がる諸事象も顧慮して、科学哲学的に展開される。次章以下でそれは具体的に示されるであろう。

注

（1）C・L・モーガン、C・D・ブロード、S・アレクサンダー、そしてホワイトヘッドらの哲学を指す。代表的文献として以下を参照。C. Lloyd Morgan, *Emergent Evolution*, William and Macmillan, London, 1920, C. D. Broad, *The Mind and Its Place in Nature*, Littlefield, Adam & Co., Paterson, 1960, S. Alexander, *Space, Time and Deity*, Macmillan, London, 1920

（2）Cf. A. N. Whitehead, *Process and Reality*, The Free Press, New York, 1978（山本誠作訳『過程と実在』（上・下）松籟社、

二〇〇〇年）、拙著『自我と生命――創発する意識の自然学への道――』萌書房、二〇〇七年

（3）これは自然界の物理的現象が、自らのシステム的状態を自己参照しながら自己組織化的秩序形成を遂行していることを意味する。これは他の自然現象とのエネルギーと情報の交換に密接に関係している。また、社会的現象においてもこうした傾向が見られる。たとえば、都市は学習する。都市の住民ではなく、都市そのものが学習するのである。東京の都心や近郊を主観主義的偏見なしに数年間観察していれば、それは自ずと見えてくるであろう。この点に関して、S・ジョンソン『創発――蟻・脳・都市・ソフトウェアの自己組織化ネットワーク――』山形浩生訳、ソフトバンクパブリッシング、二〇〇四年を参照。また、「世界のもつ経験能力」というものが、どうしても受け容れ難いなら、とりあえず世界における情報の自己組織性というものに着目してほしい。それに関しては、吉田民人『自己組織性の情報科学』新曜社、一九九〇年を参照。

（4）S・シモン『隠れたがる自然――量子物理学と実在――』佐々木光俊訳、白揚社、二〇〇六年を参照。

第Ⅱ部　意識と心身問題

第8章　心身問題は不毛ではない

はじめに

哲学における意識への問いは心身問題と密接に関係している。脳科学を巻き込んだ最近の意識哲学においてもそれは同様である。

よく、心身問題は不毛だと言われる。答えのない疑似問題に関する無益な議論を繰り返している、というわけである。たしかに心身問題にはそう言われても仕方のない面がある。しかし、その存在論的核心は極めて奥が深く、それを熟考することなしに意識の本質を論じようとしても、けっして深みには達しない。また、心身問題は心の諸科学の基礎を考察する役割を担っている。基礎を失った科学は暴走しやすいのである。

本章では、心身問題がけっして不毛ではないということを創発主義の観点から論じようと思う。その際、この問題の存在論的ならびに認識論（科学基礎論）的意味が十分顧慮される。

1　心身問題の不毛な面とそうでない面

心身問題を不毛なものにしているのは、精神を物質とは全く別の存在領域に置いて、意識と自我を自然科学的に客観化できないものと想定する、二元論的思考法である。心は神秘的なものであり、科学が接近できない聖域だというわけである。この見地に立つと、心の非物質的側面ばかりがクローズアップされ、身体の生理的プロセスとの接点がほとんど視野に入ってこなくなる。心にはたしかに神秘的な性格があるが、そればかりに着目するのは、非常に不健康な傾向である。それはまるで答えが出ないことを喜んでいるかのようである。こうした思考法にはまると、心と身体の関係は永遠の謎となり、不毛な形而上学的議論に明け暮れる破目になる。

これに対して、心身問題を実り豊かな哲学的議論にせしめるのは、心と身体を生活者ないし生命体としての人間の有機的構成契機として統合的に理解し、その関係を科学と対話しながら考察する観点である。この観点からすると、心と身体は生命の自己組織活動の両極的契機として理解され、両者が矛盾対当の関係に置かれることはない。そして、心の中核に位置する意識という現象も過度に主観化されることはなく、他者との共存という見地から自然化されて捉えられる。つまり意識は、人間の社会生活における他者との交渉から生じる相互主観的な現象として、自然的公共性の地位をあてがわれるのである。自我もこの観点から理解される。それは、独我論的な世界隔絶的現象とはみなされず、常に内面圏をはみ出した社会的現象として捉えられるのである。

西洋哲学史を概観すると、心身問題を不毛にしたのはデカルトであり、それを実り豊かなものにする可能性を秘めていたのはアリストテレス的思考であったことが分かる。デカルトは心と身体を全く別の存在領域に置いたが、アリストテレスは自然的生命主義と呼べる立場から両者を統合的に理解した。「心と身体を一つのものか二つのものかと問うてはならない」[1]という彼の主張は、心身問題を不毛なものにしないために常に傾聴しなければならない金言である。

ところで、心と身体の関係についての議論においてよくカテゴリー・ミステイクないしカテゴリー・エラーという言葉が使われる。一つの見方は、非物質的な心を物質的な身体の生理的過程に還元するのはカテゴリー・ミステイクであり、それゆえ心を科学的に客観化しようとするのはカテゴリー・エラーだというものである。これは二元論的スタンスを取る人文系の人、特に宗教系や古典的形而上学の信奉者が主張するテーゼである。それは一見もっともらしいが、大変な間違いを犯している。心を身体と同様の「実体」として受け取り、その関係を実体間の矛盾対当として理解しているのである。身体は物質的実体、心は非物質的実体というわけである。ここには何らかの形で不死の霊魂実体という観念が潜んでいる。あるいは、そうした観念の悪しき伝統が思考に災いをもたらしている。

しかし、心はアリストテレスの言うように実体ではなく身体の形相である。それは、呼吸が肺の機能であるように、脳の機能なのである。誰も呼吸が肺と並ぶ別個の実体だとは考えない。それと同様に心も身体や脳から独立した別個の実体ではないのである。ライルがデカルトの神話として批判した、心と身体の関係についてのカテゴリー・ミステイクは、まさにこうした誤謬推理を指していた。[2]心身問題を不毛なものにする、心身関係に関するカテゴリー・ミステイクとは、実はその二元論的理解だったのである。つまり、「心を自然科学的に論じるのはカテゴリー・エラーだ」と主張する二元論者こそ、最悪のカテゴリー・エラーを犯していたのである。

ライルが言うように、二元論者は「機械の中の幽霊」を取り扱うように心と身体の関係を論じる。[3]しかし、身体はデカルトが考えたような機械ではなく、アリストテレスが想定したような目的性をもった有機体なのである。現代風に言うと、それは生命情報によって自己組織化される有機体だということになる。心はその形相因にして目的因、つまりその自己組織化の原理なのである。つまり、それは身体の「いのち」である。また別の見地からすると、心は身体の生理的過程から生態的に創発した現象である、と言うことができる。ここには生命の自己組織化活動における形相因と創発結果の循環関係が表れている。

ちなみに、現代における心の脳還元主義は、デカルトの二元論の極左的立場とみなすことができる。それは、物心分離、心身分離以前の原所与として生命の単一性を見失い、二元対置の一極にすべてを引き寄せようとしているだけなのである。これもまた心身問題を不毛なものにする見地である。

心身問題を不毛なものにしないのは、物心未分の生命の自己組織化活動に着目しつつ、心を生態学的見地から論じる思考法である。それは、けっして日常性から逸脱することなく、心と身体を世界内存在としての人間の構成契機として理解し、その関係をプラグマティックに論じる。それゆえ、それは科学とけっして対立することはない。むしろそれと協力して心身問題を解こうとするのである。それが疑似問題としての「悪しき心身問題」の排除を含むのは言うまでもなかろう。

2　心身問題の実用性

よく、哲学者で「実用性を離れなければならない」とのたまう人がいる。しかし、こういうことを言う人はだいたい御用学者的な哲学文献学者で、真の愛知者（philosopher）ではない。真の哲学者（philosopher）はけっして実用性を無視しない。万物の根源を求めるという理論的姿勢には善なる生を求めるという実践的意図が付随しており、真の哲学（愛知）的営みにおいて理論と実践は不可分だからである。そして、理論と実践の接合点に「実用性」が位置している。

心身問題は、環境の中で生きる人間における心と身体の関係を問う。それゆえ、それは理論的でありかつ実践的であるという性格をもっている。必ずしも実際の社会的行為に及ぶことはなくても、理論的考察に終始することなく人間的生の倫理的―実践的側面に関わるという点ではやはり実践関連的であり、実用性を視野に入れたものとなっている。

たとえば、臨床医学との対話において哲学的心身問題は実践関連的にふるまう。精神医学や心身医学やリハビリテーション医学において哲学的心身問題の観点は既に一定の効果を上げている。また、ターミナルケアないし死の臨床においてもそれは成果を上げている。こうした影響は生命倫理ないし医療倫理といった倫理学的次元から医学研究や医療技術そのものに影響する科学技術的次元にまで及ぶ(4)。

他方、脳科学や生命科学や教育学といった分野でも哲学的心身問題に関する考察は重要な役割を果たし、具体的効果を上げている。還元主義の科学者や唯物論的で技術万能主義的な医学者の中には哲学的心身問題など無用だと言い張る人が多いが、それは思慮が浅いと言わざるをえない。また、「哲学における心身問題を科学に応用することは科学に迎合する邪道な姿勢だ」などと嘯《うそぶ》く哲学文献学者も多いが、それも軽佻だと言わざるをえない。

西洋哲学の始原が示しているように哲学と科学は本来一体のものである。科学は個別的で具体的なものを探究することが得意なのに対して、哲学は普遍的で理念的なものを探索することを得手とする。実証性や実用性においては科学の方が派手な成果を上げているので、哲学は影が薄いように思われるが、哲学的基礎を欠いた科学が暴走しやすいのもまた事実である。

心身問題を軽視したがゆえに生じた悲劇の代表はロボトミーである。精神病の患者に強制的に施されたこの前頭葉白質切断術は、脳の病理が患者の世界内存在という生態的次元を反映していることを顧慮しないまま還元主義的に神経外科手術を強行するという軽薄な姿勢によって悲劇を生み出したのである。先述のように、心身問題は心と身体が隔絶した存在領域に属するなどという前提に支配されているわけではない。それらは人間の生命活動において有機的に統合されているのである。そして、これに生態的次元が関わってくる。環境的要素と言ってもよい。こうした諸契機を顧慮した心身問題は、科学的研究や医療行為に実際に応用可能であり、具体的成果を上げることができる。その核を科学哲学的に表現すると、還元主義の狭い見解を打ち破って創発主義的なシステム科学の視点を推し進めることに寄与する、ということになる。そして、これはホワイトヘッドの言う「具体者置き換えの誤謬」[5]を是正することになる。

真に具体的なのは、数量化しやすく定量的にデータ把握しやすい物質的要素ではなく、異なる諸要素を全体的秩序へと統合するシステム化の原理なのである。ある脳科学者は「わざわざ創発などという概念を使わなくても、実証的なデータを集積しつつ脳神経系の個別的機能を解明すれば、心と脳の関係は理解できる」[6]と主張したが、それは極めて底の浅い軽佻な意見だと言わざるをえない。心は脳の中に閉じ込もったものではなく、環境と相互作用する脱自的生命現象なのである。こうしたものは還元主義者には抽象的で理解しにくい。しかし、それは彼の存在理解が浅いだけなのである。人間に関する事柄に「具体者置き換えの誤謬」を適用しても、真実は得られない。一見抽象的に思えることの中に真の実在が潜んでいることを見抜くことが科学を進歩させ、人間を苦痛から解放し、社会の秩序を維持するのである。それこそ新奇への創造的前進としての創発の発現であり、これに食い入る眼差しこそ心身問題を実用的なもの足らしめるのである。そして、創発という概念は心身問題の存在論的意義を理解するための鍵となる。

3　心身問題の存在論的意義

前にも触れたが、ドイツ語で意識のことをBewußtseinと言う。直訳すると「自覚態存在」であり、意識と存在が密接に関係していることを表現しやすい。主観主義的思考によると、意識は主観的現象なので、その存在を客観化して論じることはできないことになる。しかし、意識を経験に還元し、その主客未分の様態において考察すると、存在との接点が見えてくる。心身問題の存在論的意義を捉えるためには、このことに着目する必要がある。

「私は意識をもっており、そのことを自覚している」という意識の主観的性質は、けっして他者と世界から隔絶した独我論的事態を意味しない。それは、「私は存在している、ということを自覚している」という自己存在の確信から発してくる生命的事態なのである。そして、その確信を保証するのは「他者と共に世界内で存在している」という生命の事実である。

独我論的でないということは脱自性を意味する。それは個でありながら個を脱しようとする生命の衝動によって裏打ちされている。そして、その志向する先は生命の大いなる連鎖である。

心と生命は本来一体のもので、自覚態存在としての意識は生命の本質の顕現として理解できる。また、「存在する」ということは「生きている」ということと密接に関係している。特に人間における自己存在の自覚に関しては、ほぼ同じことを意味する、と言ってさしつかえない。それゆえ、人間における心と身体の関係を問う心身問題は、生命の本質の顕現としての意識を存在論的観点から論じることに本道がある。

近代以降の主観性の形而上学は、意識の存在論を排除して、それをもっぱら認識論的観点から考察した。つまり、意識の発生根拠と内容構成を「それに関する知り方」から理解しようとしたのである。これは、意識が認識主観による観察ないし確認に依拠する主観的現象であり、その内容は一人称的説明方式でしかなされない、という思考原理に由来する。しかし、生命的創発主義の観点からするなら、意識は「生命の大いなる連鎖」の個体を媒介とした自己反映とみなされる。そして、この自己反映に経験という現象が関わってくる。

経験は単なる主観的体験内容ではなく、自然と一体となった生命体の身体的活動から発する生活の機能である。

意識の主観的特質は経験という氷山の一角にすぎないのである。そして、前述のように経験の主体は「世界」でもある。より厳密に言うと、自己と世界が生命的に共鳴しつつ連動する様態において、それは発動し機能するのである。これは明らかに主観と客観の分離以前の様態を指している。「意識を経験に還元し、その存在論的意味を捉える」ということは、還元的唯物論や行動主義がしたように意識を脳の生理的過程や外面的行動に還元することではなく、「意識が自然的経験から創発する生命的実在性をもつ」と主張することなのである。それゆえ、主観性は消去されずに自然的経験の有機的構成契機として確保される。

「心の物質世界における存在の地位」とか「意識の物理的因果関係における位置」といったことが心身問題においてよく議論される。その際、素朴な物心二元論や主客対置図式が前提となっていることが多い。しかし、それではアポリアにはまる一方である。心と物、意識と自然は、異なる存在次元にある別個の実体ではなく、大いなる生命的自然の有機的構成契機として相互浸透的である。このことを理解することが、意識を領域的存在論の束縛から解き放って、自然全体、宇宙全体を視野に入れた普遍的存在論の主題に変貌せしめるのである。そしてその際、「創発の存在論」という方法が有効な手段となることは言うまでもない。

注

（1）アリストテレス『心とは何か』桑子敏雄訳、講談社学術文庫、二〇〇五年を参照。

（2）Cf. G. Ryle, *The Concept of Mind*, Penguin Books, London, 2000（坂本百大他訳『心の概念』みすず書房、二〇〇一年）

（3）Cf. G. Ryle, *op. cit.*

（4）拙著『心の哲学への誘い』萌書房、二〇〇七年、『脳と精神の哲学――心身問題のアクチュアリティー――』萌書房、二〇〇一年を参照。

（5）Cf. A. N. Whitehead, *Process and Reality*, The Free Press, New York, 1978（山本誠作訳『過程と実在』（上・下）松籟社、

二〇〇年）

（6）澤口俊之「脳と心の哲学論争と現代脳科学」（松本修文編『脳と心のバイオフィジックス』共立出版、一九九七年）を参照。しかし、こうした主張はブーンゲの強力な論理によって簡単に打ち破られる。Cf. M. Bunge, *The Mind-Boby Problem : A Psychobiological Approach*, Pergamon Press Oxford, 1980（黒崎宏・米澤克夫訳『精神の本性について——科学と哲学の接点——』産業図書、一九八二年）、M・マーナ／M・ブーンゲ『生物哲学の基礎』小野山敬一訳、シュプリンガー・ジャパン、二〇〇八年

第9章　心と身体の関係を統制するものとしての生命

はじめに

前章では心身問題がけっして不毛ではなく、実用性と存在論的意義をもつことを説明した。本章では心身問題と生命論の関係を論じようと思う。

心と身体を有機的に統合する原理が「生命」であることは、既にこれまで何度か触れた。特に意識の問題と生命論の関係については一章を割いて考察した。ここでは伝統的な心身問題が陥りがちな二元論的思考を破壊する方向に定位しつつ、心と身体の生命的統一原理を探索し、定式化しようと思う。その際、「心」という概念そのものと「身体性」ないし「生きられる身体」という現象に注意が払われる。

我々は環境の中で生きていく有機的存在者である。この「生きていく」という活動の契機として心と身体はある。それでは「生きていく」ということの本来的意味は何であろうか。生物学的に規定された生命の概念をそのまま心身の統合原理として利用できるであろうか。

それは不可能である。心身問題を生命論的に論じるためには、心の概念を包摂する新たな生命概念が必要となる。それは新しいと同時に古い概念である。生物学は近代以降目的因と形相因を排除してきたが、前世期の後半、分子生物学の還元主義の嵐が吹き荒れる中、密かに生命の理解のためにアリストテレスの目的因と形相因ないしそれに類似の原理が復活したのである。それはまさに生命の「自己組織性」に定位したものであった。本章では、そのことを顧慮して、心と身体の関係を統制する原理としての「生命」について論じようと思う。

1　心と生命

「心」という概念は多義的で統一的規定性がなく、かなり曖昧なものである。なぜなら、そもそも定義や規定は客観化に基づいた普遍的理念化を目指すものなので、各人が自分の内面で感じている主観的現象としての「心」はそうした手法の網の目をすり抜けてしまうからである。つまり、各人の直接的体験内容から構築された個別的な心の概念は自己の主観的パースペクティヴを表現するものなので、定義に関する統一的見解を得にくいのである。こうした主観的な心の理解には言語的思考能力による再帰的表象内容の形成が深く関与している。すなわち、「自分の体験内容を内面的意識の領域において自覚的に反省し、その意味を看取し、それを記憶に取りまとめ、必要とあればいつでも次の体験の意識的反省のために参照する」という習慣が、主観性としての心の概念を育むのである。

こうした心の理解は一見妥当なものに思われるが、実は大きな欠陥をもっている。意識の自覚的主観性は心という巨大な氷山の一角にすぎないのに、それによってほぼ心の核心を捉えたと誤認しているからである。実のところ、心の本質は「主観性に対置される無意識的生命」ならびに「主観性を否定する原理としての自然[1]」というものに深く根差している。ただし、こうした理解において自覚的意識の主観的パースペクティヴが完全に排除されるということはない。それは、心の小さな構成契機に格下げされるだけなのである。

一般的な心の理解において着目すべきものがあるとすれば、それは主観的意識の再帰的表象形成ではなく、直接的体験である。この直接的体験というものを、内的意識の主観性にではなく環境の中で身体を使って行為する「生」に引きつけて理解することが肝要である。心とは生命体が環境の中で身体を使って行為することそのものなのである。最初に身体的行為ないし社会的行動があり、その後で反省の結果自覚的意識と自我の観念が形成されるのである。(2) そして、この反省も生きるための道具として理解できる。「私」という観点は、自己の生命活動を統制する総元締ではなく、他者との社会生活を円滑にするための道具なのである。つまりそれは、自己の意識内容と行動を逐次モニターする習慣から、自然と社会という環境の中で他者と共同生活する自己存在の把握のために事後的に生じたものとして理解できる。

心と生命の関係を理解するためには、生物学的な生命の概念に囚われていてはだめで、自我と内面的意識を派生させる「社会生活」に着目しなければならない。また、自然と一体になって感性を働かせる生命の側面も顧慮しなければならない。もし生物学的生命概念を取り入れようとするなら、還元主義的なものではなく、アリストテレスの言う形相因や目的因に根差したものの方が有益である。心とは、身体の形相であり、生きていくための根本原理であり、要するに生命の自己組織化活動の原理なのである。これは、我々が自然と一体であると深く感じるとき、あるいは自然へと還帰しようと発起するとき、顕現してくる存在の真実である。

2 生きられる身体という視点

心と身体を有機的に統一して理解するための手掛かりは身体概念の再把握にある。そして、その再把握は心と生命の関係理解の要となる。

身体は一般に細胞とそれを取り囲む支持組織の集合体、つまり物質として理解されている。もちろん、生物の身体は細胞の核内にある遺伝情報がタンパク質に翻訳されて形質発現したものなので、岩やコンクリートのような無機物とは違う、生命をもった有機物質である。しかも、それは生命を維持するために自ら動くための内的な自己組織性をもった有機物質システムである。そこには明らかな目的性、つまり生命活動を営むための目的適合的な秩序がある。中枢神経系はこの活動の舵取りの役割を果たすものである。特に、脳が著しく進化し、自己をモニターする意識が発達した人間の場合、中枢神経系は自由意志の制御機能が高度なものになっている。

自由意志は、すべて身体運動としての行為に関わっており、内的意識に幽閉されたものではなく、環境世界へと脱自的に伸張したものとみなされる。中枢神経系は脳と脊髄からなるが、身体運動とよりダイレクトにつながっているのは脊髄の方である。意識的な意志の発動には脳、特に大脳の新皮質が関わっているが、無意識的で動物的（本能的）な意志の発動には大脳の古皮質や脳幹部、そして脊髄が関与する。

自由意志をもっぱら精神性の次元で理解する二元論者は、意志の意識的自己制御性ばかり重視して、それが身体の生理的過程と切り離せないということを無視する。生物の中枢神経系の働きは環境世界へと脱自的に関与する「身体運動」と密着しているが、再帰的自己意識が高度に発達した人間の場合、その働きがあたかも物質的次元を超越した領域にあるかのような錯覚を抱きやすい。そうした誤解は身体の生理的過程をもっぱら物質のもつ質料因的性格から捉える姿勢に由来する。生物の身体は、生きるための目的性も、かつそれを支える形相性を身体の物質組成に内在させている。これが、遺伝子ＤＮＡによって形成される「身体の自己組織化的秩序」の存在論的意味である。

ＤＮＡは生命「情報」なので、結局形相としての情報が身体という物質に生命的秩序を付与していることになる。

自由意志を駆使して生命活動を営む人間の場合、この形相性は物質に組織的秩序を付与するにとどまらず、注意や反省や記憶や思考といった認知活動にまでその影響が及ぶ。そして、最終的に死を案じ、人生の意味を問い、社会の在り方を模索し、宇宙の存在意味を問う、高度の精神的意識を創発せしめるのである。しかし、創発の度合いが高まるにつれて、精神現象は物質とは別次元のものに思われてくる。これが二元論的な自由意志の理解を生み出す元凶である。

心と身体を統一的に理解する媒介項としてよく挙げられるものに「生きられる身体」というものがある。これは現象学を中心として提唱された概念だが、身体の物質組成を無視する傾向があるので、その点に注意が必要である。先述のように現象学は意識の質料因への視点をほとんどもち合せていない。そこで身体性の理解の場合にも、それを意識に相関する「現象」に還元する傾向が強いので、身体の生理的次元の形相性、ならびに身体運動の生命的目的性のもつ質料的基盤が視野から外れてしまう。それゆえ「生きられる身体」と言っても、意識の現象性から一歩も外に出ない観念的構築物に終わる傾向にある。それは単に身体を使って生きていることの意識相関的記述にすぎない。これでは、心と身体の二元論はけっして乗り越えられず、その生命的統一にはとうてい至らない。

「生きられる身体」と言う場合、たしかに「身体が自己によって〈生きられている〉」とか「身体というものが生物学的に対象化されずに主体性の次元で捉えられている」という含蓄がある。しかし、「生きられている」という主体的感覚も自然界の物質系に内在する形相因と目的因と無縁のものではない。というより、それらと深く関係している。自然に関する機械論的で唯物論的な理解が、その理解を妨害しているだけなのである。

自然自体が自己組織化する有機体である。そして、物質進化から創発した生命に根差す、生物の身体活動と人間におけるその意識は、徹頭徹尾自然的なものである。それゆえ、身体を生きているという主体的感覚は、自然との一体感という生命感情を表現するものとして理解できる。しかし、生物学が機械論的自然観に依拠している限り、身体の物質的秩序と生きられる身体の関係把握には役立たない。また現象学は、意識の質料因を無視している限り、身体性の自然的生命性には到達できない。自己身体運動感覚（キネステーゼ意識）というものはたしかに興味深いが、それが意識の質料因を無視して生じたものならば、「生きられる身体」というものは心と身体の生命的統一の理解には何ら役立たないのである。

3　心と身体を統合する生命の存在論的意味

心と身体を統合する媒体としての生命の存在論的意味を捉えるためには、生きられる身体を超えて、人間存在と自然的生命の関係に目を向けなければならない。その際、アリストテレスの次の発言が極めて示唆的である。

心（psyche）は生きている身体の原因であり原理である。が、これらの「原因」や「原理」はいろいろな仕方で語られる。そこで、同じように、心も、既に規定された仕方で、三通りの意味で原因である。つまり、心は運動の起源であり、運動の目的であり、さらに心をもつ身体の本質としての原因である。

心が本質としての原因だということは明らかである。なぜなら、本質とはすべてのものにとって「あること」の原因であり、生きているものにとって「あること」は「生きていること」であって、心がこの「生きていること」の原因であり原理だからである。(3)

「心」や「霊魂」と訳されるギリシャ語の psyche はもともと「気息」という意味を含んでおり、身体の生命活動と密接に関係づけられていた。つまり、それは「生命の息吹」ないし「生気」という意味合いをもっていたのである。とりわけアリストテレスが言うpsycheは、二元論者が機械的身体の物質性から峻別する「心」とは違って、自然環境の中で身体を動かして「生きていく」ということからけっして切り離せないものであった。

二元論者は非物質的心が物質的身体を自由意志に基づいて動かすと考えるのに対して、アリストテレスは身体自体に生命原理としてのpsycheが内在しているとみなすのである。これを現代風に言えば、psycheは環境の中で生きる身体の自己組織化の原理だということになる。その原理は、神経の情報伝達、血液の循環、ホルモンの分泌、呼吸、消化、代謝といった生理活動から、自由意志による身体運動、社会的行為、自己意識の高度の精神性まで含むものである。つまり、最下層の生理的物質活動から最上位の精神現象までpsycheの機能は及んでいるのである。この連続性を示唆するものとしてよく挙げられるのは、免疫細胞が自己と非自己の区別を既に認識しているということである。二元論者はそれを「認識」とみなすのは単なる比喩だと見下すであろうが、それは当たっていない。意識をもった人間が他者と自己を区別することの自然的根底には免疫細胞の無意識的な外敵の認識が存しているのである。免疫細胞と意識の間には連続性はあっても断絶はない。基礎的生理過程と高次脳機能としての精神現象の間の創発関係があるだけなのである。両者は、生物としての人間が環境の中で生きていく過程で生じる生命維持現象として同一のカテゴリーに属す。

このことを理解するなら、生命原理としての心（psyche）が「心」（狭義の）と「身体」を統一する媒体であることが認識でき、その認識は骨の髄まで沁みてくるであろう。「心＝生命」としてのpsycheが心と身体を統合している、と言ってもよい。

心は内面的意識の主観的プロセスに尽きるものではなく、生物としての人間が世界の中で他者や自然と相互作用しつつ存在している、ということに関係した広範な現象である。こうした世界内存在の一局面として内的意識の主観性や「私」という観念があるのだが、その根底には自然の自己組織化的生命活動に直結した生物的身体自我の生気が存している。
「我思う、ゆえに我あり」などという認識は自然から疎外されたせせこましい主観性（エゴイズム）の主張以外の何物でもない。「身体としての私」は自然よって生かされて生きているのであって、それを認識することが心と身体の統合的次元に目を開かせ、結果として心と生命が深い次元でつながっていることが存在論的に理解されるようになるのである。

注

（1）この概念については、日下部吉信『ギリシア哲学と主観性』法政大学出版局、二〇〇五年を参照。
（2）Cf. G. H. Mead, *Mind, Self and Society : from Standpoint of a Social Behaviorist*, The University of Chicago Press, 1967（河村望訳『精神・自我・社会』人間の科学社、二〇〇二年）
（3）アリストテレス『心とは何か』桑子敏雄訳、講談社学術文庫、二〇〇五年、八九ページ

第10章　意識と脳の世界内存在

はじめに

意識は一般に内面的主観性に彩られた心的現象と理解されている。それはまた一切の外的対象を客観化するが、自らは対象化できない主観的現象とも理解されている。そして、これに精神と物質、内部と外部の対置図式が加わる。つまり、意識は非物質的な内的表象世界であり、客観的対象としての外界の事物から隔絶する形でそれに対置される主観的現象だというわけである。

主観―客観という対置図式はプラトンにおいて既にその萌芽が見られ、デカルトにおいて確定され、それ以後の認識論と心の哲学、さらには心に関する諸科学を支配した思考の枠組みである。ところが、一九世紀の末から二〇世紀にかけてこの図式を破壊しようとする傾向が哲学に現れ、瞬く間に思想界全体に広まった。代表的なのは主客未分の純粋経験に還帰しようとしたジェームズ、それを自然と物理の方向で深めたホワイトヘッドの有機体の哲学、意識を環境の中で生きる有機体の自然的経験として捉え脱主観化したデューイ、内面的意識に社会的行動が先行することを主張したミード、主客対置図式を世界内存在の概念によって破壊したハイデガー、それを身体性の方向で深めたメルロ＝ポンティである[1]。

こうした傾向に比べると、現在の心の哲学と脳科学における心脳問題、ならびに意識と脳の関係の神経科学的研究は、旧態依然の主客対置図式に囚われたままとなっており、無益な議論を繰り返しているように思われる。

「物理的な脳がいかにして非物質的意識の主観的特質を生み出すのか」という難問が哲学と科学双方を悩ましている。それは、あくまで脳の内部での意識の産出をめぐる問題であり、環境世界との有機的存在連関が見落とされている。意識と環境、生命体と環境の関係といったことが取り上げられはするが、従来の主客対置図式、ならびに内部と外部の二分法に囚われたままなので、考察が素朴なモノ的存在観に引きずられ、存在者相互が包摂し合う事《こと》的存在論に目が開かれず、結果として機械的物質としての脳の内部で非物質的意識という幽霊を探すことに明け暮れる破目になるのである。

意識の内容はすべて環境世界の知覚情報に関連している。そして、意識の機能の先天的基盤も生物の環境への適応性によって形成されたものである。この先天的基盤を構成するのは言うまでもなく脳の神経システムである。そこで、おいおい先天的基盤としての脳の神経システムが内的意識を発生させる機序を解明すれば、意識と脳の関係が理解できるという誤解が蔓延《はびこ》ることになるのである。

「昨日大雨が降ったので、私の家が洪水で流されないかと、とても不安だ」とか「私は彼が私のことをどう思っているのか気にかかる」といった意識内容、あるいは眼前にはない東京タワーやお気に入りの芸能人を頭の中で描いてみる表象機能、さらには論理的な思考内容といったもの、これらは純粋の内面空間から生まれてくるものではない。それらすべては、環境世界の中で生きる有機体の経験から創発するのである。そしてその際、脳の神経システムと環境世界の知覚情報の間で相互に脱自的に往還する生命的共鳴が起こる。さらにこれに意識主体の身体性が加わる。これが意識の創発における生命と情報の自己組織性というものである。

意識と脳の関係を理解するためには以上のことを顧慮しなければならない。脳の内部のＮＣＣ（意識の神経相関項）を調べるということは、意識の質料因を調べることにすぎない。否、意識の質料因や始動因を調べる際にも、「外界の知覚情報」と「脳の神経システムの自己組織性」の関係を顧慮しなければならないのである。また、意識の形相因と目的因を解明するためにはさらに深い存在論的観点と生命情報理論が必要となる。

本章ではハイデガーとメルロ＝ポンティが提唱した世界内存在の概念を基盤とし、それに先述のプラグマティストの思想を加味しつつ、意識と脳の関係を生命と情報の自己組織性の観点から創発主義的に論じようと思う。

1　意識の世界内存在

意識は脳の内部に幽閉された主観的現象ではなく、環境世界へと脱自的に延び広がった生命的現象である。つまり、それは内部と外部の区別を超えた包括的現象なのである。この場合「内部」とは、頭蓋骨の内部の脳の神経システムと非物質的な精神的内面界の双方を意味する。それゆえ、唯物論的な脳科学も二元論的な哲学のどちらも意識を内部的現象とみる限り、意識の世界内存在を理解できない。

意識は人間の生命活動（つまり生活）の一側面であり、それは環境世界の中で他者や社会制度や自然事象と交渉しつつ行為することと密接に関係している。この生活的行為によって意識はその内容と統一性を獲得する。

行為とは意図された行動である。つまり、行為が意識的であるのに対して行動は無意識の要素を多分に含んでいる。より厳密に言うと、行為が再帰的自己意識の機能としての主体的意志によって作動するのに対して、行動は知覚と密着した忘我的意識によって起動するのである。すなわち、行動は反省的思考に先立つ生活機能なのである。

自己の内面を見つめたり瞑想したりするのは、常に行動が止んだ静止態においてである。草原で猛獣に追われているときとか、押し寄せる巨大津波から必死で逃げようとしているとき、我々は自己の内面を見つめたり、記憶を辿ったりしない。「逃げているのはかけがえのない〈私〉だ」という意識が生じる隙など全くない。このことはテニスの試合の最中や電車を乗り換えようとしているときや買い物をしているときにも当てはまる。

意識の中でも特に主観的要素が強く、非物質的神秘性の印象が強いのは、前述の再帰的自己意識である。これは人格性と統一性と深い内面性を帯びたものなので、環境世界で出会われる対象的事物とは全く別の存在領域に属するものに思われる。しかし、再帰的自己意識は意識の中の一つの局面にすぎない。意識は、基礎的な生物的意識たる覚醒、行動と知覚に関与する気づき《アウェアネス》を含む包括的現象である。再帰的自己意識はこれら二つの下層の上に乗っかった上部構造なのである。ところが、意識の主観的私秘性にばかり着目して、それを物理的世界から隔絶させたがる人々は、下部構造たる覚醒と気づきを無視する。これら二つは環境世界の事物に関与するものなので、神秘性が希薄である。

意識を神秘的なものに思わせ、その説明様式が脳の物理的性質と巨大なギャップをもつように思わせるのは、再帰的自己意識への偏向に他ならない。この意識は自我の観念を伴うものであり、その内面へのアクセス権が本人のみに限られ、過去から現在を通って未来へと連なる整合的記憶を備え、感覚と知覚の統一性をもたらす、独特の存在印象をもっている。つまり、それは何か非物質的な実体として脳と身体、あるいは広く物質的世界から独立しているように思われるのである。不死の霊魂実体という古い観念はその代表である。

現代において、肉体の死後も生き延びる不死の霊魂実体を信じる者は稀であるが、二元論を信奉する者は、実体としての霊魂を否定していても、意識と物質的脳の間の巨大な説明的ギャップを偏愛する傾向が強い。また、還元主義の哲学者や脳科学者も別の意味で意識と物質の二元性に囚われたままとなっている。この場合、意識のもつ生態的存在様式、つまり内部と外部の区別を超えたその世界内存在が理解できていないのである。

前述のように、意識には内容がある。それは脳の外部の環境世界から受容された知覚情報の組織化であり、純粋に内発的なものは何一つない。本人しか知りえず他人がアクセスできない秘密の思念もまた外部由来の知覚情報の組織化にすぎない。たとえば、A君が他人に絶対口外しない「あの憎たらしいB男の家に放火したい」という思念と「その家が燃え盛っている光景」のイメージも、A君がこれまで経験した知覚情報の一つの組織化である。それゆえ、一見外部世界から隔絶しているように思われる私秘的な観念や思考内容も存在論的には環境世界と生態的に連続しているのである。

意識は「我あり」の自覚と連動しているが、この自覚もまた純粋に内発的なものではなく、環境世界の有機的意味連関の中で生きている「私」の脱自的存在様式から創発する。世界があるから私があり、私がそれを自覚するから、世界は有意義なものとなるのである。ここに世界と自己の創発的共進化の源泉がある。つまり、世界の情報構造の中で生きている自己が、世界に対して働きかけることによって、自己と世界が一体となって新奇への創造的前進を遂行するのである。意識の世界内存在の核心はここにある。

なお、「意識の世界内存在」ということは、世界の内と外、自然と超自然、此岸と彼岸といったお決まりの対置図式から理解されるべきものではない。そもそもハイデガーの言う「世界内存在」とは世界の外部を想定した内部性（此岸性）のことではない。それは「世界への脱自的居住」を意味するのであり、メルロ＝ポンティ風に言えば「志向弓を張り渡しつつ世界へと身体的に投錨すること」なのである。それゆえ、世界内存在的な意識には他者と社会現象と自然事象のすべてが構成要素として含まれる。自己意識もそうした脱自的振幅をもった世界内存在から創発するのである。平たく言うと、自己とは脳の内部あるいは非物質的な内面的魂に幽閉されたものではなく、自己の身体を取り囲む半径五メートルの円周へと延び広がっているのである。この円周は日常半径五メートルのことが多いが、ときおり縮まったり広がったりすることがある。さらに、これに時間という要素も付け加わり、自己意識の脱自的振幅が形成される。

こうした見方が独我論や心身二元論と対極の位置にあることはすぐに理解できるであろう。自己を取り囲む周囲空間や時間的要素は意識の辺縁として機能する。それは直接自覚される現象的意識の内容とならなくても常に意識の成立条件として機能している。そして、自己意識(「我あり」の自覚)はそうした辺縁からの集約的中心化として理解できるのである。

2　脳の世界内存在

「なぜ脳の中に〈私〉は見つからないのか」という問題が脳科学者たちを悩ましている。前世期以来、脳科学は経験の統合的主体としての自我を脳の中の神経システムの中になんとか位置づけようとしてきた。しかし、大脳の神経システムの並列分散的な情報処理の様式が明らかになるにつれて、情報処理の中枢としての統合的自我の入り込む余地はほとんどなくなってしまった。そこで、一部の脳科学者は還元主義の哲学に従って統覚的主観としての自我の存在を消去しようとし、また別の人々は伝統的な二元論に沿って自我を脳から独立した非物質的次元に置こうとした。これら二つの対立する見方は、どちらも前節で述べた意識の世界内存在を理解していない。それゆえ、意識の核としての自我の脱自的存在様式が無視され、その存在を脳内の静止的実体としてモノ的存在論の観点から捉えてしまっている。

これでは脳と自我の関係は永遠のアポリアとならざるをえない。つまり、「物質的実体としてその外延と内実が客観的に把握しやすい脳」と「生成即存在で外延が流動的な自我」を同じ存在論的地平に置き、両者の関係を問おうとしても答えは永遠に出ないのである。

もちろん、意識と脳の間には因果関係があり、両者は不可分である。しかし、その因果関係は全面的なものではない。常に外部世界の知覚情報ないし世界そのもののもつ情報構造が修飾因子として加わってきて、意識の発生と内容形成に寄与する。つまり、意識は脳によって生み出されるというよりは、自然界の生物進化によって生まれた脳が、環境世界の情報構造と知覚情報を内部反映することを通して、意識を創発せしめるのである。このことを理解するためには意識の世界内存在のみならず脳の世界内存在というものも把握しなければならない。

脳が単独で機能するものではなく、身体ならびに環境と密接な関係のもとにあることは、一部の哲学者と科学者によって夙《つと》に指摘されてきた。つまり、中枢神経系としての脳は、身体内部で末梢神経系や他の臓器や生理的システムと相互作用しつつ機能するし、さらに身体を超えてエネルギーと情報を環境世界と交換しているのである。このことは胃や肺や心臓や腸や筋肉や血管にもある程度当てはまることだが、脳の場合その機能が情報処理に深く関わるので、環境世界に対しての開放的関与の度合いが高い。つまり、脳の生理学的働きは環境世界の情報を状態依存的にコード化することによってなされるので、外界の情報構造との相即性が他の身体器官よりもはるかに高いのである。(2)

脳内の神経的情報処理は環境世界の情報構造を内部反映したものであり、両者の間には構造的相即性がある。たとえば、「私は資本主義の先進国に生まれ、偏差値教育を受けて育ったので、一流大学を卒業して、高収入が約束される職業に就きたい。それが自己実現の最高の形態であり、理想の人生だと思う」という価値意識をもった人がいたとしよう。この意識内容は彼の脳の神経システムにコード化された形で保存されている。それに関わる脳部位は前頭連合野や大脳辺縁系などの知能、社会性、生存意欲、報酬行動、価値判断に関わる箇所である。しかし、右に文章の形でアナログ的に表現された価値意識の内容が脳内にそのまま保存されているのではない。そのコード化されたモデルないし原基が非アナログ的に保存されているのである。そして、それがアナログ的に表象されるときには必ず環境世界の情報構造や意味内容、つまり社会情勢が参照される。ちなみに、これは夢を見ているときにも当てはまることである(3)。

また、前述の価値意識は脳の神経システムに先天的に刻印されていたものではなく、成長の過程で社会情報に触れて形成されたものである。脳のハードウェアだけでは意識は形成されず、外部からの情報の流入が必須なのである。この意味でも意識は脳だけでは生まれないと言える。

我々の意識は脳の神経システムと環境世界の情報構造が共鳴することによって創発する生命的現象である。生態的現象と言ってもよい。脳の神経システムは生物が環境に適応しつつ生存するために構築されたものであり、その構造と組織は有機的自然としての環境世界の情報構造を内部反映したものとなっている。高等脊椎動物として高度の知能をもつ人間の場合、その内部反映には社会の組織的構造が深く関与する。唯脳論を主張する者は「人間の脳が社会を作った」だとか「社会とは人間の脳の投射物だ」などと主張するが、真相は逆である。自然と社会という局面をもつ環境世界の情報構造が生物進化の過程で人間の脳を熟成させたのである。そして、そのように環境世界から生み出された人間の脳が今度は自然を支配・制御しようとし、社会を形成・改革しようとするのである。脳の世界内存在とはまさにこのことを指している。

還元主義の脳科学は脳の内部に自我や意識の源泉を発見しようとするが、脳の神経システム自体が環境世界の情報構造の圧縮版だとするなら、環境の中で生きる有機体としての人間の自我や意識は、圧縮版を調べているだけではその本質と発現形式が理解できない。生命体としての人間の自我と意識の本質を捉えるためには、身体に有機統合された世界内存在としての脳が環境世界と生命的に共鳴しつつ、相互往還的に情報処理する形式を解明しなければならない。そして、そのためには質料因や始動因のみならず形相因と目的因も顧慮して、脳と世界の生命的共鳴における意識の創発の様式を解明しなければならないのである。

3　生命と情報の自己組織性

意識の創発における脳と世界の生命的共鳴という事態を考察する際には、生命と情報の自己組織性についての深い理解が必要となる。

意識が情報によって形成されることには誰も異論がないであろう。問題は、それが統覚的主観によって束ねられ、各人の自我によって整合的秩序をもつものとして把握されるのはなぜか、ということである。

秩序とは一つのまとまりのことを言う。自我もまた一つのまとまりである。そのまとまりの中で意識は時間的にも空間的にも整合的秩序をもち、記憶に保存される。また、意識は感情や感性と密着しており、各人の価値観や美感や嗜好も一貫したものとなっている。こうしたことすべてに当てはまるのは、知覚情報の束ねにおける秩序の自己形成、つまりその自己組織化である。そして、この自己組織化に脳と世界の情報的交渉における生命的共鳴が深く関与している。

生物進化の果てに生まれた人間の脳は神経システムの先天的な秩序をもち、それに基づいて後天的な経験において外界から流入する知覚情報を統合することができる。生物進化も成長の過程における経験も生命的現象である。それゆえ、知覚情報の統合と秩序化的保存は人間が生きていく上での、あるいは生きていくための自己組織化現象として理解できる。

我々が成長の過程あるいは生活の経過の中で意識を形成する際、脳の神経システムは環境世界の知覚情報を受容しつつ自己組織化する。具体的には、シナプス結合の可塑性によって神経線維の配線が変化し、中央コントロールタワーなしに配線の秩序が自己組織化するのである。もちろん前頭連合野と大脳辺縁系の連携、ならびに視床の髄板内核から大脳皮質全体に投射する回帰ネットワーク(4)などは、意識の統覚的主体を創発せしめる上で重要な役割を果たしている。しかし前述のように、やはり統覚的主体あるいは自我の所在を脳の特定の箇所に限定することはできない。意識の統覚的主体としての自我は、身体に有機統合された脳が環境世界の情報に触発されつつ神経システムを自己組織化するとき、「世界内存在」として創発するのである。このことは、意識の主体としての自我が脳をはみ出して環境世界にまで延び広がっていることを意味する。しかも、ただ延び広がっているだけではなく、自己ないし脳へと還る求心回路も携えている。この遠心・求心の両相をもった脱自的振幅こそ意識と脳の世界内存在の内実である。そして、ここにおいて生命と情報の自己組織化が生起する。

意識の発生と形成は我々が「生きていく」ということと密接に関係している。そして、「生きていく」ということは、有機体が環境世界の中で身体的活動をしつつ生物社会を形成していくことを意味する。その際、生きていくための情報の知覚と選別が核となるが、情報を供給する環境世界にもともと備わっている情報構造も重要な役割を果たす。しかも環境世界は死せる機械的物質系ではなく自己組織化する情報的有機体である。つまり、それは生きているのである。

「情報的有機体としての環境世界」と「遠心・求心の情報回路をもった世界内存在としての生きた主体、つまり自己」が一体となって意識を協働創発せしめるとき、生命と情報の自己組織化が生起する。主観主義は、自己の求心回路ばかり重視するので、自我の世界への脱自的伸張が理解できないし、もともと環境世界ないし自然そのものにクオリアが内在していることに対しても盲目である。ちなみに、還元主義の脳科学も実は主観主義の哲学を無批判に前提している向きがある。だから、脳の中に「私」が見つからないことに憤るのである。

生物進化における脳の発生と神経回路の複雑化と意識の創発。これらの生命的本質を理解するためには脳だけを調べていてはけっして分からない。これらすべては自然界にもともと備わる情報構造が基盤となって現れる生命と情報の自己組織化現象なのである。

環境世界の出来事が感覚器官を介して人間の脳に情報として入ってきて、その意味が解釈されたり、価値づけされたり、クオリアが感得されたりする際、脳内の特定の神経回路が合奏的に活性化する。そのときガンマ周波帯の神経的振動が指揮を執るということが分かっている。オーケストラになぞられうる、こうした世界内存在的な脳の神経活動は、有機的世界と生命個体を貫く生命原理の発現として理解できる。しかも、その生命原理は情報構造と相即している。哲学上の主観主義や個体主義、あるいは脳科学における還元主義はみな、こうした自己と世界の生命―情報的統合性が全く理解できていない。個人の内面的意識を調べる際にも、脳の神経システムを探究する際にも、自己と世界、脳と環境は一体のもの、より厳密には一体二重性の関係にあるものとして理解しなければならないのである。それが分かれば、脳が感覚情報を神経的に処理しつつ統合的知覚内容に束ね、それを統覚的主観が鑑賞することを、単に脳内の生理学的現象として見るだけではなく、主体と環境世界の協働における生命と情報の自己組織化活動として、広い視野のもとに把握することができるようになるであろう。

自我は、先験的主観が生み出す超自然的現象あるいは脳の生理活動の随伴現象ではなく、生命個体と有機的環境の生命―情報的共鳴から自ずと生まれる自然的自己組織化現象なのである。

4　世界の情報構造と心脳問題

心と脳の関係を問う心脳問題は、脳科学が意識の問題に着手して以来、哲学者と科学者双方を悩ましてきた。心脳問題が伝統的な心身問題から派生したことは既に触れたが、前者においては特に意識する自我ないし現象的意識と脳の関係が注目の的となっており、心身問題は心脳問題に還元される形で解決されるとみなされている。

心身問題においても心脳問題においても常に問題となるのは、「主観的で私秘的で内面的な意識」がどのようにして「客観的で外部から観察可能な物理的な脳」から発生するのか、ということである。この問題の立て方には一つの難点がある。まず、主観―客観対置図式から出発すること、そして、物理的とか物質的という概念を明確に定義しないまま、独断的に意識を非物質的なものとして物質的脳に矛盾対当の形で対置すること、である。次に、意識を世界から隔絶した内面的なものとみなし、その私秘性を過度に強調することである。

「ピンクがかったグレーのねばねばした肉の塊から、いかにしてあの繊細な人間的意識の現象的質感が生じるのだろうか」という典型的な問いかけは、脳の繊細精緻な神経回路の自己組織性を無視して、それを故意に単純な物塊（俗に言う脳みそ）に置き換えている。脳は複雑な神経システムをもつ情報処理機構であり、その構成的核はニューロンのネットワークとそれを伝わる電気―化学的信号である。それが無視されて、単なる支持組織たる脂肪の塊がクローズアップされているのである。これは問題の捏造以外の何物でもない。

また、「自分だけがアクセス可能であり、他者がけっして覗き込みえない内面性をもった意識をいかにして神経科学の対象化的方法で解明できるのか」という問いかけも、先述の意識の世界内存在を無視した問題の捏造である。

こうした捏造的態度の背景には古くからある精神と物質の二元対立という議論の枠組みと概念の固着がある。哲学においても科学においても問題の立て方と解き方は現実に根差した事象そのものの解明でなければならない。ところが、現実よりも思考、事象そのものよりも概念や言語を重視すると、空虚なアポリアにはまってしまう。しかし、概念規定やカテゴリーの整理を無視して、現実を観察しようとしても学問的真理には到達しない。肝要なのは現実に根差した概念とカテゴリーの練磨なのである[5]。「古くからこう議論されており、それが正統な見方とされているから、その議論枠組みから出発しなければならない」という考え方は、愛知的な（philosophical）なものと言うよりは教条主義的で独断的なものであり、悪しき宗教の姿勢に似ている。

偏見なき眼差しで現実を直視し、洗練された現代の心の哲学の方法に則り、かつ最新の脳科学の成果に目を配れば、意識も脳も情報が基幹となった生命的システムであることが分かる。そして、先述のように意識も脳も世界内存在として協働していることが分かる。心脳問題は意識と脳の協働的世界内属性を無視してはならない。そして、その際注目されるべきなのが世界の情報構造である。

意識も脳もその出所は自然的かつ社会的な「世界」である。その世界が情報構造を基幹とする有機的な物理システムだとするなら、その生命―情報的存在構造は意識と脳に平等に分配されているはずである。ただその基幹的構造がもつ生命原理の発現の位相が異なるだけなのである。それゆえ心脳問題を考える際には、意識と脳それぞれの情報構造と生命原理の世界からの分有の仕方を解明しなければならない。その際、世界には自然的側面と社会的側面があることを顧慮すべきである。

意識は自然的現象であるとともに社会的現象である。脳もまた然り。そして、世界は情報によって形成される自己組織化システムである。「物質がすべてのものの根源だ」などというのは独断でしかない。主観と客観、精神と物質という仮想的対立関係を派生させる「形相的情報」が万物の根源なのである。[6] ジェームズは主客未分の純粋経験に還帰することによって心脳問題を解決しようとした。また、チャルマーズは内面的相として現象的意識を、外面的相として物理的現象を派生させる原理的「情報」に基づいて心脳問題が解けることを示唆した。[7] どちらの思想も十分洗練されたものではなく完成の域には達していないが、今後の心の哲学と心脳問題のあるべき方向性を示すものとして注目に値することはたしかである。そして、脳科学もこうした思想を無視すべきではない。実際、宇宙の情報構造を存在論的原理として心脳問題を考える生理学者や、脳の社会的相互作用を認識論的基盤として主観的意識の現象的質感の創発を非二元論的に解明する途を示唆する脳科学者がいる。心脳問題を考える際には意識の生成の場としての「世界」の情報構造をぜひ理解しなければならないのである。

注

（1）それぞれの代表的著書を参照されたい。W. James, *Essays in Radical Empiricism*, Dover, New York 2003（伊藤邦武訳『純粋経験の哲学』岩波文庫、二〇〇四年）, A. N. Whitehead, *Process and Reality*, The Free Press, New York 1978（山本誠作訳『過程と実在』（上・下）松籟社、二〇〇〇年）, J. Dewey, *Experience and Nature*, Dover, New York, 1958（河村望訳『経験と自然』人間の科学社、一九九七年）, G. H. Mead, *Mind, Self and Society : from Standpoint of a Social Behaviorist*, The University of Chicago Press, 1967（河村望訳『精神・自我・社会』人間の科学社、二〇〇二年）, M. Heidegger, *Sein und Zeit*, M. Niemeyer, Tübingen, 1979, M. Merleau-Ponty, *Phénoménologie de la perception*, Gallimard, Paris, 1945（竹内芳郎他訳『知覚の現象学』（Ⅰ、Ⅱ）みすず書房、一九八五年）

（2）「状態依存的」とは、知覚機能をもつ生命体としての人間が環境世界の事象や情報、つまり環境世界の「状態」と相関的に自己の在り方を維持することを意味する。その場合、自己の在り方には感覚・知覚の志向性、思考の様態、意識の構成といった心的相から脳や神経や内臓や血管や皮膚などの身体的要素まで含まれる。これらすべての様態に情報が関わってくるが、その関わり方を左右するのが環境世界の情報的状態なのである。それゆえ、環境世界の情報的構成や知覚情報は感覚的生命体としての人間の心身両面の情報的状態に深い影響を常に及ぼしているのである。たとえば、気温の高低や湿度が心身に及ぼす影響、戦争や経済恐慌が心身に及ぼす影響、居住地の騒音が心身に及ぼす影響、職場の人間関係のストレスが心身に及ぼす影響、災害によって避難所生活を余儀なくされたときの心身の状態。これらすべてが感覚―知覚的生命体としての人間の心身と意識の環境世界への状態依存的在り方を示している。

なお、この概念は主に心身医学において重要な役割を果たしている。E・L・ロッシ『精神生物学――心身のコミュニケーションと治癒の新理論――』伊藤はるみ訳、日本教文社、一九九九年を参照。

（3）この場合、文章で表現される価値意識そのものが一まとまりで脳内の一回路にコード化されて保存されていること意味しない。価値判断の回路、記憶の回路、環境世界の表象的内容（過去の出来事や建造物や知人のイメージなど）の回路が統合されて一つの価値意識として脳内で表象されるのである。ちなみに、覚醒時には特に環境世界の知覚要素が触発要因となるが、睡眠中に夢を見ているときには脳内で諸回路の統合が自動的になされる。とはいえ、夢の内容は常に日中、特に最近の覚醒時の体験に大きく影響されることは誰もが経験していることである。

(4) これについては、P・M・チャーチランド『認知哲学——脳科学から心の哲学へ——』信原幸弘・宮島昭二訳、産業図書、一九九七年、二八二ページ以下、腰原英利『意識をつくる脳』東京大学出版会、一九九七年、一四三ページ以下を参照。

(5) これは哲学と脳科学が対話・協力して心脳問題を考える際に重要となる契機である。カトリーヌ・マラブー『わたしたちの脳をどうするか——ニューロサイエンスとグローバル資本主義——』桑田光平・増田文一朗訳、春秋社、二〇〇五年を参照。

(6) 拙著『情報の形而上学——新たな存在の階層の発見——』萌書房、二〇〇九年を参照。

(7) Cf. D. J. Chalmers, Facing up to the Problem of Consciousness, *Toward a Science of Consciousness*, ed. S. R. Hameroff, A. F. Kasazniak, A. C. Scott, MIT Press, 1996, pp. 5–28

第11章　脳の社会的相互作用と意識の創発

はじめに

我々は社会の中で生きる意識的存在である。意識の発生には脳の機能が深く関わっているが、個人の脳が単独で意識を生み出すわけではない。身体に有機統合された世界内存在としての複数の脳が社会的に相互作用して初めて意識が創発するのである。

精神と物質、主観と客観という二元対立の構図に支配された伝統的な心身問題とその末裔たる現代の心脳問題における意識のハード・プロブレムは、個人の脳の生理学的ないし生物学的な構造と機能に主観的意識の現象的質を対置して、両者間の説明的ギャップないし存在次元の乖離を主張する。この背景には心身二元論の弊害と共に個体主義的意識観の障壁が存している。

意識が単なる主観的現象を超えた生命的経験であることについてはこれまで何度も触れた。それと同様に脳も単なる個体的な認知機械ではなく、他の脳と社会的に相互作用することによって初めてまっとうに機能する生命的な情報器官である。還元主義の脳科学は伝統的な二元論を乗り越えたと自負しているが、実は生物学的個体主義と主観主義的心観に呪縛されたままとなっており、個体の脳と主観的意識の相克から解放されないまま心脳問題を解こうとしている。

脳は単なる生理学的ないし生物学的存在ではなく、社会的存在である。意識が共同主観的ないし相互主観的な社会性をもっていることに関しては既に理解が広がっているが、複数の脳と脳の間にある社会的情報空間から脳の機能の本質を捉えることに関しては近年手がつけられたばかりである。この社会的情報空間という「場」にこそ脳と意識の創発関係を捉えるためのヒントが隠されている。それは、複数の個体を取り囲みつつ、それらに生命性を付与する見えざる背景なのである。

単独の脳の神経システムと生理学的プロセスをいくら調べても、自我をもつ意識がどうしてそこから発生するかは解明できない。それは、意識が物質を超えた超自然的存在だからではなく、社会的情報空間という生命原理によってその自己組織化が促される有機的自然現象だからである。そして、脳もまた同様の存在性格をもっている。身体に有機統合され社会的情報空間で他者と共に生きる脳は、見えざる神経線維を環境世界に頭蓋骨を超えて張り渡らせしているのである。このことを自然主義的に理解し、そこから脳と意識の創発関係、つまり脳の社会的相互作用と意識の創発の関係を合理的に説明するのが本章の課題である。

1　ヴォルフ・ジンガーの説をめぐって

脳科学の進歩と伝統的な心身問題の相克から生まれた意識のハード・プロブレムに対しては様々な解決案が提出された。主観的意識の現象的質感がいかにして物理的脳から生まれるのか、というこの難問に対して、ほとんどの人は問題そのものの発生起源ないし問題提起の深層心理を問わないまま議論し解決案を模索した。そうした中で一際異彩を放っているのがドイツのマックス・プランク脳研究所の所長ヴォルフ・ジンガーが提唱した「脳の社会的相互作用説」である。この説は、脳科学がまだ明確に「社会脳」の概念を提出する以前のものであるが　見事に事の核心を捉えている。

彼は意識の主観的特質、つまり内なる私秘的視点（内部の目）の自然的起源を発達心理学的に説明しようとする。それは形而上学的自我の自然的起源を解き明かすものであり、還元主義に屈することなく、二元論的な意識の神秘説を打ち砕くものであった。その主張のエッセンス心は次の引用文に凝縮されている。

意識現象の位置づけに関して我々が困難に直面する理由は、自意識（the awareness of the one's self）を生み出す複数の脳の間の重要な対話は出生後の初期に行われるという事実、および我々がこの時期のはっきりした記憶をもっていないという事実から来ている。幼児の脳が発達する途上で養育者が集中的な対話を強制し、その間にその幼児の脳は自我を獲得し、他者とは違うのだと理解するのだが、誰もこの学習過程を記憶していないのである。そこで、この初期の刷り込みによって組み込まれる内容が　次知覚と異なったものとして経験されるのは、極めて自然なように思える。「内部の目」は、初期に獲得された知覚や感覚の原因も経過も知る（見る）ことがない。そのため、自意識はいかなる原因からも切り離されたものとして知覚されるのである。そこで私は、結論として、自意識現象の神秘的側面に対する二つの理由をここに指摘したい。一つは社会的起源、もう一つは獲得過程の記憶喪失である。

ヒトの幼児は極めて未熟な状態で生まれ、認知機能は数年かけてゆっくりとしか獲得されない。その間彼らは絶えず、事物の世界のみならず、ゆっくりと成熟する脳との集中的対話を楽しむように極めてうまく調整された認知能力をもつ養育者にもさらされ続ける。この脳がエピソード記憶（個人的経験の記憶）を構築し、それらを思い出すことによって自らの経験を追えるまでに成長した頃には、個と自我の経験がその脳の構造に深く刷り込まれている、ということはありえそうなことである。しかし、その過程の記憶は存在せず、また通常の感覚体験とは違って、繰り返しが不可能である。こうして、初期の社会的相互作用によって獲得される認知能力は他の脳過程とは異なる性格を帯び、神経生理学的記述を超えると思われるのである[1]。

意識のハード・プロブレムは、記憶や学習や計算といった認知機能に関する脳科学の探究能力は認めるが、自意識（自己意識）や統覚的自我は単なる認知機能の枠を超えているので、脳科学の標準的探究方法（神経生理学＋認知科学）ではその本質を捉えることができない、という観点に裏打ちされている。この観点に対する還元主義的な脳科学者と哲学者の反論は、今のところ不十分な個々の認知モジュールのシステム的統合に関する研究が成熟すれば、自己意識と統覚的自我を脳内の神経システムに位置づけることができるようになる、というものである。また、自我そのものを幻想とみなす消去主義の主張もある。いずれにしても、還元主義者は非物質的実体としての超自然的自我の存在を認めない。他方、二元論者は自我を脳の（内なる）外に置こうとする。

還元主義も二元論も実は個別的脳の内部に自己意識と統覚的自我の存在を見出そうとしてジレンマに陥っているのである。自我をもつ意識の起源は、厳密に言うと個別的脳の内部にではなく複数の脳の間の身体的コミュニケーション空間にあるのだ。これは個体主義とモノ的存在論に囚われていてはけっして分からない事態である。それを理解するためには関係の第一次性を顧慮する事《こと》的存在論に基づいた相互主観性の観点[2]が必要となる。さらに、これに創発主義の視点が加味されなければならない。

相互主観性や間身体性を重視する現象学は、還元主義や個体主義を乗り越えることはできても意識の質料因（物質的基盤）を問うことができない。また、現象学は基本的に明晰な自己分析ができる成人の健常者の意識を基点として、あらゆる意識現象を解明しようとするので、その網にかからない曖昧模糊とした意識要素は無視する。そこで、現象学者にジンガーの説を提示すると、ひどい反感を示す。特にフッサール崇拝者はそうである。彼らは超越論的主観性の権能を絶対視するので、自意識が幼児期に脳に「刷り込まれた」だとか、その獲得過程が「記憶喪失」されている、という主張に激しく憤る。幼児期であれ、いつであれ、意識というものがあるとすれば、それは常に自己によって明確にモニターされている、と思い込んでいるからである。その観点が現在の成熟した意識の分析能力を贔屓《ひいき》したものでしかないにもかかわらず。

自己意識と脳の関係を理解するためには、超越論的主観性ないし先験的意識の観点を超越して、自然的経験の流れを生命論的創発主義の視点から捉える必要がある。つまり、自然に根差した生命的経験を、経験それ自体の立場に身を置いて把握するのである。そうすれば自ずと、自己意識が複数の脳と脳の「間」から創発してくることが理解できるようになる。「間」には一見主体性がないように思われるが、有機的世界の本質が経験の脈動であるということを理解すれば、情報構造に根差した生命の自己組織性をもつ「世界」の経験の脈動こそ、脳と脳の「間」が主体として機能することは自ずと分かることである。これは主観と客観の対置次式が発生する以前の根源的経験を直視する生命的自然主義の立場から言えることである。

我々は明確な自己意識が生じる以前の幼児期において自然と一体であった。それゆえ主観と客観の区別はまだなかったのである。そして、視覚よりも触覚が優位に立ち、身体的知覚による自己受容感覚が支配していた。問題は、ここで既に自己意識が生じていたと言えるかどうかである。先験的主観によって経験を再構成し自己分析ができることをもって自己意識の所有の証拠とみなすならば、自己意識は生じていると言うことはできない。これは現象学のみならず一般に広く流布した見方である。しかし、自己意識の現勢態のみならず、その可能態（潜勢態）をも自己意識の一様態として認めるなら、幼児期において自己意識は既に機能していたことになる。

我々は思春期以降次第に自然との一体感が薄れ、分別臭くなり、主観と客観、自己と他者を峻別するようになる。これに精神と物質、心と身体、意識と脳の二元論的把握が付随することは言うまでもない。しかし、この反自然的二元論の観点は表層的なものであり、成人においても自然との生命的一体感はたしかに残っている。それは自己存在の深層に潜む根源的生命感覚であり、普段は意識に上らないが、実は自己意識の隠れた創発基盤として常に機能しているのである。

ところで「創発」とは、要素の線型的加算からシステム全体のもつ性質は把握できない、ということを意味する。自己意識は他者との関係性を離れてはありえないものなので、その本質を捉えるためには個体主義と主観主義を超えて自己と他者を包摂する関係空間に着目する必要がある。つまり、個人の自覚的反省内容から出発するのではなく、自己と他者が混然一体となった社会的コミュニケーション空間を自己意識の創発基盤とみなすのである。自己意識の創発には脳の神経活動が必ず付随するが、その個別脳的神経生理学の記述では事の一面しか捉えることができない。ところが、還元主義者や個体主義者は個別的脳の神経生理学的過程と自己意識の関係にばかり着目して、心脳問題を解こうとしてしまう。そこで、解決不能で不毛な疑似問題と格闘する破目になるのである。もちろん、個人的視点や内面性や個別的脳の神経生理学的研究は重要である。しかし、それらはより包摂的な関係空間という自己意識の創発基盤の生命的システムの一要素にすぎないことを理解しなければならない。

なお、創発という概念を個別的脳と自己意識の関係に限定して用いる脳科学者が多いので注意が必要である。脳科学者の多くは極端な消去的還元主義の立場を取ることなく、創発的唯物論という穏当な観点に安住している。しかし、これは創発概念の便宜的使用にすぎず、本質的理解を示すものではない。「物質的脳からいかにして非物質的意識が生じるのか」という問いを旧態依然の個体主義と物心二元論に定位しつつ考察し、創発概念を心脳問題の解決策の一環として利用しているだけだからである。

創発の概念は存在論的ないし生命論的にもっと奥深く、自己と世界、個人と社会の相互浸透的発展を示唆するものである。つまり、これまで何度も言ったように、それは「新奇への創造的前進（発展）」を意味する。それゆえ、「脳の社会的相互作用から意識が創発する」ということは、単に脳と意識の発生的因果関係を示唆するのではなく、「自己と他者が社会という関係空間の中で新奇への創造的発展に共に参与しつつ各自の自己意識を生成させる」ということを意味するのである。

我々は、このことを顧慮して失われた自己の生命論的起源を探らなければならない。「獲得過程の記憶喪失」という現象学者にとっては手厳しい指摘も、実はそれに至る関門なのである。明確に記憶されているものは真の起源の名に値しない。また、「刷り込まれた」という指摘に対する感情的反発も真の自己把握から隔たるばかりである。

我々は社会の一員として自然から自己意識を授かったのであり、「我思う、ゆえに我あり」などという幼稚な意見を振りかざし、野放図にエゴイズムを肯定するためにこの世に生まれてきたわけではない。そうした自然から離反した思想は、自然の脅威を忘却し、個人的利益の確保に奔走し、企業と官僚の利権を保護するために田舎の住民を騙し、福島第一原発事故のような人災を引き起こす元凶になるものでしかない。そのためにも我々は、ジンガーの指摘を直視し、それを試金石として自己意識の創発起源を探り、かつ心脳関係に関する疑似問題を排除していかなければならないのである。

2　自己と社会の共進化

個人の脳における意識の創発の背景には自己と社会の共進化という現象が控えている。

社会の中で生まれた人間個体は、他者との交渉を介して自我と自己意識を獲得し、それを成長と共に発達させていく。そして、その発達ないし熟成した自己の意識能力を社会に還元していく。さらに、そうした社会への寄与が自己にフィードバックされて、自己がさらに成長・発展していく。こうして、自己と社会はフィードバック・フィードフォワードの輪を形成しつつ共進化していくのである。個人の意識はこの輪から創発してくるが、この場合の「創発」はまさしく新たな理想社会の構築に向けての創造的前進を意味する。

人間における社会の形成と社会行動能力の獲得は生物の群生様式に根差している。アリやミツバチなどの集団で行動する社会性昆虫は人間のもつ高度の認知機能や意識能力をもっていない。しかし、それらが創る巣やそれらが織りなす行動パターンの整合性は人間にいささかも劣らない。そこにはまさに自然が自発的に形成する秩序の形成つまり生命の自己組織性の精妙さが表れている。(3) これは、本質的に有機的なものである「世界」の情報構造と経験の脈動の顕現であり、人間に見られる自覚的意識の原初的起源に当たるものである。つまり、一見人間個体（個人）が自己の内省と反省の能力によって構築したかのように思われる意識を根底で支えているのは、有機的世界の情報構造に根差した世界そのものの経験の脈動であり、それが生物の群生現象と社会的行動を経て人間的自己意識を自然発生させたのである。それゆえ、人間だけが高度の他者理解と自己意識をもち、理性的に社会を形成していける、という考え方は諫《いさ》めるべきである。人間も他の生物と同様に自然の子であり、何ら自然に対して特権的地位をもっていないのである。

ジンガーが前掲の引用文の中で言っている「一次知覚」は自己存在に関係しない環境世界の知覚情報に向けられたものである。暑さ、寒さ、色彩、臭い、恐怖、快感といった感覚に直結した知覚要素は、一般に人間と動物の連続性を示唆する自然的現象として受け取られやすい。それに対して自己意識は人間にのみ見られる超動物的精神現象として特別視されがちである。しかし、自己意識の起源はやはり自然の自己組織性にある。それでは、なぜそれが理解されにくいのであろうか。ジンガーは、「その獲得過程が、幼児期に無意識裡になされ、明確に記憶されず、通常の感覚体験と違って繰り返しが不可能だからである」と主張する。「繰り返しが不可能である」ということは「再現不可能」とほぼ同意味である。本当にそうであろうか。

幼い女の子を題材にしたある漫画は「忘れていた大切なことを思い出しませんか」ということをキャッチフレーズとしている。「忘れていたこと」とは我々各人が幼児期にもっていた無邪気な自然的感情のことである。それは大人の打算や邪念を全く欠いた純な心性である。もちろん、この心性は四、五歳以降に自覚されるものであるが、その原型はもっと幼少時に既に現れていたのである。それはほぼ自然と直結し動物と親近的なものであった。この心性は成人になっても実は残っている。だから、忘れていた大切なこととして思い出すことができるのである。そして、この心性が突如再現されるのは、自然災害などで瀕死の状態になったときである。

二〇一一年三月に起こった東日本大震災において東北地方の太平洋沿岸は巨大津波に襲われた。そのとき警察官や消防団員のみならず、多数の一般市民が自己を犠牲にして他人を救った。その行為は本能的なものであり、仲間ないし同種の生命を無意識裡に守ろうとする自然的―動物的感情に裏打ちされている。驚異的な自然災害がその感情を引き出したのである。その後、日本全国から支援の手が伸べられ始め、かつ全世界へとその輪は広まった。あまりに悲惨な巨大津波の爪痕は、全世界の人々にまさしく「忘れていた大切なこと」を鮮烈に想起させたのである。天災は忘れた頃にやってくるように、自然に直結した同胞意識も突如再現するのである。これは最幼少期になされた自然的な自己意識獲得過程の再現である。たしかに。

再現は反省によってなされるものなので、現下の先験的意識の主観的構成能力を重視すると、自然的起源から遠のくばかりである。自己意識は生物の群生様式に根差した人間的社会現象であり、物質世界から分離した超自然的精神現象などではない。それゆえ、それは個体の脳の機能と密着しているが、同時に個体性を超えた「間」という存在領域に属している。「間」とは「相互に反転する自己と他者」を包む社会的コミュニケーション空間のことである。この人と人との「間」という社会的空間から各自己は生気を得、他者と共に社会を構築し発展させていこうとするのである。そこには、自己・他者・社会三者の複合的なフィードバック・フィードフォワードのループが形成されている。個人の自己意識はこうした自己と社会の共進化から創発するのであり、個体の脳はこの巨大な創発システムの一契機にすぎないのである。

とはいえ、やはり個体の脳と意識の関係はやはり重要である。そこで次にそれを顧慮して社会的経験と心脳問題の関係について論じることにしよう。

3　社会的経験の自己組織化と意識の創発

人間における社会的経験は乳幼児期に養育者（両親）と触れ合うことから始まる。特に母親との身体的接触は重要である。これが「私」と「あなた」という相互に反転する二人称的人間関係を形成する。そして、後に「彼」「彼女」「あの人たち」という三人称的人間関係へと拡張し、さらにそれが「我々」という同胞意識へと収斂していく。最初に「私」という自覚的な第一人称の存在があり、それが内省的意識の力を働かせて、「あなた」や「彼」を認識し、「我々」が形成する社会の一員だと理解するのではない。原初的なのは無人称（無認証）の無意識的身体自我であり、それは他者と混然一体となった自然的生命性に浸っている。

最初の他者である母親との「触れる・触れられる」という身体的コミュニケーションから次第に「私」という意識が芽生えてくるが、これは言語の獲得によってますます確固としたものとなる。しかし、この自覚の過程も主客未分の自然的原初様態から生成するものであり、その意味でそれは自然の自己組織性を表している。つまり、母親との身体的接触から創発する「私」という意識の原始様態は、内省的意識の主観的構成能力によるものではなく、主客未分の身体的癒合状態における自然的—身体的意識の自己組織能に根差しているのである。(4)

最初期の自己意識獲得過程が身体的自然の自己組織性に根差しているということは、その後の成長過程にも付いて回り、成人になって「社会の中での自己」という意識を自覚する際にもその背景ないし基盤として機能する。前にも触れたように、ミードは内面的意識に社会的行動が先行すると主張した。成人になっても、内省的意識がまずあって、それが行動を制御し、他者と社会を認知するというわけではない。やはり主客未分、自他未分の群生様態としての自然的社会生活がまずあり、その中で他者と相互作用する必要性から自己の存在が自覚されるのである。意識は常に行動に遅れてやって来る。そもそも意識と行動を明確に区別すること自体が間違っているのである。

心脳問題をめぐる哲学者と科学者双方の考察が、このことを無視して不毛な議論に明け暮れているように思われる。意識が社会の中で生成する現象だということは理解しているのだが、因襲的な主客対置図式と心身二元論に災いされて、非物質的な先験的主観と物質的脳のどちらを主体の座に置くかという観点に誤導・翻弄され、脳と意識の双方がより包摂的な「社会的経験」という生命システムの構成契機にすぎない、ということに目が開けないままなのである。

意識の真の動因《エージェント》は先験的主観でも脳でもなく「社会的経験の自己組織性」である。そもそも脳の神経システムは生物進化の過程で個体が環境に適応するために構築されてきた。その構築過程で世界の情報構造と密着・相即した社会的経験の自己組織性が骨格造りに寄与したのである。これは社会性昆虫から原始的哺乳類と霊長類を経て人類に至るまで基本的に同じである。その間に脳が進化しているので、経験の再帰性ないし自己言及性も進化し、これが最終的に言語的内省能力と高度の自覚的主観性をもった人間の意識の誕生につながったのである。

社会的経験は常に、私独りでなされるものではなく、他者との相互作用に満たされている。孤独の意識や深い内面への沈潜ですら、その基盤ないし可能性の条件は社会的経験ないし他者との共存にある。脳の機能もまた同様である。運動や記憶や諸感覚を司る脳の神経システムとその連合は外界の社会経験の生命的システムを移入したものとなっている。前に触れたミラーニューロンの機能はそれを端的に表している。脳内に社会的自我や社会認知の座を探る試みは繰り返されているが、その探索の際にも、脳の神経システムが、世界の情報構造に根差した社会的経験の自己組織性を内部に圧縮する形で実現していることを顧慮しなければならない。それをしないままで単独の脳の神経システムの探究と神経生理学から意識の創発を因果論的に解明しようとしても十分な成果は得られない。

脳は身体に有機統合され、環境との相互作用によって賦活される生活的情報システムである。それゆえその機能は社会的行動から切り離して理解することはできない。他方、意識も身体と相即する世界内存在として社会的行動と不可分の生活的情報システムである。脳と意識の関係を解明しようとするなら、このことはぜひ顧慮しなければならない。

自己と他者と社会が混然一体となった生活的事象がまずあり、それが動因《エージェント》となって各自の主体的意識を触発的に創発せしめるのである。創発とは一回限りのものではなく、生活の諸局面でその都度新たに生じる現象であり、それは一生涯繰り返される。それゆえ、意識は個に内在しつつ個を超えて新奇への創造的前進を繰り返し、生命の大いなる連鎖に寄与するのである。

注

（1） W. Singer, Consciousness from a Neurobiological Perspective, *From Brains to Consciousness?: Eassays on the New Sciences of the Mind*, ed. S. Rose, Penguin Books, 1999, pp. 228-245（『最新脳科学——心と意識のハード・プロブレム——』学習研究社、一九九九年、八二—八八ページを参照）。

なお、ジンガーのこうした主張に関してはかつて二度考察しているが、今回は視点を変えている。拙著『脳と精神の哲学

――心身問題のアクチュアリティー――』萌書房、二〇〇一年、『意識の神経哲学』萌書房、二〇〇四年を参照。

(2) これは言うまでもなく廣松渉の専売特許である。彼の著書『事的世界観への前哨――物象化論の認識論的＝存在論的位相――』ちくま学芸文庫、二〇〇七年、『世界の共同主観的存在構造』講談社学芸文庫、二〇〇二年を参照。

(3) このことに関しては、S・キャメイジン他『生物にとって自己組織化とは何か――群れ形成のメカニズム――』松本忠夫・三中信宏訳、海遊舎、二〇〇九年、U・マトゥラーナ／F・ヴァレラ『知恵の樹』管啓次郎訳、ちくま学芸文庫、二〇〇一年を参照。

(4) 以上の事柄は発達心理学における中核的主張であるが、とりあえず代表的文献として次のものを挙げておく。H・ワロン『身体・自我・社会』浜田寿美男訳、ミネルヴァ書房、二〇〇四年、M・メルロ＝ポンティ「幼児の対人関係」(『眼と精神』滝浦静雄・木田元訳、みすず書房、一九九七年)、岩田純一『〈わたし〉の世界の成り立ち』金子書房、一九九八年

第Ⅲ部　意識の発生根拠

第12章　意識の系統発生と個体発生

はじめに

前章では意識の社会的起源について論じたが、ここではその生物学的ならびに発達心理学的起源について考察することにする。

あらゆる生物は環境に適応し仲間と群生し、かつ外敵とも共存しつつ生きている。また、すべての生物は誕生から死に至るまで成長と老化のプロセスを辿る。意識とその基盤となる感覚は、こうした生物の存在様式と密接に関係している。

前述のように意識には階層があり、それは低層の覚醒から中層の気づき《アウェアネス》を経て高層の自己意識に至る。感覚はこの三層すべてに関与するが、進化の度合いが低い生物ほど意識に対する感覚の占める割合が大きく、進化の度合いが高まるにつれて感覚を超えた意識の性質、つまり精神性が顕現してくる。これが人間（homo sapiens sapiens）において顕著な傾向であることは周知のことである。

この地球上に単細胞の生物が出現して以来、生物が進化してきた過程を「系統発生」と言う。これは生物種というグループに着目して理解される進化の側面である。それに対して単体の生物ないし生命個体の発生と成長の過程を「個体発生」と呼ぶ。そして、個体発生は系統発生を再現したものだと言われる。身近な動物や我々人間の誕生・成長・死の過程を見れば、それはたやすく看取できる。

系統発生も個体発生も生命の働きを表すものである。そして、前述のように意識は生命の本質が顕現したものと理解できる。進化心理学や発達心理学において意識が生物の系統発生と個体発生に照らして探究されることは慣例的なものであるが、ここでは創発の存在論の立場を加味して理解を深めてみようと思う。その際、着目されるのが人類進化の過程における「内なる目」つまり「個人の主観的パースペクティヴ」としての意識の機能の創発である。それゆえ本章における考察は前章の内容を継承している。

考察の骨格をなすのは、意識・感覚・生命三者の関係であり、それが進化すなわち生成という存在次元との関連で論じられる。そして、考察姿勢はあくまで自然主義的なものであり、超越的思弁を伴った二元論的観点や不自然な唯物論的視点は徹底的に批判・排除される。

1 生物進化と意識の誕生

ビッグバン仮説を一応採用すると、大爆発によって百数十億年前に宇宙が誕生し、膨張とともに物質の分子的進化が起こり、その中で形成された地球という惑星において、それは自己複製する核酸（RNAとDNA）という生命の原基となる有機分子として結実した。地球が誕生したのが約四五億年前、生命の原基が形成されたのが約四〇億年前である。その後、原核細胞から真核細胞への進化、ならびに単細胞生物から多細胞生物への進化が起こった。

生命体（生物）が細胞によって構成され、その核の中に生命の原基たる核酸をもつということは、それが誕生した「場」としての地球自体に核があるのと類比的である。このことは、生命体がそれを取り巻く環境と不可分であり、後者と構造的相即性をもつことを暗示する。(1)

生命がその機能を場としての環境の中で発揮し、生命個体がそうした環境と不可分の関係にあるということは、人間における自己と世界の関係と似ている。意識の本質を考える際に自己と世界の関係を顧慮しなければならないのは定石である。そして、意識の働きは生命の本質の顕現として理解できる。とすると、生物進化の果てに生まれた人間の意識の基本的構造は、生命の原基とそれを取り巻く環境（生命場）の原初的関係を反映していることになる。

自己と世界の関係は人間と自然の関係に置き換えることができる。そして、生物進化における人間の意識、特にその高次層たる自己意識の創発は自然主義的に理解されなければならない。つまり人間の意識は、自然界の物質進化と生命の誕生、ならびに単細胞生物から植物、爬虫類、鳥類、哺乳類、霊長類、人類へと連なる生物進化という自然的事実との連続性において捉えられなければならないのである。

あらゆる生物は言うまでもなく生命をもつ。それでは心をもつと言えるのはどの段階からであろうか。また、心の中でも抽象度の高い意識という機能をもつのはどの段階からであろうか。さらに、自己を自己として認知する高度の意識たる自己意識を獲得しているのはどの段階からであろうか。これらの問いは既に多くの学者によって長年論じられてきた。自己意識に関しては類人猿のうちでチンパンジーとオランウータンがその片鱗を有するという定説がある。しかし「心」という概念は漠然としており、どの進化段階から獲得されたかは決定しにくい。また、「意識」に関してもそうである。ただし、先述のような意識の三階層説に基づけば比較的厳密に獲得段階を決定できる。つまり、覚醒は睡眠と覚醒のリズムをもちつつ行動する生物すべてに認められるものであり、気づき《アウェアネス》は行動の自己制御能力が精密化した生物に現れる機能であり、自己意識は高等類人猿から垣間見られ、人間において明確に認められる能力である。

しかし、我々は普通「意識」という言葉を聞くと「自己意識」ないし「再帰的な現象的意識」のことを連想する癖がある。そこで、ハトやネコやサルに意識があるという発言に反感を覚えるのである。そのようなナイーヴな感慨は捨て去られるべきである。意識は何も超自然的な魂の働きではないのである。そのルーツは自己複製する核酸という有機物質にあり、その「情報」的本質が、多細胞化しつつ身体性をまとい、感覚と行動による環境（生命場）への適応という生命活動を通して、覚醒、気づき《アウェアネス》、自己意識という心的機能を順次獲得してきたのである。それゆえ、意識はその最高次の層においても物質と連続性があり、超自然的な性質はいささかもない。しかも、物質はその構造的本質としての「情報」と不可分であり、心的なものと隔絶しているということはないのである。

ここで我々はアリストテレスの思想を想起すべきである。彼は西洋の学問史上初めて「心」というものを体系的に論じた。その際、彼は「心（psyche）」をプラトンのように不死の霊魂とは捉えず、またデカルトのように身体から独立した非物質的実体として理解することはなかった。彼は、心を生命の原理にして身体の形相であると主張したのである。(2) 形相（eidos）は情報（information）と深く関係している。遺伝子ＤＮＡが生命情報の担い手として生命体の身体組織の形成や生理活動の制御に関与していのは周知のことであろう。

ここから言えることは、宇宙の誕生→物質進化→生命の誕生→感覚の誕生→行動の進化→意識の進化→自己意識の誕生という過程は連続性によって彩られており、超自然的飛躍はどこにもないということである。しかし、進化上の後件は前件に還元できない新しい性質をもつ。これを「創発」と呼ぶが、それはミッシング・リンクを暗示するのではなく、自然に内在する形相因と目的因を示唆する。つまり、この物理的宇宙ないし物質的自然は形相的情報によって秩序の自己組織化が促され、新奇への創造的前進を繰り返す巨大な有機体なのである。生物進化の過程における意識の創発を考察する際には、ぜひこのことを顧慮しなければならない。

意識の進化は感覚の進化の累積の上にある。意識は感覚の複合性が統合的システムを形成して生まれたものなのである。生物の原基が生命情報を担った核酸だとするなら、単細胞の生物にも生命情報＝形相的情報に基づいた感覚が存することになる。これはアメーバの捕食活動からすぐ看取できる。それゆえ、神経系のない生物も一種の感覚をもち、自己と非自己を無意識裡に区別し、さらには自己とそれを取り巻く環境、つまり自己と世界の関係を無意識裡に体得している、と言える。原始的生物に見られるこうした無意識的感覚は、生命活動的情報処理を繰り返すうちに神経システムの発現につながった。感覚が意識へと進化する際には、神経的情報処理による情報の保存と記憶と再利用が基盤となり、それらが精密化し統合的システムを形成し、その結果情報処理システムの自己言及性と再帰性が強化したのである。しかし生物の情報処理は、機械であるコンピュータのそれとは違い、生命性と身体性と環境内属性によって彩られている。それゆえ、感覚から進化した生物の意識は「身体の生命的世界内属性」と密接に関係している。

意識は感覚に基づいた身体の生命活動が自己言及化して生じたものである。そして、この自己言及の機能が極限にまで達すると、人間に見られるような自己意識を生み出すことになる。神経的情報処理の自己言及性は、高度化すると再帰的統覚作用を生み出すが、これは神経系の進化の果てにある大脳新皮質の巨大化に負っている。あるいは大脳新皮質の巨大化が神経的情報処理の進化的帰結なのである。

神経系の進化、脳の発生と進化、そして大脳の容積の増大には、無脊椎動物から脊椎動物への進化における身体構造の変化、さらには脊椎動物における身体活動（生活的行動）を支える四肢の進化が関与している。そして、単なる機能的意識から現象的な自己意識への進化は、類人猿が人類へと進化し、人類自体が数百万年かけて進化した過程に負っている。そこで、次に人類進化における自己意識の創発について考察することにしよう。

2　人類進化における自己意識の創発

人類は生物学的には霊長類の一種に分類されるが、他の霊長類とは区別されて超霊長類の地位を当てられることもある。いずれにしても人類は最も高等な霊長類であるとみなされている。

人類の原型は約七〇〇万年前に類人猿から分化して誕生した。人類の祖先としての類人猿は現生チンパンジーの祖先と同じであるというのが通説である。アフリカで誕生した最初期の人類（サヘラントロプス・チャデンシス）はまだ類人猿と混合状態にあった。とはいえ、やはり既に「類人猿とは区別される人類」の祖先とみなされている。

人類の特徴が明確に現れ始めるのは約四〇〇万年前に誕生したアウストラロピテクスからである。アウストラロピテクスとは「南方の猿人」という意味で、まだ類人猿の痕跡を遺していた。つまり、まだ樹上生活の名残があり、行動特性的にも（骨格などの）身体特性的にも類人猿から十分脱皮していなかったのである。しかし、アウストラロピテクスには直立二足歩行という人類の特性が未熟ながら現れていた。彼らは骨格的にも前肢（両腕）がまだ比較的長く、若干前かがみでときおり二足歩行していたが、二〇〇万年後に現れたホモ・エレクトゥスにおいて直立二足歩行という行動特性とそれを可能ならしめる骨格は確固としたものとなった。ホモ・エレクトゥスとは「直立原人」という意味で、この属において初めて「ホモ」つまり「人類」という称号が与えられることになる。

人類が樹から降りて直立二足歩行の地上生活を始めたことは意識の進化と深く関係している。すべての哺乳類には意識の最下層たる覚醒（生物的意識）が備わっているし、高等哺乳類には一つ上の階層の気づき《アウェアネス》（知覚―行動的意識）も認められ、高等霊長類たる類人猿の一部には自己意識（自己言及的な反省的意識）の片鱗すら窺われる。一般に「意識」というと「自己意識」のことばかり連想する人が多いので、この点を十分顧慮して人類における意識の進化を捉える必要がある。つまり、人類史七〇〇万年における意識の進化の理解は、気づき《アウェアネス》がいかにして自己意識にまで熟成したかを捉えることに係っているのである。しかもそれは、言語的内省能力を伴った主観性とそれに基づいた社会生活における他者理解の能力を伴った「自己意識」である。この心的能力が類人猿から人類への進化において創発したのである。

自然主義や唯物論を嫌う人々は、人間がサルの一種である類人猿から進化したという説に強い反感を覚える。この傾向は宗教的な精神主義者において顕著であるが、自然科学者の中にも人間精神の超自然性を偏愛する者がいる。その中には一流の脳科学者もいる。抑制性シナプス後電位（ＩＰＳＰ）の発見によりノーベル生理学・医学賞を受賞したジョン・Ｃ・エックルスはその代表である。

彼はキリスト教と哲学に強い興味をもち、科学哲学者のポパーと心脳問題を共同研究したことで有名だが、(3)諸々の著作において奇妙な説を唱えている。たとえば主著『脳の進化』(4)では進化生物学と神経科学の知見を総動員しつつ人類進化史における自己意識の生成について論じているが、現生人類における自己意識の創発について論じるに至ると、突如踵を返したように超自然的原理をもち出す。

彼も緻密に分析している通り、人類はホモ・エレクトゥス→ホモ・ハビリス→ホモ・サピエンス・ネアンデルターレンシス→ホモ・サピエンス・サピエンス（現生人類）という進化の過程の中で直立二足歩行、手の機能の進化による道具の使用、視覚運動機能の進化による芸術的創造性、言語機能の獲得による社会生活の円滑化と文化の創造を順次実現してきた。この過程は全く自然的なものであり、超自然的要素は見当たらない。人間の言語を神聖視する見方もあるが、言語の起源が世界の情報構造と動物の身振り（身体言語）と人類における声帯の構造的進化にあるとするなら、やはりそれには超自然的要素などないのである。しかし、前述の意識の三階層を無視して最上層の自己意識のみを重視すると、「意識」がいつの間にか「魂」に置き換えられて、その超自然的（超越的）性質が誇張される破目になる。エックルスもこの罠にはまっている。

彼は、ダーウィン流の唯物論的進化論では人間（ホモ・サピエンス・サピエンス）の自己意識の創発を説明することはできないと断定し、人間中心主義の超自然的原理をもち出す。それはキリスト教的精神主義に基づくものであった。彼は言う。「神学の用語で説明すると各自の魂は神の新しい創造によるもので、受胎と誕生の間のどこかの時点で胎児に植えつけられる」(5)。つまり、彼は現生人類における自己意識の創発を神の創造行為に帰しているのである。これはもともと自然主義なものであった創発概念の悪用に他ならない。

創発主義は意識の物質的基盤（質料因）をけっして無視しない。それに対してエックルスは実体二元論的に固執し、自己意識と脳の神経生理的過程を存在論的に分断したものとみなす。そして、超自然的魂としての自己意識が物質的脳と相互作用すると主張する。しかし滑稽なことに、この主張を擁護するために彼は神学ではなく自然科学としての量子物理学に訴える。唯物論では、心的事象が神経的事象に作用することはエネルギー保存則に反するので不可能だとみなされるが、魂としての自己意識を質量もエネルギーももたない量子力学の確率場と類似のものと想定すると、保存則に反することなく自己意識と脳の相互作用を説明できる、というわけである(6)。

この説は幾重にもわたって矛盾に満ちている。「創発」は下位の秩序に還元できない上位の秩序が現れることを指してはいるが、上位の秩序を下位の秩序と分断するものではない。この点をエックスルは無視している。また、魂と物質的身体の実体二元論的分離を無批判に前提しており、ほとんど信仰に近いものとなっている。そして言うまでもなく、超自然的魂の存在を証明するために、自然科学としての量子物理学を援用するという暴挙を犯している。さらに彼は、自己意識が個人の成長過程で熟成するという発達的観点を無視している。完成態で受胎期に神から授けられた魂が、なぜわざわざ成長しなければならないのだろうか。この神授説は野生児の症例によって簡単に論破される(7)。

エックルスの基本的欠点はまず信仰に近い実体二元論にある。それと、意識の三階層への配慮の欠如である。さらに、意識のもつ生命的性格と社会的性質への視点が不十分である。これらは意識の相互主観性という問題と絡むものだが、彼の想定する魂としての自己意識は社会性を欠いた独我論的なものとなっている。この点はデカルトと同じである。

とにかくエックルス的観点に立つと生物進化における自己意識の創発を合理的に説明することはできない。しかし、彼の見解は反面教師的な性格をもったものとして重視することもできる。「生物進化は、愛と真理と美の意味を探求し希望を求める自然本性をもった自己意識的な存在をあらしめるために、人の脳という物質的な基礎を提供することにおいて自らを超越すると私は結論したい(8)」と彼は『脳の進化』を締め括っているが、この点を自然主義的な相互主観性(社会的間主観性)の理解へと方向転換して生物進化における自己意識の創発を捉えることが肝要だと思う。そこで、次に着目すべきなのはニコラス・ハンフリーの説である。

ハンフリーは進化心理学の第一人者であるが、感覚の進化から意識の創発を自然主義的に論じている。既に述べたように感覚の原型は単細胞生物の刺激に対する反応に淵源し、それが生物進化の長い歴史を通して次第に複雑度を増し、神経系の中枢化を介して、再帰的情報処理機構としての意識となったのである。それゆえ、神経系のない単細胞生物と高度の脳機能をもった高等脊椎動物の間には連続性はあっても断絶はない。つまり、意識とは感覚の再帰性と記憶の形成によるその再利用が精密化して創発したものなのであり、身体全体の生命的な世界関与性に基礎を置いているのである。

ハンフリーは人間の自己意識の誕生もこの観点から捉える。その際、自己意識が他者との社会的交渉を通して生まれる、という間主観的視点を基幹に据えている。彼は人間各自の主観的パースペクティヴに彩られた自己意識を「内なる目(the inner eye)」と呼ぶ。これは彼の主著のタイトルにもなっており、一種のキャッチフレーズとなっ

ている。(9)

彼はマウンテンゴリラの行動を観察しているうちに、脳の細部を検索して意識の発生機構を調べるやり方よりも、類人猿の行動を生態学的次元で研究した方が意識と脳の関係を理解しやすいと判断した。そして、この観点から現生人類の自己意識が数百万年に及ぶ人類進化の過程で熟成を準備された、とみなした。既に類人猿に見られる社会的群生様態が人類進化の過程で次第に複雑度を増し、自己と他者の集団内における役割分担の明確化が萌してきたとき、人類に自己意識の原型が生まれたのである。それには直立二足歩行の成熟と手の機能の進化に伴う道具の使用の開始、そしてそれに伴う他者との直立姿勢における対面的行動様式の習慣化が深く関している。さらに、これに声帯の進化と原始的言語使用が伴ったとき、類人猿から進化した人類の祖先に初めて「他者の心」を推察する必要性が生まれ、それと同時に自らの内面を覗き込む主観的視点が顕在化し始めたのである。つまり、「内なる目」としての主観的パースペクティヴは、デカルト的瞑想（内省）の結果自覚されたのではなく、集団行動を円滑化するために他者の内面を推察するという生活の必要性から逆照射的に自己に投げ返されて創発したのである。(10)

ハンフリーの考え方は前章で紹介したジンガーの思想を先取りしたものである。脳の機能に関してはジンガーの方がはるかに詳しいが、自己意識の創発は個体の脳の機構を調べていただけでは理解できないので、ハンフリーの視点はいつまで経っても有効なのである。肝要なのは、デカルトのように独我論的な内省によって自己意識の本質を捉えようとはせずに、自己と他者の関係や人間の社会性や動物の集団行動といった生態的要因に焦点を当てて、個人における「内なる目」としての主観的パースペクティヴの発生を逆照射的に捉えることなのである。

人類に内なる目の原型が宿ったのはホモ・エレクトゥスの時期であると推察されるが、ホモ・サピエンス・ネアンデルターレンシスからホモ・サピエンス・サピエンスへの進化の過程で言語機能が著しく進化したとき、他者との会話や自己の内面的心情を表現する技能が進歩し、これによって各自の内なる目が顕在化したのである。(11) しかし、言語による自己同士の内面の表出に先立って、内なる目は既に機能していたのである。そして、その源泉は単細胞生物の全身による感覚的な世界関与性であった。

ここで改めて自己意識と身体の関係が注目されるべき思考案件となる。「自我は身体そのものである」という思想は古くからある。そしてそれは哲学、心理学、文学、生物学、社会学、教育学、医学と多方面に及ぶ思想傾向である。特に発達心理学と連携した哲学の観点は繊細にして緻密である。そこで、次に身体―自我の生命性を手掛かりとして、意識の個体発生、つまり個人における意識の発生について論じることにしよう。

3　個人における意識の発生

我々各人は自らの意志によらずこの世に生を受け、いつからとは知らず自らを意識し始め、自らの意志で人生を切り開き、そして自らの欲求に反して死を迎える。

意識と自由意志が密接に関係していることは周知のことであるが、この関係の背景にあるのは身体と自我の一体性ないし一体二重性である。個人における意識の発生と成長について考える際、このことを中核に据えることが肝要である。

発達心理学や教育学や現象学的身体論や精神医学といった自我と意識を問題とする諸分野において共通する見解は、個人の意識の源泉は乳幼児期における養育者（特に母親）との身体的接触である。もちろん、意識の生物学的基盤は生誕時に既に用意されていた脳の神経システムである。しかし、それだけでは意識の生ける骨格は形成されないし、血肉の通ったものとはならない。生命体である人間の意識は、頭（脳）だけで発生・作動するものではなく、首から下の身体全体性と切っても切り離せないのである。そして、前述のように人間存在の根本機構としての世界内存在（環境内属性）は脳と意識の双方にも帰属する性質である。それゆえ、個人における意識の発生と自我の形成は、身体に有機統合された世界内存在としての脳が、他者の脳との社会的相互作用を介して、初めて創発するのである。乳幼児期における母親ないし養育者との身体的接触はその第一段階である。

ちなみに、意識の三階層説を顧慮すると、生誕時から既に最下層の覚醒は機能していたとみなされる。そして〇歳から三歳までの乳幼児期には気づき《アウェアネス》の機能が付け加わる。しかし、この時期にはまだ自我の意識は芽生えていない。それが萌すのはだいたい三歳以降である。それと同時に「自己と違う他者」「他者と違う自己」という意識も顕在化してくる。とはいえ、自我と身体ないし意識と身体の深い次元での一体性を顧慮する観点からすれば、反省的な自己意識が機能し始めるに以前に、既に身体的自我と身体的意識の自己固有性は獲得されていたのである。

主観と客観、心と身体、精神と物質を峻別する二元論的観点から意識というものを「思考」中心に捉えると、反省的自己意識が生じる前の身体的自我の自然的意識性というものが視野の中に入ってこない。言語を介した思考とそれによって可能となる反省的意識は後発のもので、自己意識の真の源泉は乳幼児期の身体的意識の生命的自然性にある、と言える。しかも、この原初的身体意識は三歳以降死ぬまで反省的自己意識の見えざる背景として機能し続ける。デカルトがこのことを全く理解できなかったことは明白である。「我思う、ゆえに我あり」ではなくて「我生きるゆえにたまたま思うこともある」というのが真相なのである。

とにかく、個人における自己意識の発生について考える際には、反省的自己意識の思考作用ばかりに着目していてはだめで、意識の三階層説と身体性の次元と他者との社会的相互作用を十分顧慮しなければならない。「かけがえのない自己」という観念も「唯一無比の〈私〉」という視点からではなく、「自分を愛するように汝の隣人を愛しなさい」という自他未分の生命的―社会的共存性の観点から理解されなければならない。つまり、かけがえのないのは自分だけではなくて、他人もそうだということである。そして、この観点を極限まで推し進めると、自己自身にではなく自然に還ることによって「大いなる我」の道に参入することとなる。

ジンガーが言う「自意識獲得過程の記憶喪失」は修復不可能なものではなく、意識内在主義の主観的構成主義を放下《ほうげ》すれば、自然と治るのである。彼はまた自意識獲得過程が他の感覚体験と違って「繰り返しが不可能」だと言う。この「繰り返しが不可能」だという一回性にこそ自己意識の身体的自然の厳粛性が表れている。

他人の人格を尊重する人は「一回限りの人生だから君の信じた道を歩めばいい」と言ってくれるものである。このような深い思いやりは、「唯一無比の〈私〉」という観念とは全く別次元のもので、自他未分の自然的生命一体性に根差している。「唯一無比の〈私〉」という観念は繰り返し体験できる陳腐な感覚内容にすぎない。それに対して人生最初期の半ば動物的であった乳幼児期に体験された自意識獲得過程の一回性は、個人の意識と宇宙の生命性の混然一体性を示唆するものであり、意識と生命の関係を考える際、必ず顧慮しなければならないものである。換言すれば、それは意識の系統発生と個体発生の接点の中核に位置している事柄なのである。

先に引用したようにエックルスは「生物進化は、愛と真理と美の意味を探求し希望を求める自然本性をもった自己意識的な存在をあらしめるために、人の脳という物質的な基礎を提供することにおいて自らを超越すると私は結論したい」と述べた。この発言の背後にはホモ・サピエンス・サピエンス（現生人類）が生物進化の終局であるというキリスト教的目的論が控えているが、生命の大いなる連鎖としての生物進化が現生人類で終局を迎える理由はどこにもない。現生人類は生物界と自然界の一要素でしかないのである。宇宙の生命性に淵源する根源的自然に根差した、この地球上での生命の大いなる連鎖は新奇への創造的前進を止めることはなく、現生人類をいつか乗り越え、新たなホモ種を創発せしめるであろう。あるいはホモ属そのものを乗り越える新生物を出現せしめるであろう。人間はこのことを謙虚に受け容れ、各自の人格と自己意識の意味を捉えなければならない、それこそが、「君自身にではなく自然に還れ」という筆者のテーゼが示唆する真の「超越」なのである。

注

(1) 丸山茂徳・磯崎行雄『生命と地球の歴史』岩波新書、一九九九年を参照。
(2) アリストテレス『心とは何か』桑子敏雄訳、講談社学術文庫、二〇〇五年を参照。
(3) Cf. K. R. Popper/J. C. Eccles, *The Self and Its Brain*, Routledge & Kegan Paul, London, 2003（沢田允茂・西脇与作・大村裕訳『自我と脳』（上・下）思索社、一九八六年）
(4) J・C・エックルス『脳の進化』伊藤正男訳、東京大学出版会、一九九七年
(5) J・C・エックルス、前掲書、二六四ページ
(6) J・C・エックルス、前掲書、ならびに『自己はどのように脳をコントロールするか』大野忠雄・齋藤基一郎訳、シュプリンガー・フェアラーク東京、一九九八年を参照。
(7) 有名なアヴェロンの野生児を想起されたい。ヴィクトールと名づけられたこの野生児は心理学に通じた医師による懸命な再教育にもかかわらず、ついに言語能力と人間的知性と社会性を獲得することはできなかった。これは、脳機能発達の臨界期を示すとともに後天的な人間的コミュニケーションなしには自己意識が生じないことを証明している。J・M・G・イタール『新訳 アヴェロンの野生児』中野善達・松田清訳、福村出版、一九九九年、拙著『意識の神経哲学』萌書房、二〇〇四年を参照。
(8) J・C・エックルス『脳の進化』、二七二ページ
(9) Cf. N. Humphley, *The Inner Eye*, Faber and Faber, London, 1986（垂水雄二訳『内なる目――意識の進化論――』紀伊國屋書店、一九九四年）
(10) Cf. N. Humphley, *op. cit*, *A History of the Mind : Evolution and the Birth of Consciousness*, Copernicus, New York, 1999
(11) この点に関して以下を参照。スティーヴン・ミズン『心の先史時代』松浦俊輔・牧野美佐緒訳、青土社、二〇〇四年、D. C. Dennett, *Consciousness Explained*, Little Brown & Company, Boston, 1991（山口泰司訳『解明される意識』青土社、一九九八年）

第13章　意識の自己経験

はじめに

意識の発生根拠を考察する場合、生物学と心理学の知見を利用して系統発生と個体発生の観点から論じる方法以外に自己の経験に照らして哲学的に論じる方法がある。哲学には認識論と存在論という二大分野があるが、意識の発生根拠を哲学的に問う場合、どちらに重点を置くかによって様相は大きく違ってくる。さらに哲学には心身問題という重要な分野があり、これも意識の発生根拠の考察に深く関与する。

認識論は伝統的に主観―客観の対置図式を基盤としており、意識を主観の側に置き、意識の対象としての世界と事物を客観の側に置く。そして、主観がいかにして客観に到達し、それと合致しうるかを問う。この場合、意識自体は客観化できないものとみなされるので、その即自存在を問う術はなくなる。また「自己の意識内容を確認する」という観点を基点としているので、直接アクセスできない他者の内面的意識を自己と隔絶したものとみなす独我論に流れやすい。

それに対して、存在論は対象の「知り方」よりもその「在り方」に関心をもつ。意識の発生根拠の考察に関しても、主観と客観の対置以前の「経験」の原様態に着目する。つまり、「我々はいかにして自己の意識が発生することや自己の存在を確認するのか」という観点よりも確認作業以前の生命活動としての経験の存在論的様相に考察の焦点を絞るのである。

我々の意識はその存在と内容を確認する以前に既に活動している。何のためか。それは生きるためである。意識が生きるための道具であり、経験に還元されるべき生命の活動であることに関しては既に何度も触れてきた。意識の発生根拠をその自己経験という観点から問う場合、このことはぜひ顧慮しなければならない。その際、「自己」は世界と隔絶した内面性としてではなく、世界内属的な脱自的生命存在として理解されなければならない。

意識の自己経験は、自己と世界、心と身体、精神と自然、個と共同、生と死といった諸々の対立相を超えた包摂的—融合的存在様態において創発する生命的現象である。それを有機体論的な意識の経験の学の観点から解明するのが本章の課題である。つまり、それはデカルトにおける意識と自己存在の把握を内側から乗り越えたヘーゲルの精神現象学をさらに内側から突き破るジェームズ＝ホワイトヘッド流の経験のメタフィジックス（根源的自然学）によって触発された思考態度である。

1　「私が存在する」ことへの気づきと身体の生命感覚

我々の知覚作用はさしあたって環境世界ないし身の周りの世界の諸対象に向かっている。その際、最初に覚知の視圏に入ってくるのは個物である。それは、目の前のコップ、椅子といった小さな物から部屋全体、建物全体、周囲の街並みといったより大きな対象へと広がっていく。さらに、半径数キロの風景、空と雲といったふうに視野は広がっていく。そして、最終的に行き着くのは世界全体、宇宙全体といった、諸対象を包む巨大な空間である。古代ギリシャにおいてコスモスと呼ばれた自然的世界の全体性は、個体的事物としての対象ではなく、それらが現れる「場」を意味した。現代においても事情は変わらない。我々の知覚対象の極限概念は「世界そのもの」であり「宇宙全体」なのである。

環境内の大小の個物ないし事象が「存在者」であるとするなら、世界全体は対象が現れる「場」ということになる。それゆえ、それは存在者というよりは「存在の基盤」である。と言っても、それは創造主としての神が存在者を「在らしめる」という古い観念を意味しない。知覚作用が対象に出会う場を提供するということ、つまり対象の現出の地平を準備することにおいて対象に存在性を付与するということを意味するのである。それゆえ、個物が「存在する」という場合と世界が「存在する」という場合には、同じ「存在する」という言葉を使っても意味が違ってくる。前者は知覚の対象が視野の中に在るということを指すが、後者は知覚と対象が出会う包括的場を提供するということ、つまり知覚の対象の現出の可能性の条件を付与するということを意味するのである。換言すれば、世界は知覚主体と客観としての対象の出会いの場を準備しつつ、自らは個別的対象とはならず、背景に引き下がるのである。

こうした観点は近代以降の超越論的哲学や現象学が十八番《おはこ》とするものだが、基本的に認識論的な主観—客観対置図式に則っており、意識内在主義的な認識主観の先験的構成作用に定位している。それゆえ、存在理解の基点をなすのはあくまで認識主観ないし思考主体の意識であり、その先験的意識によって世界を含むすべての存在者の存在が「確認される」という仕方で理解されるのである。ここでは知覚し認識する先験的自我が世界を外から眺めつつその存在に意味を付与する絶対的権威者として君臨している。その際、言うまでもなく、自我ないし「私」も自己の明晰な意識によって把握される限りその存在が保証される、ということになる。つまり、「我思う、ゆえに我あり」「私が明晰な意識を行使しつつ知覚するとき対象の存在は確認でき、それが〈存在する〉ということの意味である」（＝「存在するとは知覚されてあるということである」）というわけである。

デカルトは成人の明晰な意識によって自己存在の揺るぎなき根拠を確認しようとした。その際、その存在が疑わしいと思われるすべての対象は排除されたが、その中には自己の身体も含まれていた。これは、感覚の機能が存在の確認にはふさわしくないという観点に基づいている。それに対して、絶対的に信頼できるのは明晰な意識を伴った思考の作用である。つまり、感覚によってその存在が確認される物質的身体は確実な存在性をもたず、感覚によってではなく思考によって把握される「意識的自己」ないし「考える我」のみが真に確実な実在性をもつ、というわけである。そして、この思考主体としての自我によって自我以外の諸対象の存在が把握される、と彼は断定した。(1)

ここには感覚と生きられる身体に対する軽視の姿勢が余す所なく表れている。彼の機械論的自然観からすればこれは当然の帰結である。そして、意識の生命的本質から著しく逸脱している。意識が自然に根をもつ生命的現象であることを理解するためにはデカルトを徹底的に批判し、彼と反対の態度を取らなければならない。

これまで何度も触れてきたように、意識は感覚ならびに身体と切っても切り離せない生命的自然現象である。そして、「私が存在する」ということへの気づきは、身体の生命感覚と密接に関係している。相即している、と言ってもよい。なぜなら、「私が存在する」という自覚は「私は今生きている」という感覚と密着しているからである。しかるに、「生きている」という感覚は、頭脳による思考作用には還元できない身体感覚から切り離せない。それゆえ、「私は存在する」という自覚は「私は自己の身体を生きている」という感覚と相即しているのである。

自我と意識は世界から切り離された私秘的現象ではなく、世界内属的な生命的自然現象である。そして身体は、各人が環境世界に適応しつつ生きるための器官として、自己と世界を有機的に統合する媒体なのである。さらに、それは自己と他者、個人と社会を個性維持的に融合する媒体でもある。こうした媒体機能をもつ身体を介して、自己意識は初めて成立するのである。それゆえ、独我論的で精神主義的な自己意識の理解は生命と存在の本質から著しく逸脱したものとみなせる。

存在と生命は深い次元で結びついており、自己の存在や意識の本質を理解する際には、その結びつきを無視することはできない。存在の最も粗雑な理解は、ハイデガーが指摘したように「事物が目の前に存在する」ということを意味する直前存在性（Vorhandensein）の概念に定位している。精神の本質を res cogitans として捉えたデカルトの存在理解は、実は粗雑な事物的存在性（res の直前存在性）の概念に根差していたのである。それゆえ、自我の存在は自然的物質の存在性格、つまり res extensa と根本のところでは無差別となっている。[2] res（モノ）が考えるか延長するかで区別されているだけで、自覚の本質としての「生活世界の中での自己への配慮」と「生命の自然的自己組織性」が完全に見落とされている。

自己も世界も自己組織化する有機体である。そして、自己と世界を媒体するのは非物質的な精神の働きではなく、身体的生命によって生気づけられた意識の活動である。それゆえ、世界の中での我の自覚は、非延長的精神実体の内奥からではなく、自己と世界の生命的共鳴から生起する、と言うことができる。そして、このことに「経験」ないし「体験」の概念が関係してくる。これはジェームズやデューイやホワイトヘッドがデカルト的二元論を批判しつつ意識の生命的本質を把握しようとしたとき最重要視したものである。彼らの趣旨を敷延して言うと、意識の自己経験について深く考える際には、「意識」と「経験」を「流れ」と「自己組織性」の両側面から把握し、さらにそれらを統合して理解する必要がある、ということになる。

2　意識の流れと経験の自己組織性

意識はよく流れに例《たと》えられる。実際、我々各人が自覚する意識作用は不断の流れの中にあるプロセス的現象である。すなわち、ジェームズが言ったように、意識はモノ（実体）ではなくてプロセスなのである。意識がプロセス的性格をもつ流れであるとするなら、それは時間的現象だということになる。意識が発動する基点は常に現在であるが、その現在も過去と未来から切り離された「今」の点のようなものではなく、過去の要素が浸透し、未来へと伸張する流動的で能動的な時間要素である。つまり、それは生成する生命的時間のプロセス内の有機的構成要素として、意識発動の基点となっているのである。

延長性を欠いた純粋の永遠的「今」といったものは存在しない。また、空間的要素を全く含まない純粋の時間的流れといったものも存在しない。意識発動の基点となる生きた現在は、過去と未来へと脱自的に伸張した動態にあるだけではなく、知覚対象の現出する場としての世界空間へも脱自的に延び広がった生態的性格をもっているのである。意識の流れは、こうした時空的性格をもった生命的ないし生態的プロセスとして理解されなければならない。

我々各人は、自己の通時的自己同一性を自覚している。つまり、昨日の自分も一週間前の自分も半年前の自分も二〇年前の自分もみな「同一の自己」であり、明日の自分も半年後の自分も一〇年後の自分も不慮の死を遂げない限り「同一の自己」として存続することを予期している。しかし、自己は自己としては同一でありながらもその内容は変化し成長し新たな可能性を切り開いたり挫折したりする。こうしたライフイベントは環境要因や他者との関係や健康状態によって左右される。しかし、それを意識している人格の同一性は基本的に保たれる。もちろん、脳の病変による精神障害や人格崩壊が起これば話は別だが。

我々の心的生活は通時的な人格の同一性と意識の不断の流れという動と静の両義性によって構成される時空融合的な現象である。ただし、両義的ないし二側面的でありながらも能動的な統合性をもっている。そして、この統合性を可能ならしめているのは、意識の基礎にある「経験」である。経験が意識よりも広い概念であり、後者の基盤となっていることに関してはこれまで何度も触れてきたが、ここで改めてその関係の核心を言おう。意識の流れは経験の自己組織性によって背後から支えられているのである。

経験は意識だけではなく無意識的要素も含む自然的現象であり、生命の本質に深く根差している。それは、自然的であるどころか物理的であるとすら言える。ジェームズとデューイとホワイトヘッドは、経験のもつ自然的性格を主観的意識の基礎に置き、後者に対する前者の存在論的優位性を主張した。普通、経験は意識とともに主観的現象として理解され自然から切り離された非物理的性格をもつものとして捉えられているが、彼らは自然的実在論の立場から経験を主観性から解き放ち、それに自然と物理へと開かれた地位を与えた[3]。その際、身体性が経験を構成する重要な契機となることは言うまでもない。しかし、彼らの身体性理解は、フッサールのそれとは違って超越論的なものではなく、経験論的なものであった。ただし彼らの経験主義は、イギリス流の典型的な経験論の伝統には呪縛されない、プラグマティズムの融通性をもっていた。伝統的な経験論が主観と客観、精神と物質の二元論に呪縛され、意識主観ないし知覚主体と外部の世界の二元分割に基づいて経験というものを理解していたのに対して、彼らは意識主体を環境の中で生きる有機体として捉え、経験を心的要素と物的要素の統合からなる生命的自然現象として把握した。それは同時に経験の根源を心身未分の中性的存在性格をもつものと理解することを意味する。つまり、経験は主観的意識が発動する以前の身体活動的生命現象であって、秩序を無意識裡に生み出す自己組織性という性格をもっているのである。これは動物の本能的行動の延長上にあるもので、意識内在主義的な主観的構成主義や人間中心的な精神主義によってはけっして理解できない存在性格である。

ただし主観的意識経験はたしかに存在し、我々各人によって日々現実に体験されている。彼らの思想はこれを否定するものではない。主観的意識経験は、より根源的な自然現象としての生命的経験から派生する表層的現象だと彼らは言いたいのである。

この派生関係を理解するためには自己と世界の一体性、つまり意識の世界内存在を理解しなければならない。伝統的ないし常識的な主観―客観対置図式の観点に立つと、経験は内面的な意識主観が外部世界を知覚し解釈しそれに働きかけることとして理解されるが、世界内存在の視点からすると意識と世界は表裏一体の関係にあり、主客未分の根源的経験が自己と世界の混然一体性の様態から生起するというふうに理解される。それゆえ、経験の主体は自己のみならず世界でもある。換言すれば、物理的世界から心理的自己に向かって天下り的に経験は生起するのである。そして、次には心理的自己が物理的世界に向かって知覚的―行動的経験を放出する。こうした世界と自己のフィードバック・フィードフォワード関係を媒介するのは物心両義的な身体性である。

それでは、自己と世界が一体となって生起する経験が自己組織性をもつということは、どう理解すべきなのであろうか。自己組織性は秩序の自然的自己形成を意味する。世界が経験の主体となり、秩序を能動的に生み出すということにはちゃんとした根拠がある。世界自体に情報構造が備わっている、というのがそれである。この場合、「世界」とは自然的と社会的の両方を含むが、どちらにもそれは当てはまる。自然的ならびに社会的世界には秩序が備わっている。前者の場合には物理法則で表現できる自然の秩序であり、後者の場合には社会制度や法律や文化や生活習慣に象徴される社会秩序である。そして、どちらの秩序にも情報構造が備わっている。これは社会的世界の場合には理解しやすいが、自然的世界の場合には抵抗感を示す人が多いと思う。社会が情報システムを媒体として動いていることは今日万人が承認することだが、自然的ないし物理的世界が情報構造をもつと言われても釈然としない人が多いと思う。それは、情報（information）というものをもっぱら知識やニュースやメッセージという心的現象として理解してしまっているからである。情報が物理的実体性をもち、物質やエネルギーと並ぶ物理的自然界の構成要素であることは識者の間では周知のこととなっているが、一般の人にはほとんど知られていない。information はもともとアリストテレスの形相（エイドス）の概念に淵源し、プラトンのイデアの概念とも関係する存在論的概念であった。それは物質や物理的プロセスに内在する秩序の自己組織化原理であり、その作用が事後的に意識ないし心的現象にまで及ぶのである。ところが、一般には後発的な心的情報の概念の方が優勢となっている。そこで、物理的で客観的な実在的情報という概念が理解できないのである。しかし、経験の自己組織性というものを理解するためには、ぜひ形相的情報の概念を顧慮しつつ世界と自己の双方向的影響関係を捉えなければならない。また、その際、世界自体が生成的性格をもつ有機体である、ということも顧慮されるべきである(4)。

生々流転を繰り返し、新奇への創造的前進を生み出す世界とその情報構造の個体的分有として個人の意識の流れというものがある。私が生きているのは世界の生命性の分有であり、私が自己の存在を自覚し主観的意識をもつのは世界の自己組織性の情報構造的反映である。主観的観念論や意識内在主義の主観的構成主義ではこのことはけっして理解できない。それを理解する存在論的立場は自然的実在論であり、心身論的には生命的創発主義である。

3　意識の自己経験と生命の意味への目覚め

私が自己を世界の中で他者と共に生きる有機体であることを自覚するとき、自らの存在の意味へと関心が向かう。存在の意味とはまた生命の意味でもある。存在と生命は深い次元で一体となっているのである。

私が死へと向かう有限の存在であり、死を意識することをきっかけとして自己の存在の意味を熟考するようになることに関しては、古来多くの思想家が論じてきた。ある者は自己が死すべき有限存在だとするなら生は根本的には無意味であるというニヒリズムに陥り、ある者は死の恐怖を乗り越えるために不死の霊魂という不合理な原理にしがみつき、ある者は「私が存在するとき死は存在せず、死が実現したときには既に私は存在しないから、死と私は無関係である」という逃げ口上を吹聴した。他にもさまざまな意見が出されたが、その中で最も注目に値する深い思想は、自己の死が他者や生命共同体（社会）によって贖《あがな》われ、生命個体は死ぬが生命そのものはけっして死なないということ、つまり「生命の大いなる連鎖」の自覚を重視することにおいて生命の最も深い意味が捉えられると主張した立場である。意識の自己経験と生命の意味への目覚めの関係はこの最後の見地から明るみへともたらされ、その本質が捉えられるであろう。(5)

生命は、細胞の核の中にある遺伝子の生化学的働きによって実現する分子生物学的現象であることは今日万人が認識しているが、それには尽きない生態的次元を有することも識者の間では重視されている。生命は個体のものであると同時に生物世界全体ないし生命共同体全体に帰属すホーリスティックな存在現象でもあるのだ。つまり、生命の本質は遺伝子に刻印された生命情報の分子生物学的形質発現のメカニズムには尽きず、他の生命個体との共存とそれを可能ならしめる行動的原理や環境への適応ないし自然との共存を根拠づける生態的原理も含んでいるのである。意識の自己経験が生命の意味への目覚めのきっかけとなるということは、こうした行動的―生態的原理を顧慮した上で「生命の大いなる連鎖」を深層存在論的に了解することを指す。

個々の人間の意識の流れは民族や民族を超えた世界的規模での生命の大河へと合流し、ひいてはヒトという生物種を超えて生物界全体の生命の大いなる連鎖としての生命の巨大な流れに合流する。そして、こうした個体から全体への意識の拡張が、前に触れた「自然へと還る意識の自己運動」を示唆するのである。(6)

我々各人は自らの存在をかけがえのないものだと思っている。つまり、我々はみな基本的に自己愛的である。それはけっして咎《とが》められるべきものではなく、自然なことである。しかし、野放図な自己愛は結果として自滅せざるをえない。もし自己の生命を維持しようと思うなら、他者の生命も尊重しなければならないことは社会生活を積み重ねれば、誰もが理解できることである。動物も本能的行動上それを理解しており、その野性的理解力は人間を上回るほどである。自分を大切にしようと思うなら、他者の「異質の自分」をも尊重しなければならない。「自分を愛するように他者を愛しなさい」という難問（普通の人には容易だと思われるであろうが、人間の利己性や偽善に深く思い悩んだ太宰治のような人にとっては簡単に実現できる類のものではないとみなされた、という意味で「難問」である）は、生命の本質に根差している。(7)

しかし、自己犠牲や全体への合流というものに反発する人も多いのは事実である。筆者も全体主義や滅私奉公の習慣は大嫌いである。特に個人主義を全く理解しない日本社会の「甘えの構造」には幻滅している。しかし、「生命の大いなる連鎖」への合流を喚起する「自然へと還る意識の自己運動」というものは、そのような思想や風習とは全く関係ない。それは自然への畏敬の念、ならびに自己と他者の「個性」を等根源的に平等なものとみなす尊重姿勢から生じる意識の衝動なのである。

意識の自己経験というものは、世界と隔絶した独我論的で私秘的な内面の奥底から発するものではなく、自己と世界、意識と自然の共鳴から渦動的に湧き上がってくる生態的自覚作用である。そして、この生態的自覚において生命の意味が個的意識に顕現してくるのである。その際、生命の意味は個の尊厳を含みつつも、深く自然性と社会性によって彩られている。そこで次章ではそれについて考察することにしよう。

注

（1）デカルト『方法序説』落合太郎訳、岩波文庫、一九八〇年、『省察』山田弘明訳、ちくま学芸文庫、二〇〇六年を参照。

（2）Vgl. M. Heidegger, *Sein und Zeit*, M. Niemeyer, Tübingen, 1979, *Die Grundprobleme der Phänomenologie*, Gesamtausgabe Bd. 24. V. Klostermann, Frankfurt am Main, 1975

（3） Cf. W. James, *Essays in Radical Empiricism*, Dover, New York, 2003（伊藤邦武訳『純粋経験の哲学』岩波文庫、二〇〇四年）、A. N. Whitehead, *Science and the Modern World*, The Free Press, New York, 1997（上田泰治・村上至孝訳『科学と近代世界』松籟社、一九八七年）、拙著『自我と生命——創発する意識の自然学への道——』萌書房、二〇〇七年

（4） 拙著『情報の形而上学——新たな存在の階層の発見——』萌書房、二〇〇九年を参照。

（5） V・v・ヴァイツゼッカー『ゲシュタルトクライス——知覚と運動の人間学——』木村敏・濱中淑彦訳、みすず書房、一九九五年を参照。

（6） このことに関しては、J・デューイの『民主主義と教育』（上・下）松野安男訳、岩波文庫、二〇〇四年が大変参考になる。特に第一章「生命に必要なものとしての教育」の第一節「伝達による生命の更新」は示唆的である。また、本章でも彼の『経験と自然』が考察の模範となったことを付記しておく。

（7） 太宰治の「HUMAN LOST」「人間失格」「如是我聞」などを参照。また、拙著『心・生命・自然——哲学的人間学の刷新——』萌書房、二〇〇九年も参照。

第14章　生命の自然性と社会性

はじめに

生命には自然的性質と社会的性格が共属している。生命の自然的性質とは、分子生物学を中心とした自然科学が解明してくれる生命のメカニカルな側面である。それに対して生命の社会的性格とは、教育学や社会学や文化人類学などの人文社会系の学問が説明してくれる生命の共同体形成に関わる側面である。この両側面が意識の自然的創発にどのように関わるのか、を考察するのが本章の課題である。その際、第4章で触れた生命の多義性、つまりlifeというものが「生命」と「生活」と「人生」の三つの相を包括する現象である、ということが顧慮される。

我々人間は地球という自然環境の中で生物進化の果てに生まれた自然的存在である。それと同時に我々人間は高度のコミュニケーション能力と共同体形成能力をもつ社会的存在である。生命の本質には、遺伝子の生命情報に基づいた生物学的個体の存在維持と共に生活的ないし社会的環境における他との共存による集団レベルでの生命の維持が帰属する。この両側面は区別されると同時に重なり合う部分をもっている。ちなみに、このことは学問の分類にも表れてくる。たとえば、生態学（ecology）は生物と環境の相互作用を研究する学問だが、生物の自然環境内における群生的行動様式を解明するだけではなく人間における社会システムの形成にもタッチする。それゆえ、このエコロジーというものは右に述べた多義的なライフと共に生命の自然性と社会性の統合的次元に目を開かせる重要な契機となる。

心や意識というものは深い意味でエコロジカルなライフ現象（生態学的な生命現象）である。そこで、本章では生命の自然性と社会性がいかに意識のエコロジカルな性格に関わるかを核心的次元で論じたいと思う。そして、それは次章における自我の創発の問題に連携する形でなされる。

1　生命の自然性

周知のように生命の物質的基盤（質料因）は細胞の核の中にある遺伝子ＤＮＡである。これが遺伝的生命情報を介して生命体の形質発現と生理的システムの制御・維持を実現しているのである。しかし、生命は生命個体内部で完結するものではなく、環境内での他の生物や自然事象と相互作用しつつ機能する生態的現象でもある。生命の自然性というものを考える場合、この両側面はぜひ顧慮しなければならない。

遺伝子の形質発現や生理的システムの自動的制御は生命主体の意識的意図の関与なしになされる自己組織化現象である。それゆえ、この次元において我々人間に特有の自覚的意識と生命の質料因の間には乖離が存する。そして、この次元ばかり重視すると唯物論的（還元主義的）生命観や人間機械論が蔓延《はびこ》ることになる。一時期流行した遺伝子決定論や人間を遺伝子の乗り物（操り人形）とみなす思想は、こうした傾向を代表している。

意識はたしかに脳内のニューロン核内の神経遺伝子とニューロンのネットワークが形成する神経システムによっ

て実現するものだが、それには尽きず、環境世界と相互作用する生態的現象であることはこれまで何度も触れてきた。しかもその際、身体性というものが介在する。生命の自然性というものをエコロジカルな次元において深く捉えるためには、これらのことを顧慮しなければならない。

しかし、そこから精神主義や二元論に逸脱してしまっては元の木阿弥である。生命の自然性は、これまで本書で何度も触れてきた根源的自然主義の立場から捉えられるべきものであり、唯物論に感情的に反発する精神主義や二元論によってはその本質はけっして理解できない。意識の質料因は、意識に対してより包括的な現象ないしは上位の概念たる「経験」の一契機なのであり、無視できないのである。二元論の間違いは、意識から質料因を剥奪して、それを全く非物質的領域へと追いやったことにある。これは意識の親玉たる「経験」の物的極を無視し、物質物理系の現象を意識のみならず経験そのものからも分離してしまったことを意味する。意識は、先述の忘我的意識をも含んだ「経験」の自然的生動性から生まれる生態的現象なのである。

生命の自然性を深く理解するためには、機械論的自然観を脱した有機体的自然観に依拠しつつ、生命個体と自然環境の関係ならびに、それに生命体の経験が関与する仕方を解明しなければならない。

「経験」は実は人間にのみ属す心的機能ではなく、アメーバからチンパンジーに至るあらゆる動物に帰属する生命機能である。脳も神経系ももたない単細胞生物のアメーバが学習能力をもつことはよく知られている。人間の体内の免疫細胞も身体に害のあるウイルスなどを「非自己」として認識する自己性をもっていることは多田富雄の説によって人口に膾炙《かいしゃ》している。[1] その意味で経験は単なる心的機能ではなく、生命そのものの本質に属す身体的学習能力なのである。

ホワイトヘッドが言ったように経験には心的極と物的極がある。[2] つまり経験は両極の統合なのである。また経験には自然と一体となった生動性がある。生命の自然性は、この経験の生動性を介して個体の意識に上り、生命感覚として現れる。それは、我々が自然の美や自然災害の脅威に面したとき顕現すると同時に、自己の心身の情態（気分として感じられる身体の状態）や外気との接触感を介して湧出する「私は自然の恩恵のもとに生きている」という感覚である。そして、その感覚は翻って「自然が生きている」ということを我々に感得せしめる。

田舎に生まれ育った者は自然への愛着が強く、自然に生命性を認め生命に自然性を看取する。それに対して都会に生まれ育った者は人工的事物に慣れ親しんでいるので、自然を機械的なものとみなし、それを恣意的に制御し支配することに躊躇感をもたない。すべての人がこの二つのパターンに分類されるわけではないが、基本的傾向であることはたしかである。二〇一一年三月に起こった福島第一原発の事故への対処において、都会育ちの東京電力の幹部と田舎育ちの原発周辺の福島の住民の自然観の違いがはっきり表れたことはその代表例である。原発の提起したエコロジカルな問題は「自然の生命性」ならびに「人間的生命の自然との共存性」を深く考え直させるものであった。

生命の自然性は、生命の質料因のみを調べて理解できるものではなく、エコロジカルな次元を顧慮し、かつ人間中心主義と機械論的自然観を超越しつつ、自然への畏敬の念を抱いたとき、初めてその本質が分かるのである。

2　生命の社会性

生命は直前に述べた自然性をもつのみならず社会的性格ももっている。これは特に社会的高等脊椎動物の形成する群生様態に表れている。その中でも人間の共存様式は生命の社会性を一際明瞭に表出している。そしてその際、前述のライフの「生活」的側面が際立ってくる。

もともと生物の生命の本質には環境への「適応」と他の生物との「共存」という契機が属している。この適応と共存という契機こそライフの生活的側面を特徴づけ、生命の社会性を象徴するものなのである。

社会的群生動物は一つの生命共同体の中で行動しつつ生命社会のシステムを構築している。その社会システムと群生的行動パターンは生物学的遺伝子DNAによってだけではなく、社会的遺伝子ミームによっても子孫に伝達され次世代に継承されていく。社会的遺伝子は脳の中のニューロン核内に幽閉されているのではなく、生命体の身体的行動と言語的コミュニケーションを介して環境世界の諸要素に関わりつつ機能する集団レベルでの生命維持機能の担い手である。人間の場合にはこれに前述の「意識の世界内存在」という契機が加わる。

人間の意識は脳内に幽閉された内面的現象に尽きるものではなく、社会的環境へと延び広がった脱自的生活機能である。つまり、それは他者との共存と環境への適応を志向しつつ機能する生命活動の一環なのである。生命の社会性というものを意識に関係づけて理解する場合、このことはぜひ顧慮すべきである。

もともと「社会」というものは「一つに取りまとまった秩序ある組織体」ということを意味し、人間の形成する文化的集団だけではなく、様々な領域に現象に適用される概念である。たとえば、生物の身体は細胞の社会であり、高分子はその要素たる分子や原子の結合が形成する社会であり、自動車は部品の有機的構成が形成する社会であり、脳は認知モジュールないし神経モジュールの連合的編成が形成する心の社会である。これらのものは生物と非生物の区別を超えて、すべて「生きている」のである。よく「この街は生きている」とか「この会社はもう死んでいる」とか「社会とはまるで生き物のようだ」という言い回しがなされるが、それを単なる比喩と受け取るのは軽佻である。ホワイトヘッドの有機体の哲学に倣って言うと、この宇宙の構成要素はすべて関係性の中で存在し機能するシステム形成の契機なのであり、単独で存在するものなど唯の一つもないのである。それゆえ、関係項の有機的結合が個々の集団を生きたものとし、かつその構成契機を生かし続けるのである。人間について言うと、生活共同体が関係性の輪を布置しつつ個人を生かし、その恩恵のもとに生かされている個人が共同意識をもちつつ社会全体を教育と伝達によって更新し、そのシステムを存続させていくのである(3)。

生命の社会性というものは、以上のように物質・生命・精神の全領域を覆う包括的な現象であり、人間社会にのみ適用できる概念ではない。しかし、人間的生命の本質を反還元主義的に捉える場合、最良の考察契機であることもまたたしかである。

とにかく、人間は単独で生きる生物ではなく、社会的生物として「他者との共存」を本質的契機とする存在である。我々各人は死すべき有限の存在であるが、伝達によって更新される人間社会全体は、個々の死を超えて存続する巨大な有機体なのである。ここに生命の大いなる連鎖が成立することは言を俟たない。

それでは、個々人の生命と人格と存在の尊厳はどうなるのであろうか。それは、こうした思想によっていささかも貶《おとし》められない。むしろ各人に生命の本質が「個でありつつ個を脱しようとする衝動」にあることを五臓六腑に沁み渡らせるような形で痛切に自覚せしめるのである(4)。今回の東北大震災の巨大津波の中で自らを犠牲にして多くの生命を救った名もない一市民の英雄的行為は、それをあまりに痛切に非被災地の人間に告知している。

3 エコロジカルな意識の生動性

我々の意識は環境へと広がる空間性とともに時間的流れを有している。意識の空間性は身体運動を伴った行為によって形成される。他方、意識の時間性は生命の生成的性格を示唆している。この身体運動的行為と生命の生成的性格が統合して意識の生動性が立ち上がる。しかも、それは深い意味でエコロジカルなものである。「深い意味で」というのは、意識の根源に生命の自然性と社会性が相補的なシステムを構成しつつ控えており、その土台の上に意識が環境世界への脱自的延び広がりとその意味連関への有機的結合性を獲得する、ということである。

意識は脳の中に幽閉された内面的現象ではなく、身体的行為を介した環境世界への脱自的居住を根本性格とするエコロジカルな生命現象である。(5) これまで再三使ってきたハイデガーの「脱自的（ekstatisch）」という用語は、自己の中心を脱して環境世界へと延び広がることを意味する。しかしこれは、自己が内面的意識の奥底を中心として外部の環境世界へと延び広がる、などということではない。自己というものは身体的行為がそれへと関わりつつ延び広がっている環境世界の方から求心的に内面的意識へと到来する動的性格をもつ、ということを意味するのである。しかも、この空間的到来は同時に時間的到来、つまり生成性を示唆する。

最初に自覚的な内面的意識の自己確信があるのではなく、社会的意味連関と対人関係の中に投げ込まれた生活的自我の居住的活動ないし身体的行為があるのである。そして、その根底には原始生物→哺乳類→霊長類→人類へと受け継がれた生命個体と自然環境の有機的関係、つまり環境への適応性がある。これは生物のもつ野生の感覚である。エコロジカルな意識の生動性とは、こうして受け継がれた野生の感覚に基づく環境世界との脱自的交渉の自覚の開放性であり、その交渉は求心と遠心の両側面によって賦活される生命活動の生成を示唆する。

以上、生命の自然性と社会性がエコロジカルな意識の根底に存していることを見てきた。それでは、自我の存在と本質はこのこととどのように関係しているのだろうか。それについて次に考えてみよう。

注

（1）多田富雄『免疫の意味論』青土社、一九九四年を参照。また彼の『生命の意味論』青土社、一九九七年も参照。

（2）Cf. A. N. Whitehead, *Process and Reality*, The Free Press, New York, 1978（山本誠作訳『過程と実在』（上・下）松籟社、二〇〇〇年）

（3）J・デューイの『民主主義と教育』（上・下）松野安男訳、岩波文庫、二〇〇四年を参照。

（4）拙著『自我と生命——創発する意識の自然学への道——』萌書房、二〇〇七年を参照。

（5）　河野哲也『エコロジカルな心の哲学——ギブソンの実在論から——』勁草書房、二〇〇三年、『〈心〉はからだの外にある』日本放送出版協会、二〇〇六年を参照。河野はギブソンとメルロ＝ポンティに依拠しつつ、心がエコロジカルな身体的現象である、という説を展開している。それに対して筆者が依拠しているのは、ハイデガーとメルロ＝ポンティとデューイである。ただし、本書の論述の展開は筆者独自の思索によるものであり、幾多の概念的加工が施されている。

第15章　自我の創発

はじめに

第Ⅲ部では意識の発生根拠を論じてきたが、最後に意識の中核ないし本丸たる「自我」の創発について考察しようと思う。

既に述べたように意識は低層の覚醒から中層の気づき《アウェアネス》と高層の自己意識を覆う広範な現象である。自我はこのうち高層の自己意識に宿るものである。というより、自我を反省的意識によって捉えるのが再帰的な自己意識の機能なのである。しかし、自己意識の機能を過大評価してはならない。自我は実は自己意識の枠を超えて意識の中層や低層、さらには無意識の領域にまで根を張っている奥深い現象なのである。

自我を自己意識中心の観点から捉えるのがデカルトに代表される主観主義の諸流派（a）である。それに対して、自我を、個的自己意識を超えた集合的心性や無意識、あるいは身体性や環境へと拡張して捉える立場がある。ノロイト、ギブソン、メルロ＝ポンティ、ミードなどがこの系列（b）に属している。筆者の立場は自我を生命の本質の顕現と捉えるものであり、基本的に（b）の系列に親近的である。

自我は、生命体が環境の中で生きるために自己の認知機能を統制する心的能力である。その座は身体に有機統合された環境内存在ないし社会的存在としての「脳」のうちにある。それは自己の意識を監視し意志を発動させ行動を引き起こすエージェント（動因）であるが、デカルトが想定したような「実体」ではなく、ジェームズやホワイトヘッドが「経験の契機」とみなしたような生命機能である。

自我は自己意識を有する人間（homo sapiens sapiens）において「主観性の核」という明確な現象性をもつが、実は生命を有するあらゆる動物に属す自己のホメオスタシスの機能である。それゆえ、それはアメーバからチンパンジーに至るすべての身体的行動生物に帰属している。我々はこのことを踏まえて、人間個体における自我の創発の意味を解明しなければならない。

「私は私である」という意識はいつ、どのようにして生まれたのであろうか。「無我の境地」とか「我執を捨てよ」とか「小さな自我の殻を破って大いなる我へと高まれ」とか言われるが、それはどういう意味なのか。なぜそもそも我々はこの世に生まれ、自己について思い悩んだり、希望をもったりするのか。死によって自我も消滅するのか。生命の大いなる連鎖と個人の自我はどう関係するのか……。

こうしたことについて「新奇への創造的前進」を意味する反還元主義的思考原理たる「創発」の概念を梃子にして考えてみよう。

1　自我の生命的経験

まえがきで示唆したように、自我は自己意識を超えて生命の経験にまで根を張っている。自己意識を超えているということは、意識の中層と下層から無意識の領域にまで延び広がっているということだが、その延び広がりの行き着く先が「生命の経験」なのである。ただし、これは「生命を経験する」ということを意味しない。そのような対象化的経験ではなく、「自己組織化する生命のシステムが自己言及する」という主体的で能動的な経験をそれは指しているのである。

ヘーゲルは「実体を主体として捉えなければならない」と言ったが、[1]これはそのまま生命と自然についてもあてはまる。つまり、自然も生命も自己組織化する能動的なシステムとして「主体」という性格をもつのである。それゆえそれらは、ホワイトヘッド流に言うと、経験の脈動という活性を動因とする「主体」だということになる。これは要するに現代のシステム論で言う自己組織化活動を指しているのだが、そこにエージェント的性格を読み取っている点が味噌である。それゆえ「生命の経験」ということは、「生命が自らの担い手に自己言及する」という意味になる。そして、この担い手が生命個体に限定されると、人間各人（個人）の自我を大いなる生命が天下り的に自己言及、つまり経験するということになるのである。これが「自我の経験」を意味することはすぐに分かるであろう。

我々は普通、自我の経験と言うと意識の内省作用による主観的自己の自覚を連想するが、それは表層的見方にすぎない。自我の経験は、無意識的生命の自己言及が意識の下層→中層→高層へと上昇しつつ一人称的に集約化するとき、「私は私である」という自己意識レベルでの自覚として主観的に現象するのである。この主観的現象化は結果的事象であり、自我の経験はそれ以前に既に立ち上がっている。それは一人称化以前の自然態における我の自覚であり、自己存在の身体的覚知に属している。そして、この身体的覚知は自然との一体感を核とする根源的生命感覚によって彩られている。

最初に思考し表象する意識的主観として「私」が存在しており、それが自我を経験するのではない。自然と一体となった生命体の活動が最初に在り、それが身体の統覚作用を介して意識化されるのである。つまり、自我は基本的に身体―自我なのであり、デカルトが想定するような「身体なしに存在する自我」というものは幻想にすぎない。換言すれば、私が身体をもつのではなく、私は身体そのものなのである。(2) 環境の中で他者や社会事象と相互作用しつつ身体を生きること、すなわち社会的行動がまずあり、それが自己管理的に一人称化されて自覚されるとき「私」という観念が生まれる。その観念が明確となるのは思春期以降であるが、乳幼児の養育者との身体的接触においてその原型は既に形成されていたのである。それは、社会的自覚が生まれる以前の自然態における身体的自己認知であり、言語や思考能力や意識をもたない動物たちと共通の普遍的生命機能なのである。

とにかく、自我の本質を捉えるためには、それと身体の関係に着目しなければならない。そこで次にそれについてもう少し立ち入って考察してみよう。

2　自我と身体

我々は思考において自然から離れ、感覚において自然と密着している。しかるに、思考を営むのは脳であり、感覚を引き起こすのは身体全体に散らばった感覚器官である。感覚器官から受容された外界の情報が末梢神経系から求心的に中枢神経系としての脳に到達し、それが束ねられ加工されて思考内容となる。このとき自然からの離反が起こるのである。それゆえ、身体と感覚を排除した純粋思考によって自我と精神の本質を捉えようとしたデカルトの立場は自我の自然的本性から完全に逸脱したものとみなせる。自我の本質を我々に知らしめるのは純粋思考ではなく、自然的身体感覚である。そして、この自然的身体感覚が生命の本質の顕現であることに注意しなければならない。

我々の身体の生理的システムは環境や他者と共存しつつ生命を維持するための自己調節機能を備えている。それゆえ、環境への不適応や人間関係の齟齬はこの自己調節機能によって感知され、そのアラームが無意識下の身体症状として現れたり意識的葛藤として我々を悩ましたりすることになる。我々の自我は他者との関係と切り離せない形で社会環境の中に在る身体的自然現象である。身体から離れた非物質的存在としての純粋自我という概念や他者とは全く違う「唯一無比のこの〈私〉」という観念は、こうした事情を無視して生じた紛い物にすぎない。我々は、自然によって生かされて生きている身体―自我なのであり、他者と多くの共通点をもちつつ福祉社会を実現すべく生きるべき理性的動物なのである。

ちなみに、隣人愛とか社会福祉の精神というものは他者との身体的触れ合いから生まれる自然的生命現象であり、多くの動物の見られる利他行動に淵源する。我々は、動物を超越した精神的存在であるがゆえに、崇高な自己犠牲や利他行動をするわけではない。利他行動をなしうる野生動物の進化形態であるがゆえに、高度の社会福祉的実践をなしうるのである。それに対して、身体や物質を軽視する精神主義的思想は、利他主義を偽装した集団的エゴイズムに陥りやすい。精神主義的な自我の観念は、他者との自然的一体性を無視して、「唯一無比の私」という概念を拠り所としているが、それはいささかも人間と生命の尊厳を庇護するものではない。感覚の恩恵を忘れた純粋思考は身体―自我の本質から著しく隔たったものとして、そもそも自我の本質を捉えることができないのである。

我々は抽象的思考において自己を自然と身体から切り離すことができるが、それは束の間のことにすぎない。我々は自然によって生かされて生きているのであり、自我の本質はこの自然の恩恵を顧慮しなければ到底理解できない。しかるに、自然の恩恵を感知するのは純粋思考ではなく、身体に漲《みなぎ》る生命感覚である。この身体的生命感覚は、我々各人が大いなる生命の連鎖の一契機であり、個的自我を超えた集合的心性としての大我へと参与しうることを我々に知らしめてくれる。純粋思考と関係の深い反省的自己意識は、それを論理的に理解するのに役立つにすぎず、必須のものとは言えない。必須なのはあくまで自然と密着した身体的生命感覚なのである。ただし、我々各人の自我は突発的に発生するものではなく、発達（成長）の過程で熟成する生命的現象であることに留意しなければならない。しかるに、成長（生成）の過程で次第に形成され熟成するということは、生命の根源的働きとしての「創発」を示唆する。そして、この生命の自己組織化活動としての「創発」は時間的相と空間的相をもっている。そこで、次にこのことを顧慮して「自我の創発」について論じ、第Ⅳ部の考察につなげることにしよう。

3　自我の創発

我々は、幼稚園から小学校を経て中学二年生になる頃までに次第に「他人とは違う私」という意識をもち始める。そしてその後、思春期の真っ只中に突入すると、その想念はいよいよ際立ったものとなる。反抗的態度や青臭い自己主張や手さぐりの主体性の確立という様態でそれは表に出る。こうした想念や行動の湧出には個人差があり、ある者は激しい煩悶や葛藤に陥り、学業放棄や非行や自傷行為に奔《はし》ったりするし、ある者は何気なくやりすごしたりする。いずれにしても、嵐のような思春期における自我の目覚めはそのうち穏やかになり、成人の社会的自我の熟成を迎えることとなる。

意識的主観性の視角からすると、自我というものは「他人とは違う自分独自の存在感覚」と受け取られ、直前に述べた思春期における自我の目覚めや成人期にも残る精神主義的自我観念こそ自我の本質を表現するものだと思い込まれやすい。存在は意識の中に在ると考える観念論、かけがえのない自己というものを野放図に尊重する実存主義、先験的主観性によって経験の可能性の条件を見出そうとする超越論的現象学といった似非哲学の諸流派も同じ穴の貉《むじな》である。現象学者は身体性や間主観性の概念をもち出して取り繕うとするが、意識的主観性への執着心は消えることはなく、自我の自然的本性に届くことはけっしてない。

自我の自然的本性を捉えるためには、意識的主観性を放下《ほうげ》して、胎生期、乳幼児期、学童期、思春期、青年期、壮年期、老年期という人生の全過程を覆う生命的自我の本質を理解しなければならない。なぜなら、自我は意識的主観性の産物ではなく、生命の自己組織性が新奇への創造的前進として環境内で生起したことの賜物だからである。換言すれば、自我は単なる観念ではなく、自己存在の生命的原理なのである。そして、その「存在」は、パルメニデスが言うような無時間的永遠性からではなく、ヘラクレイトスが主張するような生々流転を繰り返す自然の生成的時間性から理解されなければならない。そして、これにエコロジカルな空間性の観点が加味されて理解されるべきものである。ちなみに、こうした空間性には身体性というものが密着している。自我の生命的本質は、人生行路の生成的（成長—衰退的）時間性とエコロジカルな身体的空間性の共演によって彩られているのである。

それでは、こうした観点から「自我の創発」はどのように規定されるであろうか。

まず、自我は胎生期に既に潜勢態において胎児本人に宿っていたものとみなせる。なぜなら、胎児の個体的生命活動と脳の神経システムの構築はこのときもう始まっていたからである。もちろん、胎児に意識はないし主観性もない。しかし、生命的自我は既に宿っていたのである。しかし、それが潜勢態においてであることは銘記しなければならない。「創発」は潜勢態が現勢態になることを意味するから、このとき当然自我の創発はまだ起こっていない。乳幼児における身体的自我の芽生えは潜勢態から現勢態への移行期の最初期に当たる。このとき環境と人間関係における生命的自我の時間性が始動し、身体的空間性が機能し始めるのである。

幼児期における養育者との「触れる・触れられる」身体経験において芽生えた「他人とは違う自己」という自我意識の原型は、その後学童期から思春期にかけての主我と客我の内的対置構造へと発展し、自己の在り方への反省的意識が創発する。これこそ自我が潜勢態から現勢態となったこと、つまりそれが明確に創発したことを意味する。この時期から我々は、自分の行動に責任を負い、自ら人生を切り開いていかなければならなくなる。もちろん、自我の確立には個人差があり、いち早く自立する人もいれば、いつまでも他人に頼りきりの人もいる。いずれにしても、我々は思春期から青年期にかけて自我の明確な創発を経験し、人間関係や社会における自己の役割を自覚し、自ら人生を切り開いていくことになるのである。

ところで、自我の芽生えとともに我々は自らの「死」というものを意識するようになる。ハイデガーが言うように、我々は「死へと向かう存在」ないし「死へと関わる存在」なのである。初めて死を意識したときの印象は強烈であり、「死によって失われる自己」という観念が深いペシミズムを湧出させる。しかし、その想念にも個人差があり、楽天的な人は死についてあまり思い悩まないものである。しかし、悲観的か楽天的かを問わず、死はあらゆる人に平等に襲い掛かる自然の事実である。このことをどう受け止めるかが、自我の存在意味の理解に深く関わってくる。

「唯一無二の存在としての〈私〉」とか「かけがえのない自己」という観念に囚われると、自己の死は身を引き裂くような恐怖となる。こうした観念に囚われる人は反自然主義的な観念論者が多いが、同時に主我と客我のバランスが崩れる傾向にある。つまり、自己を客観化して冷静に受け止める姿勢が希薄で、意識的主観性に支配された主我の独り相撲に陥りやすいのである。主我とは意識の主観的発動点であり、極端に主観化された自我である。それに対して、客我は他者によって媒介され客観的に受け止められた自我の側面であり、社会と自然の公共性に根を張っている。(3) 普通、「自我」というと主観的発動点としての「主我」のことを連想しがちだが、生命の根源的働きにどっしりと根を下ろしているのは実は「客我」の方である。つまり客我の方が、これまで何度も述べてきた「生命の大いなる連鎖」に直結した大いなる自我と密着し、それへと至る指標となるものなのである。

反自然主義的観念論の視点から主我の存在を過大評価すると、個人は死によって終わるものと捉えられ、自我は個人の内面的意識に幽閉され、個人の死によってバトンパスされる「生命の大いなる連鎖」というものに対して全く目が開かれない。個人の死は生命の大いなる連鎖によって贖《あがな》われ、「私」の存在は次なる「私」によって引き継がれ、大いなる自我の生命は途絶えることはないのだが、反自然主義的な主我の信者は「かけがえのない自己」の死を極度に恐れ、「唯一無比の〈私〉」に関する空虚な思弁的形而上学の自慰にふけるのである。そして、これが宗教的信念に転換すると、周知の霊魂不滅説へと誘うことになる。

死後の世界における霊魂の存続という観念は、生命の大いなる連鎖の一員としての自然的自我からの逸脱であり、実はエゴイズムを反映したものにすぎない。つまり、本来他者に媒介され社会と自然へと延び広がっている「自我」が、意識的主観性の檻に幽閉されてしまって、真空の内面空間の中で窒息し、死後の世界という幻想へと逃走して息継ぎしようとしているだけなのである。反自然主義の観念論者は、心が脳の機能であるという説を極端に嫌い、意識と自我の存在を脳ないし物質一般から切り離して理解しようとする。これは霊魂を物質としての身体とは別次元の存在と捉える古来の思想と連携するものだが、自我論の舞台で言うと、自我の身体性ないし身体―自我というものに対して全く盲目となっているということになる。自我は時間と空間を超えた非物質的ないし脱身体的存在ではなく、生成的時間と身体的空間によって構成される生態的な生命現象なのである。そして、それは死によって途絶えるような私有物ではなく、次世代に相続される文化的遺産である。ちなみに、文化的遺産というものが不死の霊魂という観念と全く無縁な自然的概念であることは誰もが知っている。

我々は社会の一員ないし自然の生態系の一契機として、各自の自我を公共の利益に供さなければならない。しかし、これは滅私奉公とは違う。他人に対して「世の中のために自分を捨てよ」とのたまう人がいるが、それはとんでもないヒットラー的発言である。実は彼の眼目は「世の中のため」ではなく「自分の派閥のため」ないし「自分に服従させるため」である。良心的な人は、他人に対して「自分を捨てよ」などとはけっして言わない。むしろ他人の「自分を大切にする姿勢」をひたすら尊重した上で、公共の利益に供することへの主体的決意を促すのである。しかし、それもけっして強要ではなく、主体的自覚への垂範的顧慮[4]という意味合いが濃い。これこそ「他人に対する真の思いやり」である。

意識（consciousness）という概念は良心（conscience）という概念と密接に関係している。自我の意識は良心と密着したものであり、自己への配慮は他人に対する思いやりと表裏一体の関係にある。「汝自身を知れ」とか「自己の存在に配慮せよ」という人間的使命は、他者と共に在る世界内存在としての「私」、つまり生態的自我の自覚と自己配慮が、他者に対する思いやりや社会福祉への意志と相即していることを含蓄している。

自我は他者や社会と共進化する生態的生命体である。それは自らの死を自然的に超えて生命の大いなる連鎖に寄与する。我々は、世界記録で悠然とゴールしたマラソンの優勝者に大歓声を上げるが、ふらふらになりながらも最後まで諦めずに完走し最下位でゴールした選手にはそれ以上の拍手と歓声を惜しまない。ウィトゲンシュタインは「哲学で最も偉大なのは最後にゴールに入る者だ[5]」と言ったが、これはすべての人に当てはまる。貧しい人や虐げられた人や難病に苦しむ人や障碍者は社会の厄介者ではなく、生命の大いなる連鎖の偉大な一員なのである。あらゆる個人における自我の創発は、他人に対する深い思いやりと自己への奥深い配慮に裏打ちされつつ、新奇への創造的前進を個人と共同体の両側面において遂行し、小さな自我の殻を破って大いなる我への果てなき道を歩み始めることに他ならないのである。

注

（1） Vgl. Hegel, *Phänomenologie des Geistes*, G. W. F. Hegel・Werke 3, Suhrkamp, Frankfurt am Main, 1970（樫山欽四郎訳

『精神現象学』（上）平凡社、一九九九年）

（2） Vgl. W. Blankenburg, Körper und Leib in der Psychiatrie, *Schweizer Archiv für Neurologie, Neurochirurgie und Psychiatrie* Bd. 131, 1982, S. 13-39, Phänomenologie der Leiblichkeit als Grundlage für ein Verständnis der Leiberfahrung psychisch Kranker, *Daseinsanalyse* 6, 1939, S. 161-193、拙著『時間・空間・身体――ハイデガーから現存在分析へ――』醍醐書房、一九九九年

（3） 主我と客我の関係については以下を参照。W. James, *Psychology: The Briefer Course*, Dover Publications, New York, 2001（今田寛訳『心理学』（上・下）岩波文庫、二〇〇一年）、G. H. Mead, *Mind, Self and Society: from Standpoint of a Social Behaviorist*, The University of Chicago Press, 1967（河村望訳『精神・自我・社会』人間の科学社、二〇〇一年）、梶田叡一編『自己意識心理学への招待』有斐閣、一九九九年。ちなみに、梶田編の本は自己意識と自我の問題の概略を知るための絶好の入門書である。

（4） 「垂範的顧慮」はハイデガーが『存在と時間』において使った概念であるが、「尽力的顧慮」と対になっている。「尽力的顧慮」は他者に代わって心配を引き受ける介助であるが、「垂範的顧慮」は他者の心配を取り除くのではなく、自己配慮を自己配慮として他者に返し与え、彼の実存的な存在可能性へと率先垂範する援助である。メダルト・ボスは精神療法の場において垂範的顧慮を治療の指針となるものとして推奨している。彼の『精神分析と現存在分析論』笠原嘉・三好郁男訳、みすず書房、一九六七年を参照。

（5） L・ウィトゲンシュタイン『反哲学的断章――文化と価値――』丘沢静也訳、青土社、一九九九年

第Ⅳ部　時間と空間

第16章　生命と時間

はじめに

我々人間は自然環境と社会環境に取り囲まれ、その中で意識を働かせつつ生きている。また、我々は誕生から死に至る時間的存在である。意識と自我がライフプロセスの中で創発することについては既に何度も触れた。次に考察すべきなのは、意識の創発の基盤となる生命の時空構造である。ただし、時空の統一的構造については後で詳論することにして、とりあえず個別的考察をしておくことにしよう。

最初に取り上げるのは生命と時間の関係である。この関係についての考察はこれまで多方面においてなされてきた。生物学と心理学と哲学における先人の研究は膨大な数に上る。それらの幾つかは本論考に取り入れられているが、筆者の関心は意識の自然的創発における生命と時間の関係ということに収斂する。

時間はもともと空間と共に経験の根本形式であり、それが意識の発生と構成に反映する。本章ではこのうち時間に焦点を当てることにするが、その際の論考の要となるのがライフプロセスと時間の関係である。

我々は自らの意志によらずこの世に生を受け、自らの願望に反して死を迎える。この誕生と死の間でいつとはなしに自我に目覚め、意識の創発を経験し、自己の存在の意味に思いをめぐらしつつ、その究極的意味が分からないままに、いつの間にか老いぼれてしまい、死を迎える。そもそも我々は何のために生きているのだろうか。「存在の意味は時間にある」とハイデガーは主張したが、それは「生命の意味」にも適用できるであろうか。意識は「自らの存在の意味への関心」を伴っている。もっと平たく言うと、自らのライフ（生命、生活、人生）の意味への関心を伴っている。

これらのことを顧慮して、意識哲学の観点から生命と時間の関係について考察してみよう。

1　生物時計と意識の時間性

我々の時間感覚は自然のリズムと同調している。また、それは生命感情とも相即している。これらは、我々の内部に生物時計が内蔵されていることに由来する精神生物学的現象である。

時間現象は大きく分けると、物理的時間と生物的時間と心理的時間の三つになる。このうち物理的時間は生命体の外部にあり、客観的に測定可能な等質性をもっている。それに対して、生物的時間は生命体の内部のサイクルを形成するもので、生物種や生命個体によって異なった相を呈する。さらに、心理的時間は自覚的意識をもった我々人間に特有な主観的現象である。このように三つの時間現象はそれぞれ異なった性質をもっているが、同時に相互に関係し合っている。このうち物理的時間については後で論じることにして、ここでは生物的時間と心理的時間の関係、つまり生物時計と意識の時間性の関係を論じることにする。

生物時計は生体時計とか体内時計とも呼ばれるが、基本的に動植物の約一日の生命活動のリズムを調律しているものである。つまり、それは生物の概日（サーカディアン）リズムの発動元である。そして、人間の場合その座は脳内の松果体にある。

松果体は光の受容と関係しつつ生命体の睡眠と覚醒のリズムを調整し、それによって体内の生理活動の循環を潤している。こうした生命リズムの調整は概日（約一日のことで、二四〜二五時間）の範囲で更新されるが、意識をもった生物には生命感情として表れる。そして、心理的時間の感覚に強い影響を及ぼす[1]。

生命感情とは体調として感じられる自己生命の意識的感覚であり、高等霊長類としての我々人間においては心理的時間感覚にも反映し、ひいては意識の時間性というものとも関係してくる。そして、ここにおいて生物時計と意識の時間性の関係が明確に成り立つのである。

哲学における心理的ないし主観的意識の研究は、自然現象に根を張った生物時計ないし生命リズムとの関係をこれまで十分顧慮してこなかった。むしろ、主観的な時間意識と外部世界の客観的な物理的時間との対置にばかり配慮する傾向が強かったと言える。この主観―客観対置図式に災いされた二元論的時間理解を打ち破るためには、意識の時間性と自然的生命時間の相互反映的循環関係に着目しなければならない。主観と客観、心理と物理、精神と物質といった因襲的な対置図式に囚われている限り、生命と時間の関係の基礎にある生物時計と意識の時間性の関係には目を開けないのである。

意識の時間性は、単なる内的意識の主観的現象ではない。それは我々人間の生物としての生命活動に根を張った「経験の時間性」として、生物時計や生理的システムの循環性とも深く関係しているのである。さらに、それは生体内部を超えて、周りの自然環境や社会環境とも連携する生態的性質をもっている。これは、ハイデガーに倣って言えば「世界内存在の時間性」ということになり、フッサールの主張する内的時間意識の現象学とは一線を画するものである。

もともと意識は生命の経験に根を張った自然現象であり、単なる主観性を超えて生態的環境へと延び広がっている。それゆえ、人間各自が生きる主体の時間性は内的意識の主観性の枠を超えて、身体と環境へと脱自的に伸張し、両者の間にはフィードバック・フィードフォワードの関係がある。それゆえ意識の時間性の本態は、内的意識に幽閉されたものではなく、自己と環境の界面で生起するものと言える。意識にはまた前述の三階層があり、最下層の生物的意識（覚醒）は生物時計と直結している。このことも我々は顧慮しなければならない。

我々は生きていくことの中で時間を経験し、それを意識化するわけだが、実は生きていくこと自体が生物時計ないし生命時間によって根本から形成されているのである。意識の働き自体も主観的に自覚される相から機能的に自動的な面、さらには無意識の生命活動にまで延び広がっている。その行き着く先は意識と自然の相即関係ということになる。このことをはっきり理解するためにも、生物時計と意識の時間性の密接な関係を銘記しておかなければならないのである。

2　死の意識と実存的時間

まえがきでも述べたように我々は誕生と死の間を生きる時間的存在である。そして、自我の目覚めと自己意識の熟成は「死」という障壁を生命個体に突き付けてくる。そもそも「私は他ならぬこの私である」という自覚なしには死の意識や死に対する恐怖は生じないであろう。もちろん、あらゆる生物、とりわけ脊椎動物は死に対する本能的回避傾向を有している。なぜなら、生物は子孫を残し種を存続させるために自らの生命を維持しなければならないからである。こうした死に対する回避傾向は、単なる「刺激―反応図式に則る無意識的行動」から「感覚の原初的形態の発現としての野性的な恐怖の感情」を経て人間に特有な「死に対する恐怖や不安」、つまり「自己の生命維持を念頭に置いた死の意識」までの多彩な相を呈する。

死の意識には個人差があるが、基本的にあらゆる人間に属す基本的な生命感情の一部である。楽天的な人は自己の死や有限性をあまり心配せず意識しない。それに対して、神経質で悲観的な人は自己の死に対して極めて敏感である。「どうせいつかは死ぬわけだし、それについて先回りして悩んでもしょうがない。今現在を前向きに生きて人生を楽しもうじゃないか」というのが、楽天的な人の意識である。他方、悲観的な人は次のような感慨に浸りやすい。「死はいかなる瞬間にも可能であり、常にそれに備えていなければならない。人間の命というものは儚《はかな》いものであり、死の事実をけっして忘れてはならない」。

哲学者の類型を挙げると楽天派はエピクロスやサルトルであり、悲観派はパスカルやハイデガーである。しかし、死に対する態度はこの二類型だけでは捉えきれない。楽天的か悲観的かというのは表層にすぎず、深層にある「死の意識」はもっと普遍的なものである。悲観主義はそれの顕在化したものであり、楽天主義はそれの潜在態にすぎない。深層的な死の意識は人間存在の根本構制に属すものであり、人間存在の根源的時間性と相即している。

要点は、「死の意識」というものを安易に「死への恐怖」や「死の不安」と同一視せずに、自己存在の時間的構制の表れとして理解することである。つまり、死の意識は楽天主義と悲観主義の対立の彼岸にある根源的生命感情の表出であり、人間存在の根本的時間構制の一契機なのである。ハイデガーはこのことを『存在と時間』における現存在分析論で見事に示してくれた。(2) 彼は生命感情や生命概念をもち出さなかったが、筆者はそれを積極的に援用したい。

前節で述べた意識の時間性は、自己の死という問題に突き当たると、実存的時間として先鋭化する。「実存的（existential）」とは「自己に関わりつつ、他者と世界に向かって自己を超越する」という意味である。このうち「自己に関わる」という契機がとりあえず重要である。「死の意識」とは、いつやってくるか分からない未来の出来事としての「絶命の事実」（脳死や心臓死などの生物的死）への漠然とした恐怖や不安ではなく、自己や自己の分身としての他者（仲間）が「死すべき有限な者であることを自覚しつつ死を生の事実として受け容れる」ということを意味する。つまり、生き生きとした現在の健康な状態において死というものを「生の事実」として承認することをそれは意味するのである。それゆえ、未来の不慮の死が問題なわけではなく、過去および未来と有機的につながった現在の生活における隣人愛と社会福祉が懸案となってくるような類のものなのである。

ハイデガーは死への先駆的決意ということを強調した。他方、ニーチェは永劫回帰の思想を吹聴した。軽薄な俗物哲学者（彼は現象学専攻で学問至上主義者であった）で前者を嫌い、後者をひたすら好んでいる人がいた。要するに快楽主義者の彼にとって前者は暗く、後者は（幼稚だけど）明るい、ということなのである。このような快楽原則に沿っていては事の真相はけっして見えてこない。肝要なのは、これまで本書で何度も繰り返してきた「生命の大いなる連鎖」へとかけがえのない自己を融解することである。そのとき、死の意識は隣人愛と社会福祉の実践へと昇華され、小さな自己の殻が破られて大いなる我への視野が開けてくるのである。ハイデガーの言う死への先駆的決意（将来の先取り）は、これまでの自己存在の取戻しと現在の状況への生き生きとした参入と連動する。それに対してニーチェの永劫回帰説は、これまでの自己存在への自己愛的で利己主義的な執着であり、霊魂不滅説の亜型の相を呈しつつ、自己存在が無限の円環的時間をめぐる、と主張しているにすぎないのである。

無限に続く現在の時間と永遠に回帰する自己の生とはなんと幼稚で軽薄な思想であろうか。そこには隣人愛も社会福祉も何もない。ただただすさまじい自己肯定と楽天的な快楽主義があるのみである。これでは自己を超越した「大いなる生命」へと至る根源的時間性への視野はけっして開けてこない。また、生物学的事実に対しても全く盲目である。我々は、このような傾向を避けるべき悪例の見本としつつ、生命と時間の関係を捉えなければならない。

3　生命と時間

生命と時間の関係を捉える際に肝要なのは、生物学的事実を受け容れつつ自己存在の意味を意識の時間性と関係づけて理解することである。

生物学的事実とは、人間が他のあらゆる生物と同様に遺伝子ＤＮＡの形質発現によって構成された生理的システムをもち、誕生と成長と老化のプロセスを経て必ず死に至る、ということである。つまり、人間は誕生から死へ向かう直線的時間をもち、それは明確な始まりと終焉を有するのである。これを無視した霊魂不滅説や永劫回帰説は全く顧慮に値しない。また、人間特有の精神現象は基本的に脳の神経システムの活動に由来するものであり、物質的世界や物理的プロセスとは全く次元を異にする精神世界（霊界）に属するものではない。それゆえ、精神と物質（意識と脳）を全く別の存在領域に属すと考える実体二元論の主張は無視すべきである。とにかく人間は、臨床医学の教える通り脳と心臓の活動が止まれば確実に死ぬのであり、死後の世界や霊魂の不滅という俗説に惑わされてはならない。

我々は、こうした生物学的事実を謙虚に受け容れつつ、自己の存在の意味を了解しなければならない。ただし「了解」は単なる「理解」と区別される。つまり、「理解」が思考による傍観者的静観という性質をもつのに対して、「了解」は行為しつつ、あるいは生活しつつ物事の意味を覚知することを意味する。我々は自らの身体を生きつつ自己の存在の意味を了解するのである。

ところで、存在の意味とは生命の意味でもある。存在と生命は深い次元でつながっているのである。これは自己の存在だけではなく、自然の存在に関しても言えることである。そして、存在は無時間的永遠の相から理解されるべきものではなく、生成的時間の相から了解されるべき生命的自然の本質である。存在と生成を区別し、自然を機械論的に理解する観点からは、生命と時間の統合から成る生成的存在としての「自己の存在」の意味は了解できないのみならず、理解もできない。

それでは、意識は自己存在の了解にどう関わってくるのだろうか。意識と理解の関係は比較的分かりやすいが、無意識の本能的な生物的行動にまで拡張した、生命的行為も含む「了解」と意識の関係については熟考が必要となる。意識には三階層があり、無自覚的な生物的行動と直結した相にまで及ぶことは繰り返し指摘してきたが、「自己存在の意味」と「意識」の関係を精確に捉えるためには、リカーシヴな自己意識にのみ定位していてはだめで、生物的行動や生活的行為と直結した生命的意識の自己組織性というものに着目しなければならない。生命的意識は身体―自我と密接に関係するものであり、二元論者が想定するような非物質的で脱身体的精神性とは無縁の自然的有機性をもっている。また、生命的意識の自己組織性は生成的時間のよって深く彩られている。生物時計や生体リズムはその一契機であり、その上に死の意識と連携する実存的時間が自覚態において存在する。

意識を意味するドイツ語の Bewußtsein が「自覚態―存在」を意味することは既に指摘した。問題は、この自覚態―存在としての意識が生命の自己組織性および生成的時間とどう関係するかである。自己の存在の意味を覚知する働きとしての意識は、生命の自己組織化活動が自己言及したものと理解できる。そして、その自己言及は過去と現在と未来が有機的に統合する時間的相においてなされる。ハイデガーの言葉で言えば、既在と現成と到来の脱自的統一であり、根源的時間性の時熟ということになる。しかも、この時熟は死への先駆的決意によって引き起こされるものなので、生命の意識と関係づけて理解しやすい利便性をもっている。なお、我々は上述の了解と理解の間を揺れ動く認知的に両義的な存在であることを忘れてはならない。

ところで、自己組織性と自己言及と自覚態―存在（意識）はどのような関係にあるのだろうか。この三者の関係から生命と時間の関係を理解することが最後の課題である。

人間における生命（life）の自己組織性は基本的にⓐ「生命体の生理的システムの自己組織性」とⓑ「社会的経験の自己組織性」によって構成されるが、これにⓒ「脳神経システムと環境の相互作用による情報の自己組織性」が加わって、生命と意識の統合的自己組織化活動が立ち上がる。ⓐⓑⓒ三つの自己組織性はすべて生成的でプロセス的な性格をもっている。つまり、根本的に時間的である。しかし、直線的に前方へと進む等質的な時間ではなく、環境と相互作用しつつ成長したり衰退したりする生態的生命性によって深く彩られている。こうした性格をもつ自己組織化活動が自己言及することによって自己意識とクオリアが創発するのである。自己言及とは活動中のシステムが自らの状態を参照しつつ自己組織化を遂行する、ということである。これは無意識の自動的活動のレベルから意識に現象的に反映して自覚されるレベルにまで及ぶ広範なものである。この広範囲において生命の自己組織性は生成的で生態的で成長・衰退的な時間性格をもつのである。

それでは、自己言及と自覚態―存在としての意識はどのように関係するのだろうか。システムが自ら活動的に生成しつつ自己言及するとき、雑多な感覚・知覚情報が一人称的相において手繰り寄せられ、「私が今それを経験している」という意識に集約される。しかしこの「今」は、絶対的「ここ」にある独我論的で無世界的な現在意識のことではなく、過去および未来と有機的に統合された生成的延び広がりをもつ有機的現在を意味する。また、独我論的な絶対的「ここ」の空虚なゼロ点に安住しているものではなく、環境と他者へと脱自的に伸張した生態性を帯びている。これこそ、生体内の生理的システムや頭蓋骨に幽閉された脳神経システムの活動という視点とは異なる「社会的経験の自己組織性」であり「環境と相互作用する脳神経システムの情報的自己組織性」である。これが前述の「意識の世界内存在」と関係することは言うまでもない。

ところで、生命的時間と自己意識の関係を考える際には記憶の問題も無視できない。先述のように、脳科学者のジンガーは「自意識獲得過程の記憶喪失」ということを主張した。我々各人は、それぞれ特有の主観的パースペクティヴを帯びた自己意識をもっている。それは現象的には唯一無二のものに思われ、物理学的法則性や生物学的等質性や社会的公共性から切り離されたもののように各自の主観に映る。しかし、そうした独我論的で二元論的な観念は、幼児期な既になされていた身体レベルでの自意識獲得過程の忘却に由来するのである。これは、個人レベルでの存在忘却、すなわち根源的自然（ピュシス）の忘却である。このピュシスの忘却が、主観性の似非形而上学を構築せしめ、自然の恩恵から目をそらさせ、ひいては生命の大いなる連鎖から逸脱させ、近代的自我のせせこましい主観性へと引き込むのである[3]。

人間における生命と時間の関係を根源的自然に照らして理解すれば、その関係は生命の大いなる連鎖に根差したものとして了解され、生活の場で生かされるはずである。人生行路における各人の悩みは尽きないものであるが、個人の死は別の個人の生によって贖《あがな》われ、小さな自我は生命の大河に合流することによって永遠性を獲得するのである。時間と永遠の関係は、個人の魂の死後の存続という観点からではなく、個でありつつ個を脱しようとする「大いなる生命の連鎖への脱目の衝動」から行為的に了解されるべきものなのである[4]。我々の遺伝子に刻まれた生命情報とそれに根差した人類共通の集合的無意識は、身体に有機統合され環境と相互作用する生命的情報システムとしての「脳」の根源的記憶能力によって呼びさまされ、生命と時間の深い関係を我々の意識に示唆するのである。

注

（1）鈴木二郎「心身のリズム」（『岩波講座　精神の科学4——精神と身体——』岩波書店、一九八四年）、吉永五郎『脳と精神疾患』創造出版、一九九一年、R・ポラック『脳の時計、ゲノムの時計』中村桂子・中村友子訳、早川書房、二〇〇〇年などを参照。

（2）Vgl. M. Heidegger, *Sein und Zeit*, M. Niemeyer, Tübingen, 1979

（3）この点に関しては、日下部吉信『ギリシア哲学と主観性』法政大学出版局、二〇〇五年を参照。

（4）この点に関しては、波多野精一『時と永遠』岩波書店、一九八三年から着想を得た。特に、悪無限としての無終の時間を悪しき永遠性理解の典型とみなし、それを克服することこそ真の永遠性に至る道だと主張する姿勢は示唆的である。

第17章　身体と空間

はじめに

我々は死へと向かう時間的存在であると同時に環境の中で身体を生きる空間的存在である。周知のように人間の身体は約六〇兆個の細胞によって構成される有機物質であり、その構造と機能と組成について教えてくれるのは解剖学と生理学と分子生物学である。しかし、身体にはそれには尽きない生態的側面がある。つまり、環境の中で意識を働かせつつ身体活動を行うライフ的側面をそれはもっているのである。これについて説明してくれるのは心理学と行動科学と身体の現象学である。

身体には静観的―客観的に外部から観察される物質組織としての性質があると同時に動態的―主体的（主観的）に内側から感じられ自覚される実存的性格がある。「実存的」とは、自己に関わりつつ他者と世界に向けて自己を超越する意識の在り方を指している。しかし、この場合の「意識」は、身体ないし物質から二元論的に切り離された精神的存在ではなく、身体を生きる世界内存在という生態的なものであり、有機物質性と相即している。前述のように現象学は心的現象（あるいは現象一般）の質料因への視点が希薄である。それに対して、有機体の哲学や創発主義の哲学は自然を生きたものとみなし、「活性ある物質[1]」という概念を提唱する。我々は、現象学から示唆を受けつつも、それを超えて身体意識の質料因へと視野を広げ、身体と空間の関係を「意識の世界内存在の生態的哲学」の観点から解明しなければならない。これによって内なる自然と外なる自然の相即的融合性が理解され、意識の創発における身体空間の役割が把握されるのである。

1　現象学における身体と空間

現象学は基本的に世界へと関わる人間的意識の主観性を分析することに定位している。これは、主観―客観対置図式に則って認識の普遍妥当性と経験の可能性の条件を探求したカントの超越論哲学（transzendentale Philosophie）の方法を発展させたものである。しかし、現象学の創始者フッサールは、カントのように物自体の存在を認めず、すべてのものを意識に現れる現象に還元し、その意味を把握することを目指した。フッサールは世界を経験する普遍的な超越論的主観性を基盤に据えて、その意識生のノエシス―ノエマ（思念作用―思念対象）構造を解明することによって普遍的で根源的な学問（真知：エピステーメー）を基礎づけようとしたのである。彼にとって「超越論的」とは内面的主観性が外部世界の対象へと「超越」する様式の解明を意味した[2]。そして、こうした姿勢と方法に沿って身体と空間の関係が捉えられる。しかし、こうした方法によって捉えられる身体現象はしょせん身体意識ないし身体感覚であり、身体のもつ有機物質性は全く度外視されている。これは、超越論的主観性を重視しすぎたゆえに生じたものであり、主観主義の陥穽を象徴している。フッサールは意識の質料因としての脳の神経活動に全く興味を示さなかったが、同時代人のジェームズは意識と脳の神経活動を不可分のものとみなした。フッサールの方法では、空間も超越論的意識に吸収され、その自然的実在性は顧みられないことになる。彼の立場は「肥大した主観主義」として一括できる。

ハイデッガーは師フッサールの過度の主観主義を批判して経験の主体を「世界内存在」として捉え直した。「世界内存在」は、主観と客観、内部と外部の二元分割を乗り越えるために考案された概念装置である。彼は、世界を経験するのは内的意識の超越論的主観性ではなく、世界と一体となって生きる実存（事実的生 faktisches Leben）の行為的了解活動だと考えたのである。(3) しかし、彼は身体と空間の関係について当初（『存在と時間』の時期）深く考察することはなかった。(4)

フッサールの基本姿勢を受け継ぎ、かつハイデッガーの世界内存在の概念も顧慮しつつ身体と空間の関係を大々的に考察したのはメルロ＝ポンティである。彼にとって「意識」は内面的なものではなく身体的なものであり、最初から世界へと延び広がったものとして理解される。こうした意識の活動に世界へと臨む事実的実存の身体―空間が相即するのである。彼は、神経学や精神医学や精神分析の臨床的病理現象に言及しつつ、意識と身体―空間の関係を「知覚の現象学」という舞台で緻密に分析している。そして、この舞台のあらゆる場面で心身二元論を批判している。(5) この姿勢は主観主義と還元的唯物論双方を否定するものであり、現象学の自然化として評価できる。しかし、すべてを現象に還元するというフッサールの根本態度は継承されており、それが災いとなって意識の質料因への視野はやはり狭窄している。これは人間中心主義の足枷を象徴しており、人間と自然の真の相即性に到達できないでいることを表している。心身合一という観点から人間の身体経験と身体―空間の諸現象を解明する姿勢は大変参考になるが、経験の自然的物理性への視点が薄弱であり、二元論の最後の残滓が濾《こ》せないでいる。生きられる身体もやはり細胞と遺伝子と脳を離れてあるものではないし、生理的質料性自体が生きた自然の現象であることを見据えつつ身体と空間の関係を捉えなければならないのである。

2　創発主義的自然有機体説から見た身体と空間

意識が感覚に淵源していること、そして意識には無意識へと連なる低層があることはこれまで何度も言及した。現象学における「生きられる身体」という概念が自覚的意識に現れる身体運動の感覚だとしたら、それは大脳の高次機能の反映ということになり、脳幹と脊髄を介して身体全体とつながった神経系の働きを十分顧慮していないものとみなされる。もちろん、メルロ＝ポンティは神経学的病理現象に言及しつつ「世界内属的な生きられる身体」について論じているが、基幹となっているのはやはり自覚的な自己意識である。ただ、その自己意識が内面に幽閉されずに周囲世界へと延び広がった実存的現象だと言っているだけなのである。これでは真に自然と一体となった身体的意識と身体の生理的システムの生命性との相即性の理解に到達することはできない。また、身体の生理的システムの生命性という「内的自然」と自然的環境世界の有機的生成性という「外的自然」の相即的融合性も把握できない。

「意識は内面的なものではなく、世界内属的な身体的現象である」と主張するだけでは足りない。身体の表皮（外延）と環境世界は連続しており、身体は世界内属的であるどころか、自然と境界なく連続していることを理解しなければならない。そして意識は、自然と一体となった身体の生命活動の中枢的集約化として捉え返されなければならない。ちなみに、この中枢的集約化は首から下の身体の様々な情報伝達的生理活動（内分泌系、自律神経系、免疫系、神経ペプチド系など）が脳幹から大脳の統覚的情報処理へとフィードバックしたことを指す。もちろん、ここには環境世界から感覚器官を介して大脳へと到達する諸々の感覚素材や知覚情報も関与するし、記憶に蓄積された情報も修飾因子として加わる。これらすべてが人間有機体の生命活動の指揮に従いつつ自己組織化的に統合されて、「身体を生きている〈私〉」という自我感覚ないし自己意識が創発するのである。

私が身体を動かし生活するということは、物質系から独立した精神実体としての「私」が意志を発動させて身体の物理的運動を引き起こすということではなく、情報（形相）によって形成された有機物質的生命体としての自己組織化的身体が、生きた自然の情報の網の目の有意義な意味連関（つまり有機的空間）へと生命維持的にはまり込む、ということなのである。これは、単細胞生物が水の温度や塩分に反応するといった低次の行動様式から鳥類や哺乳類が餌を探して自然空間を駆けめぐる捕食行動を経て我々人間へと受け継がれてきた自然的生活機能である。こうした生活機能ないし生命維持活動の進化はそのまま意識の三階層に反映している。つまり、基本的な生物的意識としての覚醒は生命活動の原始的相を、行動─知覚的意識としての気づき《アウェアネス》は脊椎動物の生命活動をそれぞれ反映し、リカーシヴな自己意識はそうした活動の知的集約化、つまり記憶と目的設定に裏打ちされた生活行動ないし生命維持活動の知能による整合化を表している。

ところで、これまで何度も指摘したように「創発」とは「新奇への創造的前進」を意味する。「創発」のもとの意味は、先件事象から予見できない新たな事象が突発すること、ならびに要素の線型的加算からは全体の性質は導き出せない、ということであるが、その先鋭的意味はやはり「新奇への創造的前進」なのである。この先鋭的意味から有機的自然界における人間の身体と空間の関係はどう捉えられるであろうか。

我々は社会的空間の中で目的をもって行動する。換言すれば、対人的コミュニケーション空間の中で自己の生の意味を問いつつ新奇への創造的前進を繰り返すのである。もちろん挫折もあり、それはストレッサーとなって心身に悪影響を及ぼす。しかし、それにめげず新たな目的意識をもって新奇への創造的前進に向かって立ち上がるのである。これは個人のレベルだけではなく集団のレベルでも言えることである。また、ある個人が挫折して再起できなくなっても、別の個人が集団レベルでの新奇への創造的前進の実現を請け負うのである。これはデューイが主張する『伝達における生命の更新』に当たる(6)。

地球と生命が共進化してきたことは既に指摘した。生命の担い手としての「意識をもった身体」もまた社会的共同生活空間の中で生命の意味と目的を共有しつつ進化する。つまり、社会内存在としての個々の意識的身体が意味空間を共有しつつ新奇へと創造的に前進するのである。これは個人と社会の共進化であり、この共進化の基盤を担うものとして間主観的次元における身体と空間の有機的統合があるのである。

間主観性とは相互主観性とも言い換えられるものだが、基本的に「個人の意識が内面に幽閉されずに他者の意識と意味空間を共有している」ことを意味する。つまり、個人の意識は社会的意味空間へと脱自しているのであり、この脱自を可能ならしめるのが世界と連続した有機的身体なのである。自然と連続した心的身体と言ってもよい。個々人の心的身体は個々の絶対的「ここ」に幽閉されることはなく、社会的意味空間という公共の場へと初めから浸透しており、事後的な自覚的反省において自己固有の位置としての「ここ」を認知するのである。これは、生きられる空間が自然の生成的性格と相即していることを表している。

自然は死せる原子の乱雑な集合体ではなく、形相的情報によってその自己組織化が促される有機的生成体である。ここに自然における空間と時間の統合的性格が現れる。生命と時間が深く関係していることは既に述べたが、ここでは自然の生成的性格、つまりその有機的時間性が社会的意味空間の集団的目的志向性と連携していることに注意を促したい。自然の中にある社会は、自然の根本的存在性格を分有しているのである。そして、これは個人における身体と空間の関係にも表れる。すなわち、社会的意味空間の中で身体を生きる個的有機体は自然という巨大な有機体の存在性格を分有しているのである。

我々は、生きていくことの中で身体的に自我を形成し、その身体—自我を働かせつつ社会的意味共有空間へと脱自的に参入していく。ここでは自我の自覚と共同空間への脱自は循環的関係にあり、どちらが先かという議論は無意味である。自然に根差した社会的意味空間は生ける巨大な台地であり、自然の生成性という根本的時間性格は生命の大河を形成している。この巨大な台地と大河の中に個々の生命体ならびにそれを包む社会的生命集団があり、それらが挫折を散逸構造として内包しつつ宇宙全体と共に新奇への創造的前進を遂行するのである。(7) そして我々の心身に漲《みなぎ》る生命感情は、不調や挫折を散逸構造として内包しつつ、宇宙全体が新奇への創造的前進を刻々と遂行しつつあることを雰囲気的空間の中で感得せしめるのである。これこそホワイトヘッドが言う経験の脈動であり、筆者が想定する生きた宇宙の鼓動なのである。

3　意識の創発と身体―空間

我々は日常生活の中で身体を動かしつつ諸々の事柄を理解し、様々な目的を実現する。この目的志向的身体活動は周囲の空間に働きかけ、それに新たな意味を付与し、生活を有意義なものにしていく。こうした活動は一般に社会的行動と呼ばれる。ミードは「社会的行動が内面的意識の発生に先行する」と主張したが、筆者はそれを「社会的意味共有空間のネットワークに相即した身体活動が意識の創発を可能ならしめる」と捉え直したい。「社会的意味空間」は「社会の情報構造」と言い換えられるものであり、そのネットワーク（意味指示連関の回路網）は人間の脳の神経回路網の情報処理的システム編成と相即性をもっている。このことは既に「意識と脳の世界内存在」について説明したとき論じた。

社会的意味空間の情報的ネットワークは、人間の脳の神経回路網に身体運動を介して働きかけ、内的意識を形成していく。しかし、この内的意識は世界と隔絶した純粋の内面性という性格をもつものではなく、常に環境世界に浸透しつつある脱自性を保持している。つまり、それは外的自然の一時貯留場であり、外的自然の内面的分有体としての内的自然現象なのである。つまり、内的意識の骨格は社会的かつ自然的な環境世界の情報構造が身体活動を介して脳の神経システムに流入しつつ建設されたものなのである。ここで内的意識⇅身体活動⇅環境世界という図式が成り立つが、これが意識と環境世界の身体―空間的フィードバック・フィードフォワード関係を指すことは、これまでの叙述から比較的容易に理解できると思う。

要するに、身体―空間は「世界の情報構造」と「脳の情報処理機構」の相即的統合を実現せしめる接合契機なのである。生物の身体が地球の自然環境と共進化してきたこと、ならびに生命から意識が創発し、それが最終的に人間における繊細な自己意識にまで進化したことはこれまで何度も述べた。生物の身体は環境と不可分であり、生活空間的ないし生態空間的には両者は融合しているのである。「身体―空間」という語はこれを簡略化して表現したものである。世界内存在としての意識がこうした身体―空間から創発することは言うまでもなかろう。

意識が脳の神経活動から創発する過程に関する研究は数十年前から着々と進められてきたが、その過程に身体―空間が媒介契機として関与することの重要性も徐々に認識されている。このことに生命の根源的意味を加味し、かつ自然の生成的性格を顧慮した時間概念を組み込んでシステム論的に意識の創発の時空的機構を解明することが筆者の課題である。しかし、それは筆者独自のものではなく、先駆的研究はいくつもある。そこで、次章ではそれらを念頭に置き、かつ本書の体系的論述の趣旨に沿う形で時空と意識の創発について論じることにしよう。

注

（1）この概念については、I・プリゴジン／I・スタンジェール『混沌からの秩序』伏見康治他訳、みすず書房、一九九三年を参照。

（2）E・フッサール『イデーン』I-1、I-2、渡辺二郎訳、みすず書房、一九八五年を参照。

（3）Vgl. M. Heidegger, *Sein und Zeit*, M. Niemeyer, Tübingen, 1979

（4）晩年になってハイデガーは身体と空間の関係を精神科医との共同ゼミナールにおいて詳しく考察した。M. Heidegger, *Zollikoner Seminare*, V. Klostermann, Frankfurt am Main, 1987、拙著『時間・空間・身体――ハイデガーから現存在分析へ――』醍醐書房、一九九九年を参照。

（5）M・メルロ＝ポンティ『知覚の現象学』（I、II）竹内芳郎他訳、みすず書房、一九八五年を参照。

（6）J・デューイ『民主主義と教育』（上）松野安男訳、岩波文庫、二〇〇四年を参照。

（7）こうしたことに関しては、J・C・スマッツ『ホーリズムと進化』石川光男他訳、玉川大学出版部、二〇〇五年、S.Alexander, *Space, Time and Deity*, Vol. 1, 2, Macmillan, London, 1920 を参照。

第18章　意識の創発と時空

はじめに

前二章では時間と空間を個別に考察したが、本章では両者の統合体たる時空（space-time）と意識の創発の関係を論じたいと思う。

時間と空間は古来、哲学と科学において世界の根本構成要素として扱われてきた。つまり、両者は物理的自然界における諸々の現象が生じる枠組みという地位をもっているのである。ちなみに、時間は物理的現象の運動的性格と過程的性格に、空間は位置的性格や場的性格に関係するものとして理解されてきた。また、両者を統合して物理的現象の存在論的根拠を問う姿勢も古来あったが、前世期にアインシュタインがその姿勢を究極まで推し進めたことは周知のことであろう。哲学においては、既に古代ギリシャの偉大な二人の哲学者プラトンとアリストテレスが時間と空間を自然界の根本要素として大々的に考察している。そして、近代になってカントが時間と空間を自然界から人間の主観性の領域に移し、両者を感性の根本形式とみなして、経験の可能性の条件であると規定した。カントの立場は批判的観念論と呼ばれるが、アインシュタインの影響下にそれを実在論的に百八〇度転回させた哲学者が前世期イギリスに現れた。それはサミュエル・アレクサンダーである。彼は時間と空間を実在の根本質料とみなし、両者を感性の形式から実在の根本的構成契機に格上げした。ちなみに、アレクサンダーが言う「自然」や「実在」は物理的現象と心的現象を包摂するものであり、彼の立場は唯物論的実在論とは別の次元にある。また、彼は「創発」の概念を存在論の基礎に置き、宇宙全体がその完成態へと創造的に前進する目的志向性をもっている、と主張した。この目的志向性を彼は「神性（deity）への永遠の衝動」と呼んでいる[(1)]。

アレクサンダーの時空哲学はプラトンの宇宙論とカントの時空論とアインシュタインの相対性理論を批判的に継承したものだが、ベルクソンの影響下に空間に対する時間の優位性を認めてもいる。こうした姿勢を自然有機体説で締め括り、過程がそのまま実在である経験の宇宙を論じたのがホワイトヘッドである[(2)]。アリストテレスが最初に示唆した「観察主観の関与なしに時間は存在しない」という考え方[(3)]は哲学者の間で今日まで多数の支持を受けている。ここから、時間を意識主観の側に帰属させ、空間を客観的自然界の側に押し込む姿勢が心身二元論と連携しつつ生じる破目になったが、アレクサンダーとホワイトヘッドの時空哲学はそれを打ち破る力をもっていた。我々は、両人の姿勢に倣って、心身二元論克服的で時空統合的な創発の存在論を築こうという意図をもっている。しかし、そうした大々的な存在論的考察は次の機会[(4)]に譲ることにして、ここでは「意識の創発」という問題に考察を絞って、心身二元論克服的な時空理論の大枠を提示することにする。

また、意識の創発に関しては本書においてこれまで考察を繰り返してきたが、ここでは時空との関連においてそれを深めようと思う。そのためには、まず人間的時空と自然的時空の関係を論じなければならない。この二つは心理的時空と物理的時空とたしかに関係しているが、同一視されてはならない。人間的時空と自然的時空は「内なる自然」と「外なる自然」の相即的統一性の観点から理解されなければならないのである。そして、このことが自然へと還る意識の自己運動とどのように関係するか、を脱二元論的な自然有機体説の観点から解明しなければならない。しかも、その際「創発」の概念を基幹に据えた過程即実在の存在論的視点が加味されなければならない。それによって生命と身体性を重要契機とする「意識の経験の自然性」が明らかとなるであろう。

1　心理的時空と物理的時空

人間的時空と自然的時空の関係について考察する前に、まず心理的時空と物理的時空の関係について論じておこう。

我々は測定器具を使って時間と空間の客観的性質について知ることができる。つまり、それらの質的要素を省いた量的性質について計算しつつ知ることができるのである。一秒、一分、一時間、一年といった時間の単位は、それを体験する者の主観的感覚を省いた客観的性質であり、セシウム原子時計やストロンチウム光格子時計の周波数に基づいた万国共通の尺度である。また、長さ、面積、体積、形態といった空間の性質も、それを知覚する者の主観的観点を捨象した客観的特性であり、空間経験の身体的感覚質は度外視されている。

こうした時空の客観的性質を物体の運動とそれが起こる場に着目しつつ数学的に解析して得られるのが物理的時空概念である。物理学は長く時間と空間を個別に研究する傾向にあったが、アインシュタイン以降急速に時間と空間の融合性が着目されるようになった。その際、空間の構成する三次元的世界に時間が統合されて、物理的自然界を四次元的世界として理解する姿勢が勃興してきた。なお、絶対時間と絶対空間の存在を主張したニュートンと時空の相対的性質を説いたアインシュタインでは「物理的時空」そのものの理解に懸隔があり、それを一概に「客観的なもの」と言うことはできなくなっている。むしろ、前世期に吹き荒れた哲学における主観―客観対置図式の破壊の傾向と並行するのがアインシュタインや量子物理学者の時空概念なのである(5)。つまり前世期以降、物理学における時空概念自体が、従来の客観性という呪縛から解放されて、観測者の体験と外的世界の統合性から再構成され始めたのである。しかし、そうした新しい物理的時空の概念もやはり体験者の主観的感覚を中心に据えるものではなく、あくまで観測や計算という広い意味での客観的視点に定位したものであることに変わりはなかった。

それに対して、心理学における時空の研究は体験者の主観的感覚を重視し、物理的量の計算は二の次とした。時計上は同じ一時間でも退屈なそれと目くるめく展開に満ちたそれは長さの感覚が全く違ってくる。また、同じ温度と面積と形態の部屋も壁の色彩や装飾や構成によって、その居住性や空間の体験感覚が全く違ってくる。そして、我々の日常生活は心理的時空の観念や感覚質によってその様式が左右される。さらに、それによって変容を被った行動パターンが物理的時間や空間に働きかけて、それを実際に変革していくのである。それは、戸建て住宅の設計、学校における時間割の編成、都市計画、国際経済の長期的予測といった様々な局面で実際に観察される現象である。

なお、心理的時間概念を、心理学的測定を超えて強く体験者の主観的感覚に向けて掘り下げると、いわゆる現象学的時空概念に突き当たる。現象学にも様々な流派があるが、最も極端なものは心理的時空のみならず物理的時空も超越論的主観性の構成物として把握し、時空をいわば主観的意識の表象物に貶《おとし》めてしまう。こうした傾向は近代哲学における人間的主観性への偏向に由来するものであり、意識の自然と自我の生命性からの逸脱を示している。「主観主義」として一括されるこうした傾向を物理学出身の哲学者の立場から厳しく批判したのはホワイトヘッドである。自然有機体説を基点として物心二元論を徹底的に批判する彼に倣って言えば、心理的時空と物理的時空は経験の契機であり、そうしたものとして生きた自然の両極を構成するものとみなされる。つまり、心理も物理も自然という大いなる主体(能動体)が遂行する経験の契機なのであり、それを近代哲学の認識論的な主格図式に即して見ると二元論的に分離されるだけなのである。

我々は、従来の心理的時空―物理的時空という対置図式を人間的時空と自然的時空の関係に置き換えて、時間と空間の有機的統一について考えなければならない。そして、その考察を意識の創発の解明と結びつけなければならないのである。

2 人間的時空と自然的時空

我々人間は心身統合的生命体である。それゆえ、前述の心理的時空と物理的時空は生命の働きを介して人間的時空に統合される。我々は、生きていくことの中で時間に配慮し、空間に身体的に関与しつつ、行動の範囲を広げていく。その際、意識の主観性は行動を介して物理的事象と相互浸透し、生活者の世界内存在を有機的に編成していく。それゆえ、内的時空意識と外部の物理的環境世界の時空構造の間には区別はあっても隔絶はない。

人間の本質を非物質的で非機械的な精神性に求め、自然の本性を機械的物質性と規定するデカルト的物心二元論では人間と自然は全く対立したものとみなされ、両者の有機的統合と生命的相即性への視界は永遠に開かれない。もともと人間の意識と感覚は有機的自然の産物なのであり、心理的時空の概念も外的自然の時空的構成を内部反映したものとみなせる。ここに「外的自然」と「内的自然」の生命的相即性が現れる。

我々が生活する上での時間感覚は自然のリズムを反映している。日の出と日の入り、季節による日照時間の変化、気温や湿度と関連する独特の時間感覚、豪雪や長雨や日照りや強風による気分の変化、春夏秋冬という季節の循環。こうした事象はすべて我々の感覚意識が自然のリズムと呼応していることを表している。空間感覚に関しても同様である。梅雨期や冬期の閉塞感は五月晴れの時期やサマーリゾート・シーズンや秋の行楽期の開放感とは対照的であり、それぞれの期間における空間感覚は明暗がはっきりしている。閉塞感に襲われると身体は委縮し空間は窒息感を催すような圧迫性を帯びる。そして、時間は鬱陶しく停滞し、流れが遅くなる。それに対して、開放的な気分のもとでは身体は躍動し生命感覚がきらめきを帯びて外部に放散される。そして、空間は身体運動を柔らかく受容する親近的開放性に満ちる。また、時間は滑らかに流れ、空間と連動した開放感をもたらす。過去への囚われや将来への危惧は現在の快活な気分によって解消され、自然への感謝の念を伴いつつ将来の見通しが明るくなるような感覚に満たされる。

このように、人間的時空と自然的時空は生命的相即性のもとで有機的に呼応している。もちろん、四季の変化がはっきりとした日本のような地域とそうでない地域、たとえば常夏の国や極寒の極地ではその呼応の様式が異なったものとなる。しかし、人間の意識と自然の生命性の相即関係は普遍的なものであり、人間生命体が自然内属性をもつことは根本的事実であると言える。また、日本においても都市部と農村部では自然に対する住民の意識が異なったものとなる。これは四季の変化が明瞭なあらゆる先進国に見られる傾向であり、居住環境の人工性と自然性の程度によって自然観が変わるところを示している。

筆者は、自然環境が最高度に豊かな青森県の下北半島（その中で唯一都市化が進んだむつ市）に生まれ、育った。その後、大学進学とともに東京に移住し、二五年間生活した。世界有数の大都会・東京は物資・娯楽・文化に恵まれ、知識欲がアリストテレス並の筆者にとって離れがたい土地に感じられたのはたしかである。しかしその後、切迫している東京直下型地震への危惧から、郊外の政令指定都市・さいたま市へと移住した。さいたま市は東京の都会性と青森の自然性の両要素をもっており、地味な土地柄ながら、筆者にとっては極めて住み心地がよかった。その後、さらに郊外に位置する上尾市に転居したが、初夏にこだまする郭公《かっこう》の鳴き声は下北半島の自然を想起せしめるものであった。

今、筆者の時間は、区画が整理され密集度が低い良質の住宅地とほどよい自然性という居住環境の中で、豊潤な質を伴って緩やかに流れている。そして、一一月から四月にかけて雄大な姿を現す富士山を含む視覚空間は、緑に恵まれた第一種低層住居専用地域という性質と相俟って、筆者の心を潤し、自我と意識を外部に向けて放散せしめる開放性に満ちている。

筆者はこの地で去年の一月からこの原稿を書いているのである。「創発する意識の自然学」と題されたこの原稿は、青森→東京→さいたま→上尾と移住してきた筆者の自然回帰の産物である。そして、筆者のライフ（生命・生活・人生）の時空構造も、この経緯に沿って自然から生まれ自然へと還るサイクルを反映している。ここには「意識」と「世界の時空構造」と「自然の生命性」の三位一体性が表れている。

「体系的哲学書において筆者自身の体験を語ることは禁忌だ」と言う人もいるが、「意識」という問題の性格上、自己の体験も無視できない重要性をもっている。むしろ分別くさい文献学的客観主義の方が不毛なのであり、生きた哲学的論述は優れた芸術作品や独創的な科学的研究と同様に体験的ないし経験的実質性に満ちている。特に人間的時空と自然的時空の関係を考察する際には、自己の実際の体験は積極的に取り入れた方がよいと思う。そこで、もう少し続けよう。

筆者は東京で学生生活をしていた頃、定期的に郷里のむつ市に帰省していた。その際、いつも気温と気候のギャップを肌で感じた。その中でも特に記憶に印象深く残っているのは、ある正月期に帰ったときのことである。筆者は日中でも氷点下の街を歩いていたとき、研究中だったハイデガーの『存在と時間』（*Sein und Zeit*）のことを想い出した。といっても、『存在と時間』という哲学書の内容を想い出したのではなく、「存在と時間」という問題ないし「そんざいとじかん」という言葉そのものが突如筆者の意識を占拠したのである。

寒風が吹く厳しい青森の冬の凍てつく時間と空間、そしてその中に居る「私」。「いったい私はなぜ今ここに居るのだろうか」「私の存在と時間とは何だろうか」「世界そのものの時間（と空間）は……」という想念が冷気にかじかんだ額の背後でうごめいた。

その頃は時間の存在論的基礎に関心が集中していたので、空間の問題はそれほど考えていなかったが、今想い起すと、このときの想念を包んでいたのはまさに自然の巨大な空間だったのであり、それは意識の内面にまで浸透してきていたのである。ここには意識と存在の一体二重性、そして人間的時空と自然的時空の相即性が表れている。

我々は、自らの意志によらずこの世に生を受け、いつからとはなしに意識を獲得し、自我の目覚めを経験し、喜び、苦しみ、憎み、愛し、そして最後は自らの欲求に反して死ぬ。こうした自己の生命的存在を自覚すること、それが実存的意識の本質である。そして、それは独特の時空構造をもっている。しかも、それは大いなる経験の主体たる「自然」の時空構造を個体的に分有したものなのである。つまり、我々は自然の恩恵のもとにあり、それを豊かな感性で感受した者が、創造的人生を切り開くことができるのである。このことが「意識の創発」の問題と関係することは言うまでもなかろう。そこで、次にその問題と時間空間の関係について論じることにしよう。

3 意識の創発と時空

筆者ならびにこの本の読者は、みな今意識をもち自己の自我を自覚していると思う。その意識と自我は、いつ生まれ、いつ明確に機能し始め、いつ明確に自覚され始めたのだろうか。ここで、「いつ」について考え始めると、たちまち迷宮に入り込んでしまう。なぜなら、意識と自我の発生時点に遡ろうとする反省的回顧ないし想起の働きは、常に今この時点の意識に根差した記憶機能に依存するからである。それゆえ、現在の意識と記憶能力によって把捉された過去の発生点は、現在の意識のパースペクティヴによって加工された事後的構成物に成り下がってしまう。これは、意識内在主義の超越論的主観性の哲学が陥りやすい捏造的観点を示している。そして、それは意識の根源的自然（ピュシス）からの逸脱であり、「意識の創発」を「意識の発生の主観的構成」に貶《おとし》めるものに他ならない。

我々が現下に経験する意識の作用は表層的なものであり、空間から切り離された閉塞的な時間の流れに囚われている。それゆえ、常に現在の主観的パースペクティヴが優位に立ち、過去の発生点は空間との共生関係から切り離されて、直線的に遡られるべき源流として理解される。ここで「直線的」という比喩を空間的なものとみなすのは軽佻である。空間はけっして線的なものや一次元的なものではない。それは奥行と広がりと深さと厚みと膨張・収縮性を伴った「場」であり、そこにはエネルギーと情報が満ちているのである。そうしたものとして、空間は生きた自然の現象であり、諸々の秩序を時間と協働して生み出す形相因的性格をもっているのである。

意識内在主義の超越論的ないし主観的構成主義による意識の発生点の把握は、ゼノンのパラドックスと同様に時間と空間の融合性を無視した虚構的観点に侵されている。自然的時空現象としての意識の創発はそのような観点によってはけっして捉えられない。創発的自然主義の観点から言うと、意識の発生は「過去の発生点」と「未来への目的志向性をもった現在」の空間的協働性から把握される。それゆえ過去の発生点は、線的に遡られるべきものではなく、過去と現在を包む空間の共通性から「過去―空間」と「現在―空間」の相互浸透的共生関係として把握されるのである。しかも、その際「未来―空間」の目的因的先導性が加味される。とにかく、意識は「過去―空間」と「現在―空間」と「未来―空間」の有機的統合ないし脱自的統一によって構成された生命的現象なのであり、意識の創発はこの生命性を顧慮して理解されなければならない。

超越論的主観性の哲学では「時間は遡れない」と主張される。また、生物学的時間理解においても時間の不可逆性が強調される。それに対して、通俗的物理学思想においてはタイムマシンによる過去や未来への旅のファンタジーが語られる。これらはすべて時間の概念を狭く受け取って、それと空間との生命存在論的統合性を無視している。

過去・現在・未来という時制は根源的な時―空からの派生物であって、仮象を生み出す元凶である。それは主観―客観対置図式とともに真実在を覆い隠すマーヤーのヴェールとして我々の思考力と判断力を麻痺させる。意識の創発は単に過去の発生時点を指すものではなく、生命の大いなる連鎖の中にある個的生命体の遂行する経験の時空構造に根差した自然的創造行為である。それゆえ、それは幼児期における身体的原初体験に淵源しつつも、生涯にわたって生命共同体内部での創造的個性発揮に随行する心的出来事として理解されなければならない。幼児期における身体―自我の芽生えと意識の創発基盤の獲得は、生命の大いなる連鎖の一員としての心的生命体である我々に生得的に予定されていたものであり、それが通時的空間の機能を介して生涯にわたる「新奇への創造的前進」へと発展するのである。もちろん、それには個体差があるし、挫折や不運も多々ある。しかし、それは前述のように散逸構造なのであり、全体としての発展に寄与するのである。我々は、軽薄な社会ダーウィニズムや優生思想に抗して障碍者を手厚く保護し、「無用の用は無用」という俗説を打破しなければならない。我々はけっして利己的な遺伝子の乗り物ではなく、秩序の完成に向かって創造的に進化する大宇宙の申し子としての利他的動物なのである。

ところで、よく「意識は流れる」という隠喩が「時間は流れる」という隠喩と並行して語られる。また「心が広い」とか「心が狭い」とか「意識が高い」という空間的比喩も日常よく使われる。つまり、意識には時間的流れと空間的三次元性が属しているのである。前に意識の世界内存在について説明したが、ここでの文脈に即して言うと、意識の時空構造は世界の時空構造と相即している、ということになる。生命個体において「意識が創発する」ということは、世界の時空構造が個体的に分有されてその機能を発動し始める、ということなのである。

我々は生きていくために時間の流れを感知し、環境内の事物の空間的配置を認識しなければならない。これは自己の統制機能にも当てはまることである。つまり、我々は意識の流れの中で自己がどの位置にあるか、そして世界空間の中で自己がどういう位置にあるのかを確認しつつ、思考、判断、記憶、感情といった心の働きを統制しなければならないのである。さらに、これに身体運動ないし身体活動の制御が加わる。

世界内存在としての意識が成長の過程で創発するとき身体的自我の獲得が深く関与する、ということは前に説明した。生物の身体は本質的に周囲世界に生命維持的に適応するような形態と機能をもっている。直立二足歩行の高等脊椎動物たる我々人間の身体は、この傾向が意識の高次機能を生み出すところまで進化したものとみなせる。つまり、人間は言語的コミュニケーションと道具の使用による社会的共同生活に適した身体の形態と機能を獲得しているのである。これに脳の機能の進化が随伴することは言うまでもない。こうして我々人間は、社会的ならびに自然的側面をもつ世界の中でその時空構造を感知しつつ、自己存在の時空形式と自己意識の時空構造を認知できるようになったのである。

意識は流れ、万物は生々流転する。宇宙は無限大の空間であり、私を永遠の沈黙において包んでいる。個体における意識の創発は、進化する大宇宙ないし生きた大自然の脈動に参入することなのである。

注

（1） Cf. S. Alexander, *Space, Time and Deity*, Vol. 1, 2, Macmillan, London, 1920
（2） Cf. A. N. Whitehead, *Process and Reality*, The Free Press, New York 1978（山本誠作訳『過程と実在』（上・下）松籟社、二〇〇〇年）
（3） アリストテレス『自然学』（『アリストテレス全集』3、出隆他訳、岩波書店、一九八七年）を参照。
（4） 筆者は数年後に『存在と時空』という著書を仕上げる予定である。
（5） たとえば、廣松渉『事的世界観への前哨』ちくま学芸文庫、二〇〇七年を参照。

第Ⅴ部　人間の本質と意識

第19章　精神と自然

はじめに

第V部では人間の本質と意識の関係を論じることにする。最初に考察するのは精神と自然の関係である。「精神と自然」という問題は西洋哲学において長く論じられてきた。その問題史の中で一際目立つのはシェリングとヘーゲルの考察である。また、フォイエルバッハとディルタイの思索も重要である。さらに、これにデューイとホワイトヘッドの思想が続く。

「精神と自然」という問題は一見「心と身体」あるいは「精神と物質」という問題と同類のものと思わるが、実は後二者よりも存在論的に深く、世界観的にもより広い範囲をカバーしている。「心と身体」という問題は生命個体（個人）における次元の異なる二つの存在構成因子の関係を問うものであり、領域的存在論の枠内にとどまる。これは二元論と唯物論のどちらを採っても変わらない傾向である。それに対して「精神と自然」という問題は個人を超えた集団や民族や生物種全体、および生命個体の身体を超えた世界全体としての自然に関わるもので、普遍的存在論の範疇に属している。またそれは、「精神と物質」という問題と違って、単純な物心二元論の構図に囚われずに、生きた精神と有機的自然の関係を統合的視座から捉えようとする。

ここで肝要なのは、「心」と「精神」の概念の微妙な違いに注意しつつ、「自然」が単なる物質断片の集積ではないことに気づくことである。思惟実体としての精神と延長実体としての物質を対置するデカルト的二元論は、この場合全く役に立たない。そもそもデカルトは独我論的であり、集団レベルにおける人間のもつ集合的心性というものを全く顧慮していない。この傾向はフッサールにも受け継がれ、意識の本性を自然主義に対する精神主義の優位という観点から独我論的に把握する方向に逸脱した(1)。

我々はコギトや超越論的主観性からではなく心身統合的な世界内存在やプラグマティックな有機的経験から出発しなければならない。これは、主観と客観の区別以前にある人間と自然の生命的相互浸透性ないし本性的統合性を基点とすることを意味する。我々は、こうした視点から意識の自然的本性を捉えなければならない。

本章では前掲の先哲の思想を顧慮しつつ、「人間の本質と意識」という観点から精神と自然の関係について考察することにする。

1 ヘーゲルの慧眼

我々の生《なま》の感覚的意識は普段、自然を友とし、主観と客観、精神と物質の二元論とは縁遠い状態にある。これは生命的感情であり、抽象的思考が自然を機械的物質系として捉え、精神を非物質的な霊的実体として理解する傾向の対極にある。このことをヘーゲルは印象深い語り口で説明している。次に引用するのは『精神哲学』の一節である。

青年時代には、我々は、ちょうど我々自身に魂を吹き込んでいると同じように我々の周りにあるあらゆるものに魂を吹き込んでいる生命を通して、我々が全自然と兄弟であるように感じ、また全自然と共感し、かつそのことによって世界霊魂の感覚・精神と自然の統一の感覚・自然の非物質性の感覚をもっているのである。

しかし、もし我々が感情から遠ざかり、そして反省に進むならば、そのときは我々にとっては、心と物質の対立・私の主観的自我とそれの肉体性の対立が固定した対立になり、肉体と心の相互的関係が独立者の相互に対する働きかけになる。通常の生理学的および心理学的考察はこの対立の不動性を克服することを知らない。そこでは、全く単純なもの・一者――あらゆる表象のこの深淵――としての自我に対して、多様なもの・複合したものとしての物質が、絶対的峻厳さをもって対立させられ、かつどうしてこの多様なものがあの抽象的一者と結合されているかという問いに対する答えは当然のことながら不可能なこととして宣言される。(3)

ヘーゲルの精神哲学は、アナクサゴラスからソクラテスを経てアリストテレスに受け継がれたヌースの思想に淵源する。西洋哲学は古代ギリシャにおいて自然のアルケー（根本的原理）の探求として始まったが、その際まず幾つかの質料因（物質的根本要素）が候補として挙がった。その中で一際異彩を放っていたのがアナクサゴラスの思想である。彼は、自然的世界（コスモス）のアルケーを非物質的なものに求め、それをヌースと名づけた。ギリシャ語のヌースは理性、知性、精神などを意味するが、彼はそれに自然的世界の秩序の原理という形相因的地位を付与した。ちなみにソクラテスはこの思想を精神主義的に受け取って、善なる生の原理にしようとしたが、その思弁性に失望して背を向けてしまった。(3) それに対してアリストテレスは彼独特の生命的自然主義の立場からアナクサゴラスのヌースを自然的世界の存在原理の頂点にまで高めた。つまり、質料的自然の物理的運動の発動者として、それ自身はいかなる質料も含まない純粋形相である神の地位にまでそれを高めたのである。(4) しかし、この神は諸宗教のそれと違って人格性や救済者という性格を全くもっていない。それは物理学の究極に立てられた「自然の総元締」なのである。こうした規定は彼の目的論的自然観と見事に調和している。

アリストテレスに端を発した目的論的自然観は、近代科学の機械論的自然観に圧され、衰退の一途を辿っていたが、前世期にホワイトヘッドが洗練された有機体的自然観として再興した。また、物理学の一部からも自然の目的因や形相因を見直す傾向が現れ、量子論による物質概念の変革と相俟って、唯物論的ないし機械論的自然観はむしろ衰退してきている(5)。しかし、古典的な物理学や物質概念に固執する人々は、深く考えないでこうした見方にアニミズムというレッテルを貼り、それを却下しようとする。この傾向は無学な一般人から博識な学者にまで広く及んでいる。

こうした人たちにヘーゲルの前掲の引用文を読ませたら、その反応は目に見えている。「アニミズム」という言葉を知っていれば、即座に「アニミズム的だね」と言うであろうし、そうでなければだいたい「詩的な感慨を表出したものであり、情感的なものにすぎず、合理的な考え方とは言えない」と評価するであろう。とにかく先進国の現代人はデカルト的物心二元論と主観—客観対置図式に骨の髄まで侵されているのである。それゆえ、前掲のヘーゲルの発言は詩的感慨としては認めても、合理的なものとはみなさないのである。しかし、それは表層的で軽薄な見方にすぎない。我々は軽薄な二元論哲学を超越した真の自然哲学を樹立し、精神と自然の根源的一体性ないし一体二重性を剔抉《てっけつ》しなければならない。

ところで、ヘーゲルの体系においてもそうであるように、「心（Seele, mind）」と「精神（Gist, spirit）」は少し意味が違う。「心」はどちらかというと個別者の自我を伴った意識状態や情感性を意味するのに対して、「精神」は個別者を含みつつもそれを超えた集合的心性を示唆し、個人の主観的心性を超えた普遍的な世界の存在構造に関与する意味合いがある。デカルト的二元論では心も精神も個別的自我の意識や思考に還元され、主観的なものとして客観的な物理的世界に厳格に対置される。こうした頑固な思考法では、ヘーゲルが言う「世界霊魂の感覚」や「精神と自然の統一の感覚」や「自然の非物質性の感覚」はけっして理解できない。

「世界霊魂」はフェヒナーやジェームズも重視した概念であり、[6] 前述のアナクサゴラスのヌースの概念に淵源する。「世界霊魂」と言うと、何か世界が人間のような主観的心性を帯びたものとして理解されているような印象を与えるが、そのようなことは全くない。そもそも霊魂（プシュケー）は秩序の源泉としての生命の形相性を意味しており、近代的自我から理解される個人の主観的心性とは縁遠い概念である。「世界霊魂」は「普遍的な世界の存在構造に関与する集合的心性としての〈精神〉」と生きた「自然」の統一の感覚から初めて理解される「自然的世界の形相性」を意味するのである。

ここから「自然の非物質性」の理解の視野は一気に開けてくる。しかし、近代的自我の概念と近代科学の機械的自然観に呪縛された多くの現代人は、単一性と唯一無比性という印象に纏《まと》いつかれた「かけがえのない私」として「自我」の非物質性が、物質的自然と別の存在次元にあるようにしか思えないのである。ここから、ある者は二元論の信念に固執するようになり、ある者は心や自我を虚構的概念として消去する唯物論に雪崩れ込むのである。これではけっして精神と自然の統一性は理解できない。

ヘーゲルは最終的には精神主義者であり、また近代哲学の主観性の形而上学の枠内で自然と精神の統一性を理解しようとしていた。それゆえ、彼にとって最高の存在論的原理はやはり自然ではなく「絶対精神」である。この「絶対精神」はたしかにアリストテレスの「自らの思惟を思惟する純粋形相としての〈神〉」を想起されるが、後者よりも主観性の思考原理に呪縛されたものなので、自然的実在論というよりは観念論という色彩が濃い。これに対して真の自然的実在論の立場から精神と自然の統一性を捉えようとしたのは、ジェームズやデューイやホワイトヘッドである。彼らはみな、主観と客観の区別以前にありかつ両者を包摂する「経験」の概念を重視し、それと自然の相即性を実在論的観点から把握しようとした。こうした経験は脈動性をもっており、それは自然の生命性ないし宇宙の鼓動と呼べるものと相即しているのである。こうした観点は特にホワイトヘッドにおいて顕著であり、それを彼はプラトンの『ティマイオス』から受け継いでいる。

ヘーゲルもまた『ティマイオス』における宇宙の生命的精神性の思想に影響を受けている。[7] しかし彼は近代形而上学の観念論的思考に若干毒されていたので、最終的には自然よりも精神を重視する破目になった。しかし、彼の思想において優れているのは精神を主観的なものから客観的なものへと拡張し、さらにそれを絶対的なものにまで高めたことである。主観的精神→客観的精神→絶対精神という彼の思考図式から学ぶべきものは多い。その中でまず客観的精神という概念が目を引く。客観的精神は個人の主観的意識の世界を超えて市民社会へと延び広がったものである。法律、政治、経済、文化、歴史、社会制度、民族の精神といったものが、この客観的精神の範疇に属している。これは独我論的―二元論的精神主義者の視野には入ってこない精神概念である。絶対精神は宗教的な次元に関わるものだが、筆者としてはヘーゲルの思弁にそこまで付き合うつもりはないので、これを世界の存在論的究極原理の方向で自然的世界の形相性として理解したい。その場合、もはや絶対精神ではなく絶対自然が問題なのである。

絶対的観念論において世界の究極的存在原理に祭り上げられた「絶対精神」は、自然的実在論においては「宇宙の根源的生命によって魂（形相性）を吹き込まれた〈有機的自然〉」に穏やかに転換される。そもそも、自然に対して精神が優位性をもつと考える姿勢は、人間中心主義の主観性の形而上学に由来するのである。意識内在主義の主観的精神理解においては、自然は常に対象化される客観として外部にある。それに対して、自然的実在論の経験主義では、意識は身体的自然と環境世界の生命的自然の共鳴として理解され、精神と自然が内部―外部、主観―客観、非物質性―物質性というふうに固定的に対置されることはない。クリスチャン・ド・クワンシーは『根源的自然』

という著書において「物質の魂（soul of matter）」について緻密に考察している。[8] 彼は、ブルーノとホワイトヘッドを手本としつつ、物質にも心があるという汎経験主義（panexpentialism）の思想を展開している。この場合、「物質に心がある」というのは、「物質に人間的な主観的心性がある」などということを意味しない。その「心」は主観性以前の自然的世界の自己組織化運動としての経験の遂行を意味するのである。そして、この経験は人間と自然の協働性から成り立っている。ただし、この協働性を「人間が自然に働きかける」だとか「自然が人間に影響を及ぼす」だとかいう把握図式を用いて理解してはならない。働きかけたり影響を及ぼしたりする以前に世界の自己組織化的形相性が機能しており、それが人間と世界の相互帰依的経験活動、つまり協働的自己組織化運動を引き起こし、それが新奇への創造的前進という創発的生命活動に導くのである。

筆者としては、以上のようにヘーゲル思想を批判的に敷延して、精神と自然の関係を自然優位の形で把握したい。

2　集合的心性としての精神と自然の自己組織性

日本語の「心」と「精神」は日常それほど神経質に区別されることなく使われているが、若干意味が違うことに気づいている人も多い。それでは、どういう点で意味が違うのだろうか。

「心」は一般に個人の主観的な意識状態や情感性を表すために使われる。それに対して「精神」はそうした意味を含みつつも、個人の主観的心性を超えた集団レベルの心性、つまり「集合的心性」を示唆する概念として使われる。ここで、「精神」が主観的心性および集合的心性という「心」の性質を含んだ拡張概念であることに注意されたい。「精神」と「心」は、相互に排除し合う概念ではなく、共通する部分と相違する部分によって構成された相補的概念なのである。そして、相補的であるということは、両者がその源泉たる根源的一者から派生したものであることを示唆する。その根源的一者が「自然」であることは、これまでの叙述から自ずと分かるであろう。

心も精神も自然と深い関係をもっている。しかるに、心と自然の関係については意識や自我との関連において既に論じたので、ここでは精神と自然の関係に焦点を当てようと思う。その際、精神に関してはその集合的心性という性格が、自然に関しては自己組織性という性質が着目され、さらに両者の生命的形相性による統合へと視野は広がる。

精神は、自我の概念を少し含みつつも、エゴイズムを超えた理性的自律性と社会の規範への従順性へと拡張された公共性によって彩られた概念である。しかし、ここで精神の理性的性格を心の情感的性質に過度に対置することは事の真相を見失わせる。肝要なのは、精神の集合的で公共的な性格に着目することであり、それと自然の自己組織性の相即性を理解することである。ただし、精神は心以上に物質に強く対置される傾向があり、この点には注意が必要である。自然の非物質性と精神の関係を捉えたいなら、精神が「心の情感性」ももち合せた集合的概念であることに留意すべきである。これによって「集合的心性としての精神」と「自然の自己組織性」が生命的形相によって統合された一体二重性の関係にあることが理解できるであろう。

世界各国の民族ないし地域には、それぞれ風土や歴史や生物学的遺伝性によって規定された集合的心性がある。そして国家の内部でもまた地域ごとに異なった集合的心性がある。我が国においても、北海道、東北、関東、北陸、中部、関西、中国、四国、九州という大まかな地域区分において住民の若干異なった集合的心性がある。また太平洋側と日本海側ではまた微妙な集合的心性の相違がある。沖縄や奄美大島や八丈島の住民に特殊な集合的心性があることは周知のことであろう。もちろん、これらすべての地域の人たちはみな日本語を使う共通の日本人的集合心性を核としている。また、ホモ・サピエンス・サピエンスという生物学的種の同一性において日本人全体が世界各国の住民と同じ地球規模での集合的心性をもつことは誰もが知っている。

異文化交流を体験すると、自我が拡張して、集合的心性の国際性を実感できるようになる。国内でも九州の人が東北の人と東京の大学で出会って交友関係を築いたり、沖縄の人が北海道の人と大阪の企業で一緒に仕事をすることになったりすると、自我の拡張と集合的心性の共有性を体感できるようになる。飲酒を介した付き合いがこれを促進することは周知のことであろう。

我々は花見の席や国立公園の名所への団体旅行において集合的心性としての精神と自然の情感性が融合していることを身に沁みて実感する。そのとき、自我は主観的意識のせせこましい檻から解き放たれて、集合的心性の色彩を帯びて、自然と融合する。そして、自然が機械的物質系などではなく、形相的生命によって情感的秩序が自己形成されている自己組織系であるということが骨の髄に沁み渡る形で体感される。

こうしたことは、自然へと還る意識の自己運動を精神性（つまり集合的心性）のレベルで理解するための重要な指標となる。そこで次に精神主義と自然主義の対立を克服する創発的自然主義の可能性について考察してみよう。

3 精神主義と自然主義の対立を乗り越える根源的（創発的）自然主義

西洋の思想界には古くから精神主義と自然主義の対立があった。この対立には様々なヴァリエーションがあるが、基本となるのは人間の本質ないし人間存在の根本の捉え方の相違である。精神主義は人間の本質を精神に求め、物質的自然を穢《けが》れたものとみなす。それに対して、自然主義は人間存在の根本を物質的自然に求め、非物質的精神や霊的観念を幻想とみなす。しかし、この観点の相違は人間観に限定されるものではない。それは世界観全般に及んでいる。つまり、精神主義と自然主義の対立は世界の存在原理を精神に求めるか物質に求めるかの対立に淵源しているのである。

精神主義と自然主義の対立は精神主義と物質主義の対立とも言い換えられる。しかし、ここで自然主義と物質主義を安易に同一視はしてはならない。これまで何度も指摘してきたように、自然に関しては機械論的理解と有機体論的把握があり、物質主義的なのは前者であり、後者は反唯物論を信条としている。

有機体論的自然主義は、自然を死せる原子の乱雑な集合体とみなす原子論的唯物論とは違って、自然を、生命的形相によって秩序づけられ目的因に導かれて生成する生きた自己組織化的システムとみなす。アリストテレス、ライプニッツ、シェリング、ホワイトヘッドなどがこの立場を代表している。彼らが批判したのは、自然と精神を物心二元論的観点から分断し、両者の分裂以前の源泉としての生命的自然の存在を無視する姿勢である。この姿勢はデモクリトスの唯物論とデカルトの二元論に共通するものであり、唯物論者と二元論者が同様の思考の陥穽に嵌《はま》っていることを示している。つまり、唯物論と二元論は同じ穴の貉《むじな》なのである。精神主義と自然主義の表面的対立を超えて根源的自然主義に到達するためには、このことを見抜き、かつ自然に関する有機体論的視点を彫琢する必要がある。

西洋には古くから唯物論と唯心論の対立ないし精神主義と物質主義の対立の中道をいこうとする思想家がいた。また、よく東洋には西洋のような精神と自然の対立という観点が希薄で、人間と自然の一体感が世界観の基本になっている、と言われる。しかし、いずれも十分洗練された存在論的観点には至っておらず、還元主義的科学の成果を前にした脆弱性は否定できない。特に東洋哲学の自然観は実はナイーヴな精神主義の上に建てられた砂上の楼閣であるように思われる。

唯心論的精神主義と唯物論的自然主義の対立を根本から乗り越えるためには、心身問題と存在論における中性的一元論を自然科学と対話しながら彫琢する必要がある。それを成し遂げたのは、ジェームズ、ラッセル、ホワイトヘッドといった英米の新経験論の哲学者である。彼らはみな現代科学に精通し、哲学と科学の間に無益な柵を設けることなく、世界の本質を物的でも心的でもない中性的存在であることを存在論と心身問題の土俵で論じた。このうちジェームズは医学と生理心理学に詳しく、意識の本質を心的でも物的でもない中性的「経験」から理解しようとした。またその際、脳と環境の相互作用を進化論的観点から重視した。しかし、自由意志の問題をめぐって形而上学的考察の必要性も認め、安易な還元主義を是認することはなかった。

自然的経験を重視しつつも還元主義を是認しない姿勢は必然的に創発主義へと人を誘う。創発の概念は、既述のように進化生物学に由来するものだが、心身問題や存在論においても重要な役割を果たしている。ホワイトヘッドは表立って創発主義を標榜していないが、彼の宇宙論は創発主義者アレクサンダーのそれを継承したものであり、その有機体的自然観は創発主義に強く裏打ちされていた。

ホワイトヘッドはもともと応用数学と理論物理学を専攻する科学者であったが、人文的素養も豊かであり、機械論的自然観と唯物論を徹底して嫌っていた。また、自然を生きたものとみなし、心身二元論をけっして認めない姿勢は、表面的な精神主義と自然主義の対立を克服するための模範と言える。さらに、過程をそのまま実在とみなす彼の存在論的観点は、自然の創発的存在構制の理解にうってつけである。

我々人間の意識と自我は発達の過程で自然と発生するが、それは試験管の中での化学反応によって新しい分子が発生するのとはわけが違う。人間各自の意識と自我、つまり精神は、他者との心身的交流から生まれる関係的ないし社会的機能なのである。それゆえ精神を独我論的に理解する二元論的精神主義者の観点を斟酌する必要は全くない。人間各自の精神の発生は乳幼児期の自他未分の身体的生命自覚に淵源し、その過程は根本的に自然的である。つまり、精神の根本は生きた身体的自然なのである。また、自然に起源をもつ個別的精神は、自覚態に達した後、他者や環境世界と相互作用しつつ、生涯にわたって新奇への創造的発展を繰り返す。もちろん、それには個人差があり、ある者は豊かな経験と学習によって創造的人生を展開し、ある者は不慮の事故や障害や怠慢によって停滞や頓挫や早期の死という不幸を被るであろう。しかし、幸・不幸、成功・失敗、創造的・平凡を問わず、人間各自の人生は複雑系としての世界と生命システムの中で繰り広げられる偶発事に満ちた創発的過程であることに変わりはない。唯物論も二元論的精神主義も存在論的には要素還元主義であり、世界と生命が複雑系であることを理解していない。それに対して、中性的一元論は多元主義的世界観を内包しており、複雑系としての物理的自然界における精神の創発を自然的実在論の観点からしっかりと把握する潜在力をもっている。

とにかく、人間と世界の本質は心的でも物的でもない中性的な生命過程なのであり、物事を心的か物的かのどちらかにカテゴライズしないと気が済まない人には、精神主義と自然主義の対立を乗り越える根源的自然主義といったものはけっして理解できないのである。もし筆者が言う根源的自然主義が唯物論的なものに思えるとするなら、そう思う人は心的―物的、精神的―物質的という対置図式に呪縛されており、自然の中性的存在性格に対して盲目となっているのである。

ここで再び先に引用したヘーゲルの文章に戻ろう。

我々は少年期や青春期において自然と一体であった。また、壮年期になってもときおりその感覚を想い出す。この一体感は「我々自身に魂を吹き込んでいると同じように我々の周りにあるあらゆるものに魂を吹き込んでいる生命」に触れて生まれるものである。ここで言う「生命」を「万物の形相因と目的因」と言い換えることができる。それは複雑系としての世界に秩序と目的性を付与する存在論的原理である。そして、この原理は、一見単純で唯一無比のものに思える「自我」と無秩序で雑多な「物質世界」の表面上の対立を払拭してしまう「息吹」をもっている。複雑系という生命システムは、単一で実体的な自我と無秩序で雑多な物質系を包摂し、その対立を超越する存在性格をもっている。二元論的観点はそれから派生した一種の散逸構造とみなすことができる。つまり、二元論的観点は「仮象があるだけ、それだけ実在がある」というテーゼがそのまま当てはまるような、根源的自然主義の影絵、あるいはできそこないなのである。
いずれにしても、西洋の二元論における機械論的自然理解と精神の実体化の思想、そして東洋の心情的自然観は乗り越えられなければならない。精神は自然の一種の疎外態であり、自然が我有化されて理解されたとき生じる仮象である。ここからヘーゲルの絶対精神に対して絶対自然の概念を導き出すことができる。我々人類は、自らが生み出した精神主義的自然支配の思想によって滅亡の危機に瀕している。絶対的なのは精神ではなく、あくまで母なる自然なのである。人間の本質について考えるときにも、意識の本質を把握しようとするときにも、このことを片時も忘れてはならない。

注

（1）E・フッサール『イデーン』Ⅱ‐2、立松弘孝・榊原哲也訳、みすず書房、二〇〇九年を参照。
（2）ヘーゲル『精神哲学』（上）船山真一訳、岩波文庫、七二ページ
（3）プラトン『ソークラテースの弁明・クリトーン・パイドーン』田中美知太郎・池田美穂訳、新潮文庫、一九九〇年、一九〇ページ以下を参照。
（4）アリストテレス『形而上学』（上・下）出隆訳、岩波文庫、一九八〇年を参照。
（5）D・ボーム『全体性と内蔵秩序』井上忠他訳、青土社、一九九六年、I・プリゴジン／I・スタンジェール『混沌からの秩序』伏見康治他訳、みすず書房、一九九三年、W・ハイゼンベルク『現代物理学の思想』河野伊三郎・富山小太郎訳、みすず書房、一九七〇年、拙著『情報の形而上学――新たな存在の階層の発見――』萌書房、二〇〇九年などを参照。
（6）Cf. W. James, *Essays in Radical Empiricism*, Dover, New York, 2003, p. 7.
（7）ヘーゲル、前掲書、および『哲学史』（中巻の一、ヘーゲル全集12）真下信一訳、岩波書店、一九九六年を参照。
（8）Cf. C. de Quincey, *Radical Nature : Rediscovering the Soul of Matter*, Invisible Cities Press, Montpelier 2002

第20章　歴史・文化・風土

——人間存在と環境——

はじめに

人間の意識の生成と構成には環境因子が深く関わっている。そして、環境因子の代表は歴史と文化と風土である。我々各自は、それぞれの祖国と郷土の歴史と文化と風土から強い影響を受けつつ成長し、自我を芽生えさせ、自己意識を熟成させていく。歴史と文化は深く関係しており、我々の社会意識の骨格を形成する重要な因子である。他方、風土は自然的環境要素として我々の自然に対する意識や感性を形成する。ただし、風土は単なる自然現象にとどまるものではない。それは居住環境に土着的なものとして歴史性をも帯びているのである。

前に指摘したように、意識を表すドイツ語 Bewußtsein は直訳すると「自覚態存在」であり、意識が自己の「存在」と深く関係していることを示唆する。言語的詮索を抜きにしても、意識が自己存在と裏表の関係にあることは自明だと思う。そしてこのことは、意識と環境の関係が人間存在と環境の関係と相即していることを暗示する。

人間存在ないし我々各自の存在は、大地に根差した生命的自然現象であると同時に、社会文化的環境の中で自己組織化する精神的現象でもある。しかし、この「精神性」は個人の内面に幽閉された独我論的なものではなく、民族や地域の歴史を背景にした共同存在的意識、つまり集合的心性によって深く彩られている。

本章では、以上のことを顧慮し、かつ「人間の本質と意識」という第V部の趣旨に沿って、歴史・文化・風土という環境因子がいかに意識の創発に関与するかを考察することにする。

1　歴史と意識

我々各自の意識は生育環境の歴史的背景から強い影響を受けている。最も身近なのは生誕地と生育地の歴史であるが、この場合その範囲は市町村から県、さらには国全体にまで広がる。日本に生まれたものは、日本語と日本人の風習を基調とした文化的背景ないし因襲の歴史的継承によって自己の意識の基盤が形成される。もちろん、各人には代替えできない人格と個性というものがあるが、意識の基本的構成は日本人に普遍的な集合的心性によって深く規定されているのである。ただし、地域差というものは顧慮しなければならない。北海道の人と関東の人と関西の人と九州の人と沖縄の人では、集合的心性は同じ日本人性を基調としつつも、それぞれけっこう違った社会的自己意識をもっているものである。

ところで、居住環境が歴史をもっているのと同様に、その中に生きる個人もまた各自の生育史ないし自分史をもっている。そもそも、歴史は社会文化的環境に限定される情報存在論的性格ではなく、自然環境や物理的現象や生命現象にも見出せる自己組織化的発展の存在規定なのである。人間を例に取ると、それは個人（生命個体）→家庭→生育地→祖国→地球→太陽系→宇宙全体というふうに範囲を拡大して適用できる時間的で生成的な自己組織化的発展現象の存在規定である。この「自己組織化的発展」は「進化」と言い換えられてしかるべきものである。

物理学における熱力学の第二法則は、「自然的事物は放っておくと乱雑な方向に進み、秩序が破壊されて、そのうち崩壊してしまう」と主張する。これがエントロピーの増大と呼ばれる事態なのは周知のことであろう。しかし、自然界の現象がすべてこの法則に従うわけではない。生命現象の多くは、エントロピーの増大に逆らって秩序を自己形成し、崩壊とは逆の発展ないし進化という方向に邁進する。そして、この傾向は生物学的生命現象のみならず、物理的自然現象の一部や社会的現象にも看取される。とりわけ世界史や日本史を構成する発展的社会現象は、この傾向を端的に表している。

もちろん、エントロピーの増大に逆らって秩序を自己組織化する発展的生成現象が何の障壁もなしに直線的に進行するわけではない。その進行過程には阻害要素が多々あり、秩序の形成を妨害したり、システム自体を崩壊に至らせたりすることもある。人間社会の国家的次元においては戦争や経済的不和が阻害要素の代表である。個人の場合には、病気や事故や悩み事や自己疎外的行動様式が成長発展を阻害する要素となる。しかし、こうした阻害要素は散逸構造、つまり挫折を契機にしてより高度の秩序を実現せしめる「エネルギーと情報の放散現象」とみなせる。最悪の場合、一部のシステムや個人が崩壊ないし死滅しても全体としてのシステムや集団は、それを贖《あがな》う形で進化と発展を継続し秩序の完成に向かうのである。

筆者は今年で五三歳になるが、これまでの生涯で多くの老若男女の死に出会ってきた。また、大災害や社会恐慌も経験してきた。筆者個人の内部でも幾多の心身的危機があった。ある人は、こういう事態に直面すると悲観的になって厭世観に苛まれる。また、ある人はそもそもニヒリスティックで、最初から社会の発展などには何の期待もないし、自分から社会に貢献しようなどとも思わないので、こうした事態に直面すると、犯罪を肯定するようになってしまう。彼に言わせると、「道徳などには意味がなく、人間の世界も動物と同じで弱肉強食なのだから、何でも好き勝手にやってよい」のである。こうした思考傾向の背景にあるのは、極めてナイーヴな機械論的自然観と原子論的唯物論とフォークバイオロジーである。それゆえ、彼らに自然現象に内在する目的因や形相因、ならびにそれと相即する人間社会の自己組織化的秩序形成について説明しても無駄である。

我々人間は、自然と社会両側面の歴史の中で自己の生活史を歩み、自己意識を熟成させていく歴史的存在である。人生行路の諸段階において苦悩や挫折は尽きないが、それを糧にして、己の運命を引き受けつつ、けっしてしらけることなく隣人や国家の将来を憂い、集合的心性との深層的連結を自覚しつつ自己実現に邁進することが肝要なのである。そして、人間存在のこうした歴史性の根底にはハイデガーが言う根源的時間性が控えている。彼は次のように力強く主張している。

本質上己《おのれ》の存在において到来的（zukünftig）であり、したがって、己の死に向かって自由でありつつ、死に突き当たって打ち砕けて己の事実的な現（Da）へと投げ返される存在者のみが、言い換えれば、到来的なものとして等根源的に既在しつつ（gewesend）存在している存在者のみが、相続された可能性を己自身に伝承しつつ、己の固有な被投性を引き受けて、「己の時代」に向かって瞬視的（augenblicklich）に存在することができる。本来的であって、同時に有限的な時間性のみが、運命といったものを、すなわち本来的な歴史性を可能にするのである。(1)

我々の自己意識は、ハイデガーが言う「既在しつつ現成化する到来」という根源的時間性によって根底から規定されている。そして、自己の死を意識し、歴史の中での自己と社会の在り方を憂えたとき、まさに相続された可能性を己自身に伝承しつつ、自己の運命を引き受け、現在の状況を直視できるようになるのである。この場合、「死」はけっして単なる否定的契機ではなく、自己発展と社会参与への積極的契機となる。我々はけっして自己の内面に幽閉された独我論的存在ではなく、世界内存在として社会の集合的心性を脱自的に分有しているのである。意識と歴史の関係を考える際にはこのことを忘れてはならない。

2　文化と意識

我々の意識は歴史と共に文化と深い関係をもっている。文化の基盤をなすのはその地域の使用言語と風習と社会制度と学問・芸術の伝統である。これらを基盤として各地域ないし各国の住民の世界観と人生観と価値観が形成される。さらに、それによって教育制度や政治の在り方が影響を受ける。

たとえば日本とフランスを対比すると、後者が個人主義的で芸術や科学の哲学的基礎を重視するのに対して、前者は滅私奉公的な協調性を尊重し、理念よりは実用性を重視する傾向がある。日本は明治期以降急速に西洋の学問を輸入してきたが、その際、理念的学問よりは実用的学問を重視した。たとえば基礎科学である理学よりも実用的な応用科学たる工学や医学を重視し、科学の基礎にある哲学は軽視して、その技術的側面をまず輸入しようとしたのである。

この傾向は現在まで続いているが、哲学に関してはその論理的骨格や基礎的思考構造の習得よりも文献解読と客観的な思想解釈に傾注し、哲学的に物事を考える姿勢の習得という最も重要な点には無頓着であった。日本に未だ世界に比肩する独創的な哲学者がいないのはこうした傾向に由来する。

とにかく哲学は文化の基盤をなす重要な契機である。哲学は哲学者や哲学研究者の専有物ではなく、すべての民衆が所有する独自の世界観と人生観と価値観の論理的骨格ないし思考構造なのであり、それらは民衆が生まれ育った地域や国の文化を反映しているのである。こう言うと循環論法のように聞こえるかもしれないが、哲学に学校概念と世間概念の二重性があることを顧慮すれば、哲学が文化の基盤でありつつ同時に文化を反映する、という事態は理解に支障はないであろう。

我々各人は、自分が生まれ育った国の文化から栄養を摂取しつつ自我を目覚めさせ、自己意識と社会意識を熟成させていく。しかし高度情報社会に生きる現代人は、別地域や外国の文化に触れる機会が多く、留学や旅行によって実際に現地に赴くことなく異文化を摂取しやすくなっている。日本の内部に限定しても、東京には全国から大学入学のために若者が転入してくる。これによってカルチャーショックを感じる人は最近でもまだいるが、かつては非常に多かった。高度情報化社会がカルチャーショックの発生を減らしたということ自体が現代文化の特徴なのである。

日本人は北朝鮮人ほどではないが比較的閉鎖的な民族意識をもっている。また、閉鎖的な民族意識が比較的希薄な国の住民もほとんどが愛国心をもっており、純粋のコスモポリタンと言える人は全世界を見渡しても人口の一％以下にとどまるであろう。

コスモポリタニズムの最大の敵は宗教的な精神主義である。その代表例がイスラム原理主義であることは言を俟たない。とにかく精神主義は閉鎖的派閥形成に傾きやすく、自分たちの形成した歪《いびつ》な文化に固執し、他集団や他民族を排斥し、挙句の果てには迫害に至る。第二次世界大戦中のドイツのナチズムや日本の帝国主義もこの傾向を体現していた。

近代的自我のせせこましい主観性を脱して自然へと還帰することを目指す筆者の目標にとって、こうした排他的精神主義は最大の論敵である。また、こうした精神主義はコスモポリタニズムの対極にあるもので、閉鎖的文化意識の最悪の見本と言える。

生物の生命は生物学的遺伝子ＤＮＡによって伝承されていくが、文化は文化的遺伝子ミームを介して世代間を渡り歩いていく。ミームとは模倣を意味する伝達因子のことであるが、我々の意識はＤＮＡによって生物学的基礎を提供されているだけではなく、ミームによって社会的経験の自己組織性の基盤を授けられているのである。(2)

脳と意識が世界内存在として社会的経験の自己組織化活動によって形成される生命システムであることは前に指摘した。我々の意識的自我は特有の文化の中で生まれ、育ち、創造的人生を歩み、その成果を次世代に伝達する。そして、この流れは永遠に繰り返す。もちろん挫折や破綻は多々あるが、個々の意識的自我の根底に脈々と流れる集合的心性としての普遍的生命はけっして途絶えることはなく、文化の循環を継続せしめ、新奇への創造的前進へと人々を誘うのである。

3　風土と意識

風土は土着的な雰囲気空間として我々の意識を包んでいる。そして、それは地形、気候、日照時間といった自然的要素だけではなく、そこに住む人が代々形成してきた土着的文化をも含んでいる。つまり、風土とは自然と文化の合奏の上に成り立つ居住環境の歴史的空間性なのである。

とはいえ、やはり重要なのは自然的要素である。寒冷地と温暖な地域における住民の生活様式の違いは、自然に対する感覚意識に基づいた人生観や世界観の相違をもたらす。また、海岸部と内陸部の風土の違いも住民の意識に影響を及ぼす。特に小さな離島や山間部の集落といった特殊な居住環境は独特の自然感覚と人生観を生み出す。

しかし、古い時代と違って現代では多くの人が転居や移住を経験し、異なった風土で一定の期間生活する機会が増えている。ただし、生まれ育った土地の風土は生涯にわたって個人の意識の根底に沈殿し続け、自然に対する感性の基盤であり続ける。これは一種の刷り込み現象であり、意識の原自然といったものを考える際の鍵となる。二〇一一年三月に起きた福島第一原発の事故によって避難と移住を余儀なくされた近辺の住民の故郷喪失感はそれを象徴している。放射性物質による汚染でおそらく生きているうちには二度と戻れなくなってしまった郷土に対する喪失感は、人間の意識がその生育地ないし住み慣れた土地の風土によって刷り込みを被っていることを表している。

風土は、文化的で歴史性をももつ母なる自然として、人間の意識の生みの親である。もっと平たく言えば、それは魂の故郷《ふるさと》である。そして、それは自然と生命の相即関係を世界内存在としての人間の意識に知らしめる居住関連的自然現象である。

我々人間の意識と自我の本質が自然と生命の関係から捉えられるべきものであることはこれまで何度も指摘してきた。また、ライフが生命・生活・人生の三側面をもつこともここで再び強調したい。風土は、三重構造をもつ我々のライフの自然的基盤として、意識と自我の生命的本質を形成するのである。

人間の意識は独特の流れによって形成された時間的現象であると同時に、自然—文化的居住環境に強い影響を受ける空間的現象である。風土は基本的に空間的現象であるが、独特の居住関連的時間性も併せもつ深い意味での有機的自然現象である。それゆえ、それは歴史と文化と共に、あるいはそれらと一体となって我々各人の意識を形成する重要な基盤となるのである。

4　人間存在の根本現象としての意識の生成と文化—自然的環境因子

以上のように意識は歴史と文化と風土という三つの環境因子によって基盤を付与された人間存在の根本現象である。人間はハイデガーが指摘したように基本的に世界内存在である。そして、世界内存在は環境内存在、自然内属存在、社会内存在とも言い換えうる人間存在の根本構制である。これまで何度も述べてきたように、人間の意識は真空の独我論的な内面空間から立ち上がる幽霊的現象ではなく、環境の中で身体運動をしつつ他者と相互作用するうちに創発する生命的自然現象である。それは社会文化的因子によって賦活されるものでもある。

人間の脳が社会文化的環境の中で自己組織化する情報システムであり、意識がこうした脳の自己組織化活動から創発する生命的現象であることも前に指摘した。また、生物の脳は環境に適応しつつ生き延び、子孫を残すために進化してきた器官であり、人間の脳がその進化の最先端にあることは誰もが知っている。しかし、生物、特に人間は脳だけで知的営みや経験を遂行しているわけではない。思考や感覚や経験には脳だけではなく身体全体性というものが関わっているのである。ここで改めて「頭の中に在る意識」ないし「脳内に局在化される意識」という観念に対して「身体全体による環境内でのライフ的経験」という概念の重要性が浮き上がってくる。

意識がより広い概念たる「経験」に基づくことはこれまで何度も指摘した。これを敷延して、我々は意識と人間存在の関係を把握する際に「身体全体による環境内でのライフ的経験」を基礎に置くべきである。そうすれば、意識が歴史・文化・風土という文化—自然的環境因子によって構成されるライフ的現象であり、それゆえ人間存在の根本現象であることが理解できるであろう。換言すれば、「自覚態—存在（Bewußt-sein）」としての意識は文化—自然的環境の中で自己組織化するライフ的現象であり、それは母なる自然にどっしりと根を張った身体によって生かされたものであり、脳内に幽閉された精神的現象に尽きるものではないのである。

我々の意識は自我という極を超えて、他我やそもそも我をもたない無意識的自然にまで脱自的に延び広がった自然内属的ないし自然浸透的な経験的現象である。それゆえ、それは認知主義や現象学を超えて、生命システム論的に把握されなければならない。

そもそも「私」は常に「私ならざるもの」によって脅かされ、励まされ、暗示され、何か「より広いもの」に向けて誘導されている。フロイトはそれを無意識や超自我という言葉で表現しようとしたし、ユングは集合的無意識という概念をもち出した。彼らの思想も参考にはなるが、筆者としてはやはり自然有機体説と世界内存在の概念と生命システム論の観点から「私を超えた何か」を集合的心性の自己集中化として捉えたい。それはたしかに「小我を超えて大我に至る」という大乗仏教の教えと共通点をもっているが、それよりもはるかに自然主義的である。

意識は集合的心性としての普遍的な生命の大河に根差した心的な生命現象である。この現象の発生を創発主義的に捉えることにすべてがかかっている。

注

（1）Vgl. M. Heidegger, *Sein und Zeit*, M. Niemeyer, Tübingen, 1979, S. 385（原佑・渡辺二郎訳『存在と時間』中央公論社、一九九三年、五九四ページ）

（2）R・ドーキンス『利己的な遺伝子』日高敏隆他訳、紀伊國屋書店、一九九五年を参照。

第21章　意識の創発と創造的人生

はじめに

この世に生を受けた我々各人は、成長の過程で意識と自我を獲得し、その後様々な人生の経路を辿り、最後は死に至る。意識の個体発生、ならびに社会的経験の自己組織性を介した自我の創発に関しては既に詳しく説明した。また、他者と共に在る世界内存在としての「私」についても生命論的観点を踏まえて深く考察した。しかし実存的ないし実生活的次元に関する考察はまだ不十分である。そこで、今こそ「人生」について表立って論じたいと思う。

一般に人生論は厳密な学問的哲学を標榜する人たちからは軽蔑されがちだが、意識という現象を人間の本質に照らして考える際、必須の思考案件だと思う。「人生」とは個々の意識的生命体ないし意識的生活者ないし意識的実存が身を賭して生き抜く「生命の歴史」である。それはまた「生命の物語」として小説の題材にもなる。

各人が歩む人生の行路は千差万別、多幸多難であり、一つとして同じものはない。ある人は若くして難病や事故で命を落とすし、ある人は健康なまま長寿を全うし、眠るようにして安楽な死を迎える。また、ある人は高い理想をもって努力精進するが、中途で挫折し、ある人は長い下積みの生活の後に一大事業を起こしたりする。別の例を挙げると、ある人は高偏差値の秀才で一流大学を出、有名企業に就職し、順調に出世するが、何ら独創的なところはなく、平凡なエリートサラリーマンとして定年を迎える。それに対して、ある人は、学生時代はあまり成績が良くないが、自分が興味をもったものにはとことんのめり込み、その方面に特異な才能を示し、大学卒業後研究職を目指したが、教授に嫌われていたので場末の特許局にようやく雇われる。ただし相変わらず研究の鬼であり、仕事の合間に研究と思索を続け、ついに物理学上の大発見をしたりする。

気づかれた人も多いと思うが、後者はアインシュタインのことを指している[1]。彼は独創的天才の例として第一に挙げられるべき人物である。また、独創的天才の多くが彼のように世渡り下手の変わり者であることを知っている人も多いと思う。そもそも独創性とは従来の固着したパターンを打ち破る新たなパターンの創出であり、ただ知能や偏差値が高いだけの保身的イエスマンはそれを成し遂げる力がないのである。進化生物学と遺伝学に突然変異という概念があるが、天才が成し遂げる前人未到の科学的発見や芸術的創造や学問的偉業は、科学史や思想史や芸術史の先例からは予測不能の突発現象、つまり「創発」に他ならない。しかし、創発は単なる突発事象にはとどまらない。それは「創造」ということと深く関係している。これまで何度も指摘したが、それは「新奇への創造的前進」ということを含意しているのである。

「意識」は多彩な心的現象の中でも特に創造行為と密接に関係している。つまり、ある人の人生行路上の行為を「新奇への創造的前進」たらしめるのは、その人の意識の特異性によるところが大きいのである。その特異性とは意外と平凡だが「自由」ということである。哲学や心理学や脳科学においてよく人間の行動における「自由と因果性」の相克ということが議論の的となる。また、それと並行して「自由 vs. 決定論」という問題が突出してくる。

創発主義は自由を擁護し決定論を否定する。しかし、その態度は二元論や精神主義と違って、深い自然理解に裏打ちされている。それについてはこれまで何度も述べてきたが、本章では筆者の創発的自然主義の立場から「意識の創発と創造的人生」について考察しようと思う。

意識は「新奇への創造的前進」を遂行する創発的生命システムである。生物進化の果てに生まれた我々人類の各個人が、大いなる生命の連鎖の中で創造的人生をそれぞれの仕方で切り開くのである。その開拓精神は何に由来するのか。また、人生を因襲に縛られた非創造性から脱却せしめる契機とは何なのか。このことを創発主義の立場から考察するのが本章の課題である。

1 意識と人生

意識と生命の関係についてはこれまで何度も触れてきたが、ここでは人生との関係に焦点を当てようと思う。

前述のように、あるいは発達心理学の教えるように、我々は三歳前後に自覚的意識を獲得し、その後自我を熟成させ、親から独立して自ら人生を切り開いていくことになる。親から独立すると言っても、彼らを見捨てることではなく、成熟した社会人として自分の行動に責任を負い、他人と共存できるようになる、ということである。しかし、昔からうまく成熟できずに、いつまでも独り立ちできず、親に頼りがちな人はけっこういる。特に最近は「引きこもり」というものが流行っており、これに陥った者は、社会と対人関係から隔絶した閉塞的生活に退却し、自分の人生の可能性を著しく狭めてしまう。しかし、こうした自閉的な人の中には昔から天才が紛れ込んでおり、世俗に背を向けて独創的活動に邁進する者がいることもまたたしかである。いずれにしても、どのような人生を自ら選ぶかは、各人の意識のなせる業《わざ》であり、ここに意識の生命的自由というものがある。

意識はたしかに脳神経系の生理的活動の関数であるが、この「関数である」ということは、意識が世界内存在として脳の外延をはみ出しつつ環境世界の情報構造と密着していることを指している。ここに意識の創発的自由性というものの根拠がある。意識はたしかに脳神経系の生理的活動（電気―化学的な神経計算論的活動）を基盤としており、その働きは脳神経系の器質的ならびに機能的状態に大きく影響される。しかし、基盤はしょせん基盤にすぎない。問題は意識の内容と過程と生成を構成するシステム的側面である。この側面は脳神経系の構造と機能を超えて環境世界の情報構造へと脱自的に関与し、それを反映しているのである。脳神経のシステム的構成も実は生物が環境に適応するためにできたものなので、脳の構造と機能を調べつつ意識と脳の関係を捉える際、我々は既に環境世界の情報構造を参照しているのである。これが意識と脳の世界内存在という根本機構を反映していることは前に詳しく説明したが、ここではこの概念を意識の自由と生き方の選択の関係に応用してみたいと思う。

意識はたしかに脳の物理的な神経活動に依存する「広い意味での物理的現象」である。一般に物理的現象は因果律に規定された自由の余地のないものと思われている。たしかに一般の非生物的物理現象は意志や本能によって動いたり生起したりしないので、人間の行動に特徴的な「自由」の要素は全くないように思われる。それに対して、人間や動物の生命的行為は物理的なものであっても、単なる物体の運動のように因果律に支配されたものには見えない。特に人間の行為はそうである。ここに物質世界の物理的因果性と精神的生命世界の自律的自由の二極対立の構図が成り立つことになる。古来、二元論的思想家たちは人間の意識をこの自律的自由の担い手として物理的世界の機械的因果性に対置してきたのである。そして、この思想傾向は人間を自律的理性の主体として自然的欲望に支配された動物に鋭く対置させることによって頂点に達する。それに対して、自然主義や唯物論を信奉する思想家たちは人間の意識も物理現象に属するものとみなし、精神主義的な自律的理性を否定して人間機械論を主張した。

こうした極端な思想的対立は筆者から見れば滑稽でしかない。筆者だけではない。古来、深い生命の思想に根差した哲学者や科学者はみな物理的因果性と理性的自律性に対立の彼岸に人間と意識の本質があると見抜いていたのである。意識によって切り開かれる各自の人生は身体と周囲の物理的環境からけっして切り離せない。つまり、人生は物理的なものでもある。また、物理的なものには自由はないが自己組織性はある。物理的現象が閉じた因果系であるという機械論的観点は現代の物理学によって否定されているし、古くはアリストテレスの自然学（物理学）が既にそれを否定していた。

物理的現象は生命体の自由に（破線で）連なる「自由の原基たる自己組織性」をもっているのである。そして、このことは身体的世界内存在たる人間の意識の本質にも関係する。人間は、心と身体の総合であり、精神性と物質性の両義性によって構成された生命体である。それはまた世界内存在であり、環境世界の情報構造を栄養として意識の内容を構成する情報的生活体でもある。意識と人生の関係を考える際には、これらのことを十分顧慮しなければならない。

思春期から青春期にかけて我々は自我の強い目覚めを経験し、「自分って何だろう」「他人と自分は違う」という想念に取り憑かれる。そして、その想念は「人生とは何か」「我々は何のために生きているのか」という観念に発展していく。こうした自我の目覚めと人生の意味への問いかけは、身体の成長過程とりわけ第二次性徴と深く関係しており、その意味で身体的物理性を帯びている。実際、我々の思考や想念や感情はホルモンや血流や脳内の神経伝達物質の影響を常に受けており、物質的身体性と密着しているのである。そして、人生を切り開く原動力は筋肉に纏われた肉体のヴァイタリティである。意識もこの肉体を離れては存在しない。むしろ意識自体が肉体的なのである。

しかし、意識の構成と発動における環境要素の関与を無視してはならない。家庭環境や学校・職場での人間関係や社会情勢は意識と自我の在り方に深く関与し、必然的に生き方の選択に強い影響を及ぼす。総括すると、意識は身体的世界内存在として自己組織化する環境世界の中で自由意志を働かせつつ生き方を選択し、他者と共に在る自己の人生を切り開いていくのである。創造的な人生も平凡な人生も等しくこの根本原理に従っている。また、社交的な人生も引きこもった人生も同様である。

それでは、ある人を独創的にし、創造的人生を歩ませる契機とは何なのであろうか。それは表層的には因襲への反抗であるが、深層的には世界と生命の本質が「新奇への創造的前進」であるということ、つまり創発的自己組織性によって駆動されており、それを顧慮しつつ生き方を選択し人生を切り開くことを本能的にわきまえていることである。ここに天才の発想と自由がある。しかし、それは天才にのみ帰属するものではない。我々の意識は多かれ少なかれ創発的創造性を備えているのである。そこで、それを発揮できることを期して、次に創発と自由の関係について考察することにしよう。

2　創発と自由

自由とは自らの意志で身体を動かしつつ行為することである。そして、創発とは先行与件から予想できない新奇な性質が突如現れることである。また、創造性ないし独創性とは因襲に囚われずに自由な発想を推し進め、伝統的に固着した旧態依然のパターンを打ち破る新たなパターンを創出し、多方面に影響を与えることである。ここに自由と創発と創造性の三位一体構造が成り立つ。

創発という概念はまた、全体としてのシステムのもつ特性は要素たる部分の線型的加算からは得られないことを示唆する。自由という現象が個体内部の欲望意識に限局されるものではなく、他との関係性の中で生じる社会的行為を指すことはこのことと深く関係している。物理的現象に目を移しても、「Aという事象が起これぱBという事象がそれに引き続いて必ず起こる」という原因結果関係は、複雑系としての物理現象を事象Aと事象Bの関係という単独相に限定して観察されるものであり、他の事象（C、D、E……）との連鎖的関係の拡張ないし事象間のフィードバック・フィードフォワードという循環関係を顧慮すれば、物理的現象における非因果的性質としての自己組織性と創発が見えてくる――(2)。

我々人間は社会の中で他者と相互交渉し、自然の中で動植物や物理的事象と相互作用する「関係的存在」である。個体主義や主観主義は、意識を個人の内面に押し込め、自由を独我論的に解釈する。そして、唯物論を極端に毛嫌いする精神主義的二元論者は、人間の自由を物理的世界の機械論的因果性に極端に対置し、それによって人間の自由と尊厳を確保したと思い込んでいる。しかし、それは単なる自己満足であり、事の真相を見失った低俗な思想でしかない。彼らは聖なるものを目指そうとして俗に落ち込んでいるのである。

先行与件から予想できない新奇な性質がこの世界の至る所に現れるということは、世界が複雑系であり、自己組織化する生命的システムであることを表している。そして、その中で生きる人間も複雑な関係性の中で自己の個性を発揮しつつ行為する生活体である。つまり、世界の自己組織性と世界内存在としての人間の自由は関係的存在様式を共有しているのである。そして、その存在様式は物心二元論を超えた根源的生命性を帯びている。ここに創発と自由の相即関係が現れる。

物理的事象であれ、生命的事象であれ、心的事象であれ、社会的事象であれ、それらすべてが何らかの形で因果律に縛られた決定性をもっていると考える人は、自由な発想ができない。決定論を物理的事象や社会的事象に限定して、心的事象はそれを免れる精神的神聖さを帯びていると考えるスピリチュアリストや俗流個人主義者や一時期の実存主義者も実は同じ穴の狢《むじな》である。彼らはみな自己と世界が渦動的に連動する自己組織化的経験主体であり、新奇への共進化を遂行する創発志向体であることを知らないのである。それに対して、世界の奥深い本性としての創発志向性にうまくはまる形で因襲を打ち破り自由な発想をした者のみが創造性を発揮できるのである。

自由というものを「自分の欲求や欲望を束縛されることなく満たし、好き勝手にふるまえることだ」と思っている人がいる。しかし、個人の幼稚な欲求や欲望は殊の外因襲に縛られた俗物性に支配されている。「欲望の奴隷」ないし「快楽の奴隷」という言葉があるが、守銭奴や放蕩家は出世志向の保身的イエスマンと同様に因襲の奴隷にすぎず、創造的自由からは遠く隔たっているのである。

放埒《ほうらつ》な性欲、金銭欲、無節制な物欲、名誉欲といった欲望は、物理的因果性の一部たる生理的因果性に縛られた感情であり、世界を発展させ社会の福祉に貢献するという高尚な理想からは程遠い俗物性にまみれている。俗物はそもそも自らの欲望を絶滅させる死や病気や陰気なものを極端に嫌う。前に、ハイデガーの死への先駆的決意性の思想を激しく嫌い、ニーチェの永劫回帰説を偏愛する現象学専攻の俗物哲学者を挙げたが、彼はまさにこの傾向を体現していた。ハイデガーの言う vorlaufende Entschlossenheit は「先駆的覚悟性」であると同時に「躍進的決意性」でもある。自らの有限性を深く自覚させる極限的実存可能性としての「死」は、欲望の全喪失を意味する独我論的現象ではなく、生命の大いなる連鎖への自己融解を促す進化論的な開放的現象なのである。しかし、これは個の尊厳や価値を否定する全体主義とは無縁の思想である。全体主義とは、独我論的欲望の肯定者たちが集った閉鎖的派閥形成の産物なのである。

閉鎖的派閥形成は政治の世界だけではなく、学問、産業、教育、スポーツ、宗教といった様々な領域で現れる人間的現象である。小中高におけるいじめもその一部であると言える。そもそも、こうした現象は「他人に対する思いやり」の欠如から生まれる。あるいは、思いやりや協調性を偽装した仲間内での欲望の満足という偽善的意図から生まれる。そこには、真の隣人愛や社会福祉はもとより自由も創造性も何もない。あるのは、ただただすさまじい自己肯定と野放図な欲望追求のみである。

物理的世界も人間社会も因果律に縛られた決定論的世界ではなく、偶然と創発と自己組織性に満ちた有機的発展世界であるとこを見抜かなければならない。自然的世界の本質が刻々と進化する創造的発展性によって生気づけられているからこそ、その中で生きる人間が躍進的決意性をもって生命の大いなる連鎖へと個体の死を超えて参入し、真の明るさと幸せを周りにふりまきつつ、創造的活動を自ら営み、かつそれを次世代へと継承させていくのである。

3　創発と創造性

科学や芸術や哲学の世界における天才の創造的偉業は、この宇宙の基本的存在属性としての「創発」に相即している。進化生物学が教えるように、生物進化における新しい生物種の出現には遺伝子上の突然変異が関与している。突然変異は偶然起こる。つまり、それは先行与件から見できない突発事件なのである。しかし、それが先行与件と全く無関係だということはない。ただ線型的な因果関係では捉えられない非線形性を帯びているだけなのである。それゆえ、それは原因結果関係に新しい視座、つまり創発主義的な因果論の視点を提供するのである。その意味で、天才とは本能的ないし無意識的にこの創発主義的視点を働かせていた者とみなせる。

アリストテレス、ニュートン、ダーウィン、アインシュタインといった時代を画した科学者たちは、先行する学者の成果を摂取しつつも、伝統や因襲に縛られずに科学的真理そのものを探求したのである。その姿勢は結果として前人未到の科学的発見へと導いた。つまり、創造性をいかんなく発揮したのである。マネやマチスやピカソやダリといった画家の創作活動もそうである。彼らが新しく生み出した技法はすべてこれまでの常識を打ち破るものであった。文学の世界においても、「真の小説は反小説である」と言われるように、天才作家の作品は因襲を打ち破るものが多い。

なお、科学の世界においては学派や因襲が幅を利かせていることが多く、何か新しい分野にこれまでの常識を打ち破るように仕方で手を着けようとすると無視されたり身分を脅かされたりする。修道士で高等実技学校の物理（自然科学）の教師をしていたメンデルが数学的手法で遺伝現象を解明しようとしたとき生物学会から嘲笑を浴びたのはその代表例である。よく「天才は同時代人には理解されない」とか「天才の偉業は死後初めて理解される」とか言われるが、歴史上の多くの天才はそのようなことにお構いなしに真理の探求に邁進したのである。その姿勢は、いわゆる「訳知り顔した分別臭い現実主義者」の対極に位置するものである。分別臭い現実主義者たち、つまり先述の保身的イエスマンたちは、学問を出世や富の道具とみなし、上にへつらい、伝統や格式に盲従し、独創的研究よりは穏当な業績確保を目指す。これではとうてい創造性など発揮できない。それどころか、伝統や権威に平気で逆らう独創的天才たちに嫉妬し、迫害したりする。しかし、天才たちはそれに屈することなく、自ら信じた真理そのものの探求に虚心に勤《いそ》しむのである。その姿勢はまさにマニアックである。

我々が日常よく使う「マニア」とか「マニアック」という言葉はギリシャ語のmaniaに由来する。そしてmaniaは狂気を意味する。「天才と狂人は紙一重」ということもよく言われるが、この場合の「狂人」はいわゆる精神病者ではなく、「マニアックな人」と受け取った方がよい。もちろん、精神医学の辺縁学問たる病跡学が教えるように、多くの天才は何らかの形で精神障害を抱えていた(3)。代表的なのはゴッホ、ムンク、ポー、ボードレール、夏目漱石、芥川龍之介、太宰治、ジョン・ナッシュなどである。彼らはかなり明瞭な精神疾患を抱えていたが、アスペルガー症候群（高機能自閉症）などの発達障害やパーソナリティー障害にまで視野を広げると、ほとんどの天才に当てはまるほどである。アインシュタインやウィトゲンシュタインはアスペルガー圏の人とみなされている(4)。

マニアックでない人たちは、常識と因襲に囚われ、独創よりも保身を目指すが、この姿勢は線型的因果関係への執着心と表裏一体となっている。これではこの世界の根本的存在原理たる「創発」に目を開くことできないし、それと並行して新奇への創造的前進とは無縁の人生を送る破目になる。科学も芸術も哲学も世界の根本的本質から発してくる人間的営みである。世界（宇宙）自体が、アレクサンダー[5]やホワイトヘッド[6]やエリッヒ・ヤンツ[7]が言うように、新奇への創造的前進を繰り返す有機体だとするなら、真に優れた科学的発見や芸術的創作や哲学的理論構築は、分別臭い現実主義者には疎遠であり、マニアックな人（あえて天才とは言わない）だけがなしうるものであろう。マニアックな人たちは、いわば自ら「創発」の担い手となって、創造的行為を営むのである。つまり、彼らは世界の根本的本質ないし存在論的深層たる「創発」を平凡な常識人や分別臭い現実主義者よりははるかに多く分有しているのである。

ここで意識の科学と認知神経哲学に言及しないわけにはいかない。

本書は意識を主題とする哲学書だが、科学的話題も豊富である。また「創発する意識の自然学」と題された本書は基本的に英米の心の哲学の流れに属すものだが、その他の哲学理論もふんだんに取り入れ、かつ創発主義によって統制していることに特徴がある。これはこれでささやかながら独創的な哲学理論ないし哲学体系の構築なのである。また、本当にささやかながら科学的探究でもあり、米粒くらいの科学的発見を目指すものでもある。しかし御多分に漏れず、こうした筆者のやり方に反感をもつ者もいる。そもそも日本において哲学とは西洋の大哲学者の思想の解釈学であり、大哲学書の精確な読解なのである。筆者に言わせれば、こんなものは哲学ではなくて哲学文献学ないし哲学解釈学、約して哲学学にすぎない。日本は経済や技術や文学の分野においては世界一流だが、基礎科学や哲学では極めて弱い。明治期の西洋文化輸入以来、「虚学よりも実学を」と謳って、理学たる基礎科学や哲学を軽視したためである[8]。ちなみに、この「虚学よりも実学を」というスローガンは日本だけではなく西欧でもけっこうもてはやされる傾向にある。これは実証主義や還元主義において顕著な傾向である。これらは経験科学から哲学的思弁を排除したがる。たとえば、脳科学はもとより心理学においてすら主観的現象たる「意識」に真っ向から挑むことは長い間似非科学的試みとみなされ、科学的研究の地位を得られなかった。ところが、前世期の後半に物理学者兼生物学者のフランシス・クリックが意識の神経科学的研究に真っ向から取り組み始めたのである。この間の事情については既に第2章で詳しく説明したので繰り返さないが、クリックによって実証科学の仲間入り許され始めた「意識の科学」はまさに突発事象であり、新奇への創造的前進への第一歩であった。しかし、クリックは創発主義を毛嫌いする還元主義者なので、この点を批判して真の先駆者ジェームズの観点を現代に生かそうというのが筆者の趣旨である。

とにかく、筆者はもともと哲学研究者であるが、哲学文献学の罠にはけっしてはまらず、科学や医学と対話しながら真理そのものを探求することをモットーとしている。保守的な哲学研究者のように、哲学と科学を峻別して、最近の科学的議論や発見を哲学に取り入れることを排除ばかりしていては、哲学の閉塞を推し進めるのみであり、新奇への創造的前進とは無縁となってしまう。幸い現代のアメリカの心の哲学（認知神経哲学）の推進者たちは、科学と積極的に対話し、思想解釈や学説史や文献学などには目もくれない。これこそ哲学における創造的前進であり、哲学史における創発事象である。筆者が創発主義の立場から意識哲学を構築しようとする姿勢は、ささやかながらも創造的営みであり、創発と創造性の表裏一体性を自ら示しているのである。

4　意識の創発と新奇への創造的前進を繰り返す生命の運動

我々各人は誕生後、三歳ぐらいで自我意識のひな形を獲得し、疾風怒涛の思春期と青年期を経て、成人の社会的自己意識を熟成させる。これが意識の個体発生における自我の創発というものである。そして、この個体発生の背景には生物進化の長い過程における意識の系統発生というものが控えている。つまり、人間における自我をもった意識の個体発生は、生物進化における類人猿↓猿人↓原人↓現生人類という意識の系統発生の過程と密接に関係しており、後者から切り離せないのである。こうした個体発生と系統発生の関係をさらに広範囲の進化現象に敷延して理解しようとすると、宇宙全体が新奇への創造的前進を繰り返す一つの巨大な生命体である、ということに目が開けてくる。

宇宙というのは一つの極限的な「世界」概念であり、あらゆる存在物を含んでいる。そこで、範囲を少し狭めて、地球という世界に焦点を絞っても、それはやはり誕生から消滅（死）に至る一つの生きた惑星とみなせるのである。つまり、それは新奇への創造的前進を繰り返す一つの生命体である。そして、この地球という生命体が一つの「生命場」となって、物質進化から生命の原型が化学的に創発し、さらに単細胞生物から長い過程を経て高等霊長類たる人類への進化のドラマが繰り広げられたのである。それは非線形的分子変化による突然変異の繰り返し、つまり創発の繰り返しであった。そして、生物進化における創発の連鎖の一つの帰結として、ホモ・サピエンス・サピエンスにおける「自我をもった意識」の創発があるのだ。さらに、集団レベルにおける意識の共進化と社会的建設事業や創造的活動が加わる。天才の創造は孤独の中で遂行されることが多いが、それも人類の文化の進化に多大な貢献を果たしつつ吸収されるのである。

こうして、人類と個人両レベルにおける意識の創発は単なる発生ではなく、新奇への創造的前進に寄与する「創造関連的発生」約して「創発」なのである。それでは、こうした意味での「意識の創発」は生命の深い意味ないしその存在論的深層とどのように関係するのだろうか。

生命が生物のみに帰属する存在特性ではなく、情報によって自己組織化が促されるあらゆるシステムに帰属する存在特性であることは別の本で詳しく論じた(9)。つまり、生命は生物のみならず非生物にも帰属するステム特性なのである。ただし生物のもつ生命はやはり際立っている。それはあらゆる生命現象の中で最も「生命」の名に値するものであることはたしかである。しかし、生命の存在論的深層はやはり、生物の生命を超えて、それを可能としている「存在の場」へと延び広がっている。このこともまたたしかである。

我々人間や他のあらゆる生物は、その生命を確保してくれる環境としての「生命場」の中で生きている。つまり、それによって生かされて生きているのである。このことは我々の意識の受動的構造と共に能動的機能にも反映される。意識は生命場から栄養を受け取って、新奇への創造的前進の糧とし、意欲を発動させ、発想を豊かにさせ、それを他に伝達するのである。こうして創造行為は共同作業となり、集団レベルでの新奇への創造的前進が起こることになる。ここに個と集団、天才と烏合の衆（凡人群や秀才群）の間での弁証法的な創造的進化の基盤が存する。

天才が本質的に孤独を好み社会不適応性が強いことは夙《つと》に指摘されてきたが(10)、そうした天才の特異性に理解を示しつつ、彼らの独創性を集団レベルでの創造活動に生かしていくことが、人類の文化と福祉に限りない恩恵をもたらすのである。それに対して、甘えの構造に浸った日本の保身的イエスマンや訳知り顔した分別臭い現実主義者は、偏差値秀才や高学歴エリートや世渡り上手の自称「いい人」たることを理想とし、匹狼的天才を迫害するのである。彼らにとって価値あるのは富や地位や小市民的幸福であり、彼らは無頼派の作家や反体制的科学者に代表される不幸な天才を蛇蝎《だかつ》のように忌み嫌う。しかし、平凡な人でも良心的な人は、そうした天才に理解を示し、彼らに協力して人類の文化社会的進化に陰ながら寄与するのである。

筆者は天才たちに強い同胞意識をもっている。それゆえ、自己の哲学的創造活動を通して地球や人類全体レベルにおける新奇への創造的前進の脈動を常日頃肌で感じ、自己の生命と生命場全体の躍動的共振が意識に反映することを体で理解している。筆者の自我意識はやはり三歳頃創発したが、波瀾万丈と紆余曲折の人生行路を経て、この『創発する意識の自然学』という本、否《いや》思想に到達したのである。この経路を振り返ると、筆者は自然の人生命が絶えず遂行している新奇への創造的前進の躍動的脈動を感じる。筆者はもはや死を恐れない。なぜなら、個別的自己やかけがえのない私という観念は幻想であり、自己は他の自己へと伝達され大いなる自己ないし自然の大生命へと融解するために一定の生物学的期間を生きるのであり、意識にとって死はそのための脱皮的契機としての意味しかないからである。

我々がこの世に生まれたのは、自然の大生命が刻々と遂行している新奇への創造的前進に寄与ないし自己融解するためである。次に我々はこのことを顧慮して自然の大生命と大いなる我の関係について考察しなければならない。

注

（1）アインシュタインの生涯と人柄と思想については、本多修郎『現代物理学者の生と哲学』未来社、一九八一年、細川亮一『アインシュタイン――物理学と形而上学――』創文社、二〇〇四年を参照。
（2）複雑系と創造性の関係については、K・マインツァー『複雑系から創造的偶然へ――カイロスの科学哲学史――』有賀裕二訳、共立出版、二〇一一年を参照。
（3）天才における創造性と精神障害の相関については以下を参照。E・クレッチマー『天才の心理学』内村祐之訳、岩波文庫、一九八二年、W・ランゲ＝アイヒバウム『天才――創造性の秘密――』島崎敏樹・高橋義夫訳、みすず書房、二〇〇〇年、宮城音弥『天才』岩波新書、一九七七年、飯田真・中井久夫『天才の精神病理――科学的創造の秘密――』中央公論社、一九七九年
（4）天才とアスペルガー症候群の関係については、M・フィッツジェラルド『アスペルガー症候群の天才たち――自閉症と創造性――』石坂好樹他訳、星和書店、二〇〇八年、岡田尊司『アスペルガー症候群』幻冬舎新書、二〇〇九年などを参照。
（5）Cf. S. Alexander *Space, Time and Deity*, Macmillan, London, 1920
（6）Cf. A. N. Whitehead, *Process and Reality*, The Free Press, New York, 1978（山本誠作訳『過程と実在』（上・下）松籟社、二〇〇〇年）, *Adventures of Ideas*, The Free Press, New York, 1967（山本誠作・菱木政晴訳『観念の冒険』松籟社、一九八八年）

（7）E・ヤンツ『自己組織する宇宙――自然・生命・社会の創発的パラダイム――』芹沢高志・内田美恵訳、工作舎、二〇〇一年を参照。
（8）永田親義『独創を阻むもの』地人書館、一九九四年を参照。
（9）拙著『情報の形而上学――新たな存在の階層の発見――』萌書房、二〇〇九年を参照。
（10）宮城音弥の前掲書はこのことを特に強調している。

第22章　自然の大生命と大いなる我

はじめに

「生命とは何か」という問いは古くからあらゆる分野で問われてきた。しかし明確な答えは現在に至るまで提出されていない。なぜ答えが出ないのであろうか。問いの立て方が間違っているからであろうか。つまり、「生命とは何か」という問いは答えが出ない疑似問題なのであろうか。そうではなかろう。問いが深遠で、いい加減な答えでは満足できないからである。それだけこの問いに対する人々の期待と思い入れは大きいのである。

ただし生物学は一定の答えを出している。それは遺伝子DNAの働きを基調とした、生物の遺伝、発生、形質発現、形態形成、進化といった現象のメカニズムに関する因果的説明である。つまり、生物学は生物が「生きている」ということを遺伝子DNAの機能に還元する形で統一的に説明しようとするのである。それはたしかに生命の本質に関する普遍的な定義の一端を提供してくれる。しかし、生命の本質は生命個体の内部をいくら探索しても十分知ることはできない。そもそも遺伝子は環境と相互作用することによってしか機能しないのである。その環境とは、遺伝子が格納された核を包む細胞環境から始まって、臓器、組織、生命個体の身体、その個体が生きる集団、地域、惑星全体の自然環境、そして宇宙全体へと範囲が拡張される。こうした環境の各層すべてを顧慮して遺伝子と環境の相互作用は理解されなければならないし、生命の本質も環境内存在としての生物という観点からエコロジカルに探究されなければならない。幸い近年の生命科学は、生命個体内部の分子生物学的生命機能と生命の生態学的意味をシステム論的に統合する形で生命の本質を問うことを推進している。

ただし「生命（bios, vita, life, Leben, vie）」という言葉を作り出した人間は生命科学が提出する定義では満足できない。そもそも言葉というものは意識や感情を反映したものなので、生命の機能的な側面に関する説明だけではなく、それと「心的なもの」との関連を示してもらわないと満足できないのである。つまり、「生命とは何か」という古来の切実な問いかけは、心と生命の関係ないし生命の実存的次元を顧慮して提出されたものだったのである。それゆえ、この問いは生物学や哲学だけではなく宗教や文学や芸術の分野でも関心の的だったのである。そして臨床医学がこれに加わる。というか、医学こそ「生命とは何か」という問いが収斂する場なのである。医学は自然科学であると同時に人間の生死や実存的苦悩や心の問題にも関わる非常に人間臭い学問だからである。今日の高度に技術化した医学の原型は、隣人の苦痛と苦悩を癒すための素朴な隣人愛的医療行為だったのである。

我々は、こうした側面すべてを顧慮して「生命とは何か」という問いに答えてほしいという願望を暗にもっている。それはまた「自己と世界」「自我と宇宙」「意識と生命」「有機的自然観」といった、これまで論じてきた諸問題に連なるものでもある。我々は生きている限り、自己の存在の意味を問い、生活の向上を願い、死を案じ、安らぐことは稀である。しかし、誰も満足な答えを得ることなく死んでいく。「死」はたしかに忌々《いまいま》しいものである。現実には不可能だと分かっていても不老不死を願うのが人情というものである。しかし、筆者は不老不死の観念は先験的仮象以外の何物でもないと思う。古くからある霊魂不滅説や輪廻転生説、あるいはニーチェが一九世紀に提出した永劫回帰説といったものはすべて我執、つまり「小さな自己」への執着心から生じる脳天気な幻想にすぎない。「一体、私が永遠に生き続けたとして、それで謎が解けるとでもいうのだろうか。その永遠の生もまた、現在の生と何一つ変わらず謎に満ちたものではないのか。時間と空間のうちにある生の謎の解決は、時間と空間の外にある」(1)とウィトゲンシュタインは言ったが、筆者はこの意見に全面的に賛成する。彼はまた「世界と生は一つである」と説いたが、筆者はそれを自我と自然の統合性の次元に引き込み、「自然の大生命と大いなる我」という問題に転換しようと思う。

「自然の大生命」とは「宇宙の大生命」とも言い換えられ、我が国の大正期の文学・思想世界で流行した概念であるが(2)、筆者はそれを参照しつつも、創発的自然主義の立場から独自の見解を述べようと思う。それは意識と生命、自我と自然の根源的統一の思想に裏打ちされたものである。

また「大いなる我」という概念は、仏教やインド哲学における小我を超えた大我の概念や梵我一如の思想を連想させるが、それと直接の関係はない。そもそも「大いなる我」という言葉で表現される観念は自然発生的なものであり、洋の東西を問わず古来多くの人が思慕してきたものである。筆者の念頭にあるのは「近代的自我のせせこましい主観性を超えて魂の故郷《ふるさと》としての自然に還帰せよ」という思想である。これはデカルト哲学において顕著な意識中心主義の心観、ならびにそれと並行・連携する機械論的自然観の双方を批判する姿勢に裏打ちされている。とにかく、終章で論じられる「君自身ではなく自然に還れ」という主題のプレリュードとして、我々は「自然の大生命」と「大いなる我」の関係について熟考しておかなければならないのである。

1　メダルト・ボスの発言をめぐって

我々人間が心と身体の統合から成る生命体、つまり一つの生命システムであることは夙《つと》に指摘されてきた。そして、病気とはこの生命システムのバランスが崩れた状態を意味する。ただし多くの病気、特に身体疾患は生理的システムの物質的異変によるところが大きい。しかし、それもよく探索すると、心理的契機も含んだ生命システムのトラブルであることが分かる。生命リズムの変調と言ってもよい。また、精神疾患においても変調をきたしているのは心理的システムだけではなく、生理的・身体的要素も関与していることが多い。

要するに、精神疾患も身体疾患もすべて心身統合的な生命システムの変調なのであり、それは生命の本質に深く根差しているのである。そして、このことは健康な状態と病気の状態における生命システムの連続性をも示唆している。臨床医学の領域おいて特に人間の心身統合性に着目しつつ生命システムの修復を目指すのは心身医学である。この学問は、全人的医療の理念に根差しており、単に壊れた機械を修理するような技術万能主義を脱した、生命システムの根源的治療を目標としている。それは、フロイトの精神分析学（深層心理学）を内科医学と融合して、様々な心身症の原因の解明と治療法の確立を目指し、二〇世紀の初頭に誕生した若い学問である。しかし、その理想とする全人的医療の観点は、古代以来の医療の原点に根差した普遍的なものである。

心身医学の初期の貢献者で、後に哲学者のハイデガーの視点を取り入れて現存在分析的心身医学を確立したメダルト・ボスは、『心的平衡の障害の結果としての身体の病気』において、心の本質を主観的意識作用に還元し、それを身体の物質的過程に対置する二元論的観点を排除し、心のもつ無意識的側面と心身症発生の機序の関係を説明している。さらに、彼は無意識の根底に普遍的な生命エネルギーの存在を想定している。これは、哲学そのものを否定するものではなく、意識中心主義の心観と物心二元論を脱した哲学的心身問題の新たな視座を提供するものである。しかも、それはフロイトのように無意識ばかり重視するのではなく、生命の原理に根差した意識が無意識の抑圧から解放されたときに自由を獲得することを強調するものでもある。そのように無意識から解放された生命的意識が自由を獲得する時点に言及しつつ、ボスは次のように述べている。

> ここにおいて、いわゆる精神と心の間の内的な対立も消失するわけです。なぜなら、多くの能力をもつ高次な心的構造としての精神も全有機体の層的構造の一部であり、存在の全体的計画に順応しそれに奉仕するものだからです。多くの哲学者が書斎で考え出した精神を心の対立者とする誹謗は、神経症的な心的態度に由来することが明らかにされました。病的状態では、いかなる身体器官、精神領域でも他の器官、精神領域と対立しうることが明らかである以上、健康時には生命のもつ綜合力が対立者を協力者に変えて、我々の存在全体の調和を目指して努力していることは明らかです。無論お分かりのことと思いますが、この生命力は何か静的なもの、永続的なものを作り出すわけではありません。その本質は律動性であり、生命力は自らのリズムに従って、有機体を形成し、分化させ、分節化し、やがてはまたその分化を解き、無形の物質に帰すのです。これは生まれてから数十年もすれば必ず再び無に帰するという意味で人間に当てはまるだけではなく、人間が半日ごとに少なくとも数時間は、その複雑な上位自我、意識的自我等の精神構造と分化した多くの身体機能を眠りの手にゆだね、未分化な無意識の状態に帰ることが必要であり、それによって翌日は再び新たに精神構造を作り出すことができるという点でも当てはまります。このリズムはまた国家とか都市とか個人を超えた組織体にも同じように当てはまります。そしてもしこのリズムの存在をよく認識しているなら、我々は自分自身が解体するとき、つまり分化が解け、物質に帰するときをそれほど恐れる必要はなくなります。なぜなら、生命力はあらゆる崩壊の後に必ずより力強い

建設をもたらすはずだからです[3]。

ここで「多くの哲学者」と言われているのは、意識中心主義の二元論的哲学者たちのことである。また、二元論から左派的に派生する機械的唯物論の哲学も暗に否定されている。必要なのは心身統合的な生命の哲学なのである。しかもそれはシステム論と連携するものでもある。人間に見られる生命力のリズムは「国家とか都市とか個人を超えた組織体にも同様に当てはまる」という発言がそれを示している。

一般に、生命は生物に限定される存在特性だとみなされがちで、これは二元論と唯物論の両陣営に及ぶ傾向である。システム論はもともと二元論と還元主義（生命論の領域では生気論と機械論）の対立を乗り越えようとして生まれたものなので、生命を、生命個体を超えて「情報によって自己組織化が促されるあらゆるシステム」に備わった存在性格とみなすのである。国家も都市も株式会社も研究所もすべてこうした生命システムとみなされる。また、ここで単に生物と非生物的自己組織化システムの対比だけではなく、「個別的生命体」とそれを超える「集合的生命システム」の対比に着目することが肝要である。というのも、精神主義者も物質主義者も共に生命の個体性と集合性の区別と相関性に対して盲目だからである。どちらの陣営も生命は生命個体のものだと思い込んでいる。そして、それを精神的次元か物質的次元のどちらかに還元しようとする。これでは個体の死を超えた「生命の大いなる連鎖」を示唆する普遍的生命エネルギーというものに対してけっして目を開けない。また、フロイトのように無意識ばかり強調していると、生命の創発的進化に根差した意識の創造的自由というものを理解できなくなる。この場合の意識は主観主義者が主張する意識内在主義的性格のものではなく、無意識の要素も取り込みつつ生命的自然に根差した創発的性質のものである。そして、創発的であるということは物質の次元をも取り込んでいることを意味する。

意識は二元論者が主張するような非物質的なものではない。むしろ、「形相によって自己組織化が促される活性ある物質」と「情報によって構成される環境」が相互作用することから創発する生命的特質なのである。意識はまた主観的自我によって活動しているだけではなく、無意識的上位自我（＝超自我 über ich, super ego）の影響を常に受けている。そして超自我はたしかに「大いなる我」と関係がある。しかしフロイトの超自我の概念はあまりに抑圧的で、「自然の大生命」と「大いなる自我」の関係を捉えるためには役立たない。むしろ意識を創発的自然主義の観点から生命エネルギーと結びつけ、さらにトランスパーソナル・エコロジーの観点(4)を加味して自我と環境を統合する視座から「自然の大生命と大いなる我」ということを論じた方がよいと思う。

「自然の大生命」にせよ「大いなる我」にせよ、これまでの思想家はあまりに観念的、宗教的に論じてきたように思われる。肝要なのは、まず個人と社会ないし個と集団の関係を基点として、思弁に奔《はし》ることを避けつつ順次宇宙論的な次元や存在論的次元に切り込んでいくことである。また、自我の生理学的基盤も決して無視できない。二元論的哲学者や精神主義的宗教家はこれを極端に嫌うが、砂上の楼閣を築いて自己満足するという愚行に陥らないためにも、自我の形而下学は必要なのである。一般に精神主義者の典型であるとみなされているプラトンですら『ティマイオス』において宇宙論と人体の生理学を関係づけて論を展開している。

とにかく、ボスが非生物的自己組織体に言及しつつ「我々は自分自身が解体するとき、つまり分化が解け、物質に帰するときをそれほど恐れる必要はなくなります。なぜなら、生命力はあらゆる崩壊の後に必ずより力強い建設をもたらすはずだからです」と主張していることに我々は注目すべきである。近代的自我の主観性に囚われて、「私」というものを代替えのできない唯一無比の存在とみなす人はけっこう多い。こうした思想にはまると、「私の死」つまり「自己が無くなる」ということはこの世で最も恐ろしいものとなる。そして、死をめぐる不安は小さな自己の内部で悪循環を繰り返し、絶望に導くか、ありえない霊魂の不滅を夢想させるようになる。これは何も近代的主観性の思想に限ったことではなく、古来彼岸世界を想定するあらゆる立場に見られる普遍的幻想である。

　それに対して、集合的心性やトランスパーソナルの次元に目を開くと、「私（1）の死」は次の「私（2、3、4、5……）の生」へとバトンタッチされる形で「生命の大いなる連鎖」に貢献することが分かるようになる。そもそも生命の本質は「死ぬこと」にある。すべての生命個体が無限に生き続けたら生態系は破綻し、生命の連鎖は途絶えてしまう。しかし、近代的自我のせせこましい主観性は、自己の存在に過度にこだわり、自己の死を他者の生に向けて脱自的に捉えることから遠ざかり、生命の大いなる連鎖に対して盲目となってしまう。主観主義的個人主義者や非社会的精神主義者は、集合的心性というものが理解できないので、意識を非物質的主観性の檻に閉じ込めてしまい、その檻の中で非社会的自己の永続という夢想にひたってしまうのである。そして「生命」も私物化的に理解され、集合的心性と相即する普遍的生命エネルギーというものに目を開けない。トランスパーソナルの視点は、このせせこましい主観性を脱して、生命の大いなる連鎖へと意識を拡張させてくれる。しかも、その際無意識的超自我が生命的自然と直結していることが肝要である。フロイトの場合、超自我は父なるものの抑圧の契機が強すぎて、生命的自然との連携は不十分である。また、東西古来の自己超越の思想も身体や自然の有機的物質性とうまく連携できていない。それに対して、ホワイトヘッドが主張する「自己超越体（superject）」の概念[5]は、生命的（有機的）自然と見事に調和しており、トランスパーソナルの概念を自然と関連づける際、大変役立つ。また、彼は意識というものを自然と直結した「経験」の下位概念として理解していたので、自己を自然に向けて超越させる際、貴重な示唆を与えてくれる。我々は彼の有機体的自然観に根差した意識理解を「自然の大生命と大いなる我」という問題に応用しようと思う。また、彼の思想は自然科学とも関係が深いので、今日焦眉の急となっている「人間と自然の共生」という問題にもエコロジカルな次元で貢献できる。この点を顧慮して、次に経験と自然と生命の関係を改めて考察してみよう。

2　経験・自然・生命

意識が経験に根差し、経験が生命的自然と直結していることに関しては、これまで何度も触れてきた。しかし、「自然の大生命と大いなる我」という壮大な問題に明確に関連づけて経験と自然と生命三者の関係を論じるのは、これが初めてである。

経験は意識の概念と違って、身体や環境と密着しており、あえて非物質性の烙印を捺す必要がない。それゆえ意識よりも自然との密着度がはるかに高いのである。「大いなる我」という言葉は一応「我」という語を含んでいるので、どうしても意識的主観性を連想させるが、実は意識以前の自然的経験との関係の方がはるかに深いのである。自我というものを捉える際、それを意識内在主義的に主観性の概念に当てはめて理解する方法と「私が環境の中で他者と共に生きている」という観点を中心にしてエコロジカルに理解する方法の二つに大きく分かれる。意識内在主義的な主観主義では個々の「私」は相互に隔絶する形で独立しているが、エコロジカルな心観においては最初に環境内での社会的共同行為があり、事後的に反省的自覚が生じ、その結果「私」の一時的個別化が起こる、とみなされる。主観主義では「大いなる我」という概念の核心を捉えることはけっしてできない。せいぜいそれを宗教的スピリチュアリズムに逸脱させる形で主観性の拡張を試みるのみであろう。この場合、あくまで「唯一無比の非物質的〈私〉」に対する執着心が幅を利かせており、自然に向けての脱自は不可能となっている。換言すれば、意識が自然的経験から離れて、主観性と二元論的精神主義の虜《とりこ》となっているのである。それに対して、エコロジカルな心観と自然的経験の観点に立つと、「大いなる我」という概念は個別的「私」の主観性の檻から解き放たれて、自然へと融解する。つまり、「我」が単なる能動的主体ないし活動体となり、人称性の桎梏《しっこく》を逃れて、自己と世界、主体と自然の渦動的連動において生起する「経験」のエージェントとなるのである。そして、このエージェントは常に私物化を免れている。

こうして経験と自然は「大いなる生命の連鎖」の中で個人の主観性を超えつつ融合するのである。つまり、「私の生命」は「あなたの生命」や「彼の生命」と同一の地平にあり、個体的意識を超越しつつ集合的心性と融合し、生命の大いなる連鎖を超主観的意識の深層的連動において形成するのである。その際、「私の死」ないし「私の有限性」は近代的自我のせせこましい主観性の檻を破って、「他者の生」への橋渡し役となる。これこそ、悪無限としての偽りの永生を脱した真の永遠性の実現である。そして、ここに「個でありながら個を超えようとする衝動」としての生命の本質が顕現する。(6) この本質は、まず自然環境と一体となったエコロジカルな経験によって感知されるが、さらに超自我を介して脱主観主義的に意識的自覚に到達する。これは集合的心性と生命の大いなる連鎖の共鳴の個体的自覚であり、意識と自然が生命の深層において脱個体主義的に統合されていることを示唆している。

ここにおいて生起しているのは、言うまでもなく「自然の大生命」と「大いなる我」の経験的共鳴である。しかし読者の中には、筆者が脱主観主義とか脱個体主義とか言いながら「大いなる我」という私性ないし一人称性を表す言葉にこだわっていることに疑問をもつ人も多いと思う。しかし、「自然の大生命」と相即した「大いなる我」の「我」は上述のエージェント的性格が強く、人称性は希薄なのである。それは、自然の大生命が目的論的能動性に彩られた巨大な自己組織性の体系を示唆するのと同様に、個でありながら個を超えた「自然の巨大な自己組織化運動への参入」のエージェント性を指示しているのである。そこにあるのは、能産的自然と能動的主体の渦動的連動における経験の生命的運動なのである。経験はけっして個人の意識に内在するものではなく、世界から自己へと到来する自然の自己組織化現象であることは、これまで繰り返し触れてきた。次にこのことを人称性の超越と自然的心の関係という観点から考察してみよう。

3　人称性の超越と自然的心

意識の主体が「私」という一人称のものであり、民衆に沁みついた「心」という観念がその一人称性から切り離し難いことは、残念ながら覆し難い事実である。それゆえ、「大いなる我」という理想を掲げても、どこまでも心理主義的にしか理解されないのである。そしてそれと並行して、「自然の大生命」という概念も単なる比喩のように受け取られてしまう。つまり、抒情詩に表現されるような「自然の息吹」の情感的認知として理解されてしまうのである。しかし、ホワイトヘッドによれば量子論や相対性理論によって捉えられた新しい自然像は、ワーズワースやシェリーが象徴的に表現した自然の息吹と深い次元で合致している。(7) そして、ホワイトヘッドによると意識は主観から発生するのではなく、客観としての世界から主観に到来するのである。(8) それゆえ彼の思想に即して言うと、「自然の大生命」という表現は人間的情感の自然への主観的投影ではなく、主観以前の自己組織化的―能産的自然（ピュシス）の存在性格を指し示したものということになる。そして、「私の生」や「私の心」という主観的観念もその大元たる「自然の大生命」から派生したものとみなせるのである。

「自然の大生命」という表現は擬人化として受け取られやすい。それは、「この街は生きている」とか「人間の社会も生きているのだ」とか「この国はまるで生き物のようだ」という表現が擬人化として軽視されるのと同様である。「それは擬人化だ」という発言は日常よく聞かれるが、実は人間中心主義ないし主観主義の軽薄さを曝《さら》け出している。ある表現が擬人化だと言われる際、最も多いのは「心」ないし「心的性質」を一般に非心的とみなされている対象に帰属させる場合である。そして、次に多いのが「生命」ないし「生命的性質」を非生物に帰属させる場合である。こうした傾向は民衆のほとんどに及んでいるが、それは人間中心主義の主観的心観と生命観が蔓延《はびこ》っているためである。また、その傾向は明らかに物心二元論の伝統を受け継いでいる。「心」は古来、非物質的なものとして理解されてきた。そして、これは西洋と東洋の諸思想に共通する傾向である。よく、西洋では心と自然が対置されるに対して、東洋では心と自然が融合的に理解されると言われるが、心と物質を対置する基本姿勢は東西共通である。否《いや》、東洋の方が唯物論ないし物質主義に対する反感が強烈で、むしろ心と物質の対置を推し進めてきたと言える。周知のように東洋思想には情感的自然主義の伝統はあっても唯物論や科学哲学の伝統はない。

筆者は仏教を中心とした東洋の哲学を評価するのにやぶさかではないが、「小我を超えて大我に至れ」とか「梵我一如」とか主張する人たちが本当に主観的心観と物心二元論を超越しているか甚《はなは》だ疑問である。換言すれば、彼らの主張は実は人間中心主義と主観的心観と物心二元論に縛られた軽薄な精神主義にすぎないのではないか、と思ってしまうのである。彼らは上から目線（あるいは僻《ひが》み根性）で西洋の物質主義や自然支配の技術主義や一神論的宗教を批判し、「西洋の限界」ということを喧伝するが、多くの場合西洋人が努力精進して開発した科学技術の恩恵に浴している。これは偽善的態度以外の何物でもない。東洋思想には発想の奇抜さがあり、最近西洋の科学者から高く評価されているが、実証性という点では極めて弱い。発想と実証は違うのである。我々は、あくまで真面目で努力家の西洋人の姿勢を尊重したい。とはいえ「大いなる我」という東洋的概念はやはり貴重である。それを西洋哲学的緻密さで解剖するのが筆者の趣旨なのである。

「大いなる我」という概念を根源的自然主義の観点から捉え返す際、「非人称化」という視点が要《かなめ》となる。「人称化の超越」と言った方が適切であろう。

我々は、心的現象を表現する際、常に「私は……」「あなたは……」「彼は……」「我々は……」「あなたたちは……」「彼女らは……」という人称的表現を使う。人称的表現を用いない場合もあるが、それは一段劣った心的現象を表現するためである。たとえば、動物に対して心的表現を流用する場合がその代表である。また、自然現象や社会現象にも人称化を欠く心的表現を使うが、これは擬人化を自覚している場合がほとんどである。とにかく、我々が使う心的表現は人称化を核としており、その背景にあるのは「意識的主観が心的活動の唯一の担い手である」という暗黙の了解事項である。東洋哲学がこの暗黙の了解事項を超越しているか筆者は甚《はなは》だ疑問である。むしろナイーヴな精神主義にどっぷり浸っているとしか思えないのである。

ナイーヴな精神主義は、現代英米の心の哲学で言われるフォークサイコロジーと同様、学問的に低級な立場である。実践的・倫理的尺度で測っても品性下劣である。我々は、「大いなる我」という概念を機能主義の心の哲学の立場から、脱主観化、非人称化して、「自然的心」というものと融合させたいと思う。そのためには、「我」というものを第一人称の主観性から解き放って、自然の自己組織化活動と渦動的に連動する「経験のエージェント」として捉え返す必要がある。「我」というのは、もともと意識的主観の人称性から発生する観念ではなく、生命体と生命環境の相互帰依的経験活動から創発する自然のセルフ・モニタリング機能の個体化的分有なのである。「心」も同様であるが、こちらの方は個体化の程度が「我」よりも弱く、偏在化する傾向が強い。偏在化の端緒は言うまでもなく「私」から「あなた」へ、である。それから「彼」「我々」へと進み、動物や植物という生物を経て、ついには自然や社会という一般に非心的とみなされている事象に至る。

こうした人称化の視点からは「主観性を脱し、自然と一体となった〈大いなる我〉」という概念は理解できない。肝要なのは、もともと完全に人称を欠いた自然の方から「経験のエージェント」としての「我」が生命個体に到来することを感得することなのである。そして、「心」というものが環境世界の情報構造の個体的分有であることを理解することである。

心と自然の間にはもともと分断などないのである。それは単に情感的自然と心の関係にはとどまらない。物質的・機械的自然と心の間にも分断はないのである。心と自然、否《いや》心と物質は「情報」によって統一されているのである。このことを次に論じよう。

4　宇宙の情報構造と意識

かつてアリストテレスは万物のアルケー、つまりこの宇宙の根本的存在原理を「純粋形相」と断定した。[9] 彼によると、あらゆる存在者は形相と質料から成っているが、根本的存在原理は質料による「存在者性」を欠いた純粋の「存在」なのである。この表現は幾分ハイデガー的であるが、一切の質料を欠いた純粋の形相は「物体性」を伴わない、存在創出の根源的エネルギーに当たるので、存在者として対象化される以前の純粋存在という性格をもっているとするなら、この表現は適切なものと思われる。またアリストテレスは、万物のアルケーとしての純粋形相に「不動の動者」、つまり自らは動くことなく自然界の物理的運動を引き起こすエージェントという性格を付与している。そして、それに「神」という伝統的称号を与えている。これは存在者化、人称化、擬人化すれすれなのだが、彼の言う神には諸宗教における人格神や救済者の刻印は全くない。それゆえ、彼が提出した万物の根源としての純粋形相を自然化して、今日の宇宙論や物理学や存在論に応用することは極めてたやすい。

実際、最近の宇宙論や量子情報科学ではアリストテレスの形相（eidos）の概念が脚光を浴びている。ギリシャ語のeidosは中世哲学のinformare（形相付与）の概念へと受け継がれ、今日の量子情報科学や情報学は、存在者の存在の秩序形成の原理としてのアリストテレスのエイドスの概念を情報（information）の本来的意味として捉え直しているのである。つまり、情報は単なるメッセージや知識にとどまるものではなく、世界の存在構造の形成原理としてシステム論的に理解されているのである。[10]

我々は、知覚と意識の機能を働かせつつ世界の構造を理解する。カントをはじめとした近現代の超越論的哲学者たちは、主観としての意識がその先験的論理構造と感性の形式を外部に投げかける形で客観としての世界の構造を認識する、というふうに考えた。つまり、主観が客観を構成し、意識が世界を形成するというわけである。こうした考え方に則ると、情報はもっぱら主観的で知識的なものとして認識論的構図の中で理解される。それに対して、ホワイトヘッドを代表とする自然的実在論の哲学者たちは、物事の秩序は自然的世界そのものに宿っているとみなした。つまり、主観は客観ないし実在としての世界によって主観たらしめられるのである。それゆえ、意識と知覚と思考の起源は超越論的主観性にではなく、実在としての世界の方にあることになる。そしてこの考え方に従うと、情報はもともと世界の方に備わっていた存在と認識の構成原理ということになる。「我々は世界の外にあって、それを超自然的意識によって知覚する」のではなく、「世界の一部として、世界と〈内と外〉の膜によって隔てられていない生命体としての我々が、自己と世界を渦動的統一体として身体的に経験する」のである。こうした視点に沿うと、情報は意識主体と世界を媒介する契機として理解されるようになる。また、情報が客観的実在性をもち、世界にもともと構造として備わっていたことに目が開かれるようになる。そして、この観点をさらに推し進めると「世界の情報構造」というものが分かってくる。

アフォーダンス理論やプラグマティズムの実在論的観点やホワイトヘッドの有機体の哲学では知覚経験の内容を占めるものはもともと環境世界に構造として備わっていたものとみなされる。つまり、この思想潮流において世界はもともと情報構造をもつものとみなされているのである。そして、この潮流と直接交流することなしに「宇宙の情報構造」という概念を主張した日本の生理学者がいた。それは湯川秀樹の間接的弟子の品川嘉也である。

品川は、意識と脳の関係についての宇宙論的考察の中で、「宇宙の情報構造」を万物の基底に据えつつ人間における意識の創発を説明している。その主張の核心は次の文章に凝縮されている。

物質進化の過程において原子が作られた。原子そのものが重力崩壊という平衡状態から遠く離れた系であり、情報をもった構造である。宇宙の歴史は、原子から分子を作った。分子はさらに情報量が多い構造であるが、分子進化は、より情報量を増加させる方向に進んだ。その極限が生体高分子であり生命の起源である。すなわち、大量の情報を保存する自己増殖系の出現である。

遺伝情報として書き切れなくなるとほど情報量が増加すると、記憶装置としての神経系が利用されることになり、脳の進化が始まる。情報保存の方法として、遺伝に学習が付け加えられことになる。学習によって外界に適応するためには、外界の認識が必要となる。外界の認識はより多くの情報をもたらすので、ますます多くの情報が獲得される。外界の認識が、意識の進化の第一段階と考えられる。進化の段階を経て自己の認識、外界における自己の認識、自己をその中に含む宇宙の認識へと進んだ。

大量の情報をもった構造としての脳と、その機能としての意識が組織される。脳は情報によって——平衡から遠く離れた系として——作られた構造として出発し、情報の器官として進化した。(11)

ビッグバンによって誕生した宇宙の物質進化、ならびに生命と意識の創発については前に触れたので、ここでは繰り返さない。ただここで注意を喚起したいのは、物質の自己組織化活動による複雑化の根底にはその原理として「情報」が存している、ということである。これはまさしく上述の「形相的情報」に当たるものである。また、品川は物質とエネルギーと情報の三者間に循環的システムを想定しており、このうち情報に存在論的優位性を付与している。これは、とどのつまり構造としての情報が物理的世界を統べている、ということを意味する。物質（質量）とエネルギーが等価であり、前者は後者の一形態であるというのがアインシュタインの根本思想であるが、品川は形相的情報がエネルギーと物質を生み出す根本的物理要素であると考える。(12)これは、彼は明言していないが、ビックバン以前には純粋の形相的情報のみがあった、という思想に帰結する考え方である。そして言うまでもなく、それはアリストテレスの存在論（形而上学）と自然学（物理学）の主張と一致する。

また、品川の発言から我々が啓発されるのは、宇宙と自我の関係に関する考察が脳科学と進化論と宇宙論と有機的につながる形で実証性を帯び、それが「自然の大生命と大いなる我」というとかくファンタジーに流れがちなテーマを自然科学との対話に引き戻してくれる、ということである。実は品川も哲学を念頭に置いているのだが、それはデカルト流の主観主義と二元論を打ち破る生命哲学である。唯一無比の「この私」、つまり小我が、非物質的次元での不滅性を願いつつ、宇宙と対峙しているのではない。形相的情報による進化の歴史を背負った有機分子によって構成された自己組織化的物質（つまり生命的物質）としての自己が、世界内存在として自己の内部と外部の柵を破り、情報構造によって賦活された有機的宇宙と根源的―深層的に合体しているのである。こうした考え方はとかく宗教的思弁に流れがちとなるが、品川はあくまで自然科学と哲学の対話という形で論を構築し、仮説を駆使しつつも思弁的ファンタジーへと逸脱することはない。

科学と経験主義の哲学は常に仮説の提出とその検証という手法で進歩してきた。実際、品川の主張はもはや単なる仮説とは言えない状況となっている。複雑系の科学における創発の理論は、意識と物理的世界を非決定論的に捉えることをますます推進し、脳科学は社会脳の概念を重視している。「科学の還元的唯物主義と決定論」という見方はもはや成り立たない。しかし、あいかわらず東洋哲学と宗教と西洋の思弁的哲学は科学と自然主義を敵視している。我々は、こういう反自然主義的見方すべてを排除しつつ、科学と対話しながら「自然の大生命と大いなる我」という問題に取り組める段階に来ているのである。

5　自然の大生命と大いなる我

小我と大我、つまり「小さな私」と「大いなる我」はどちらも主格的一人称性を帯びている。前に人称性の超越ということを言ったが、双方とも主格的一人称性を帯びているとするなら、いったいどこが違うのであろうか。

多くの人は大我とは小我を完全に超越した悟りの境地のように考え、両者の間に質的な相違、ないし断絶を想定するであろう。しかし、実は両者の間に断絶などないのである。小さな私の殻を破って大いなる我に至った人も、相変わらず生活の場では小さな私を中心として意識を働かせている。そして、大いなる我はそうした生活的自我をけっして軽視することはなく、自然とつながっている。

こうした小我と大我の関係はある意味でハイデガーの言う非本来的実存と本来的実存の関係に似ている。頽落態にある非本来的実存とは、日常性や俗物性に埋没した堕落形態を意味するのではなく、世界内存在としての人間の根本的存在様式を指している。そして、死へと先駆的に決意した本来的実存は、日常性や世俗性を完全に超越した高尚な態度を意味するのではなく、存在の全体性を見通し、自然の根源へと目を開かれた高次の意識を指している。[13] 高次の意識と低次の意識は全く断絶したものではなく、生活の諸場面で使い分けられる認知機能なのである。しかし、それらが単なる機械的認知機能ではなく、生命的な心的機能であることは言うまでもない。

我々は一生を通して、小我に囚われ、それから完全に抜け出すことはない。しかし、このことを卑下する必要はない。小我は生活のために必要な意識機能、換言すれば生活の道具なのである。そして、それが道具にすぎないということを悟ると、初めて存在の全体性と自然の根源に直結した「大いなる我」ということが分かり始める。

感覚によって知ることができる外界の存在は、自己の身体を含めて、すべて疑わしいと考え、唯一確実なのは

「意識し思考する私」の存在である、と主張したデカルトの思想は、二元論的反自然主義の自我理解の極限形態として、「大いなる我」というイデアから最も隔たっている。そしてそれと同時に、自然を思考する我の操作対象に貶めたという点で、「自然の大生命」のイデアを台無しにする元凶である。デカルトに共感して「唯一無二のこの私」ということを喧伝する輩がいるが、「唯一無二」とか「唯一無比」というのは実は「数」に囚われたもので、自我の実体化の皮相さを暴露している。もともと一人称とか二人称、三人称というものは、社会的共同生活を円滑化するための心的道具にすぎない。つまり、それらはコミュニケーションを円滑化するための契機なのである。しかし、反自然的主観主義たちは、道具や契機にすぎないものを存在の中心に据えて実体化してしまう。そして、それを自然法則から逸脱させて、幼稚な自己陶酔に浸る。これはトランスパーソナル・エコロジーと創発的自然主義の対極にある低級な哲学である。

「私」という観念ないし意識は、外界と隔絶した自己の内面の奥底から湧き上がってくる超自然的主観性ではなく、人称が成立する以前の他者との身体的触れ合いから次第に自覚される、他者との社会的共同生活のための道具である。それは幼児期→学童期→思春期→青春期という経路において社会的自己意識として成熟していく。そして、この成熟過程の核をなすのは、他者の社会的役割が自己の内面に移入されて「他者と共なる社会内存在としての私」という自覚が生じることである。(14) ちなみに、これは人称が成立する以前の生命的自己の存在を示唆している。

人間と動物を区別する指標として人称性というものがある。動物には行動的な心的機能はあるが、人称性を示唆する自覚的意識機能はない、とみなされている。そして、この対置に周知の精神と自然、心と物質の対置が付加される。そこで生じるのが、人間の心には人称性はあるが動物の行動的な心的機能には人称性がない、という考え方である。さらに、ここから人間的自我を自然全般から切り離して精神化する傾向が現れてくる。

「自然の大生命と大いなる我」という思想は、こうした反自然的精神主義全般に逆らうものである。人称性を重視する心観は生命理解にも反映し、生命の尊厳を人間中心主義の立場から精神化する。それゆえ、自然に生命を認めず、動植物の生命も一段劣ったものとして軽視する。これでは「自然の大生命」という概念はとうてい理解できない。そして、この傾向が小我に囚われる主観主義的心観に由来することは、これまで説明した通りである。

社会の中で他者との前人称的触れ合いから次第に社会的自我の第一人称性を獲得する我々の小我は、人間社会を超えて自然環境へと視野を広げ、ついには宇宙全体の存在に思いを馳せるようになる。しかし、無限の大宇宙は黙して語らない。はたして、この無限の空間の永遠の沈黙は私を不安と戦慄のどん底に引き込むであろうか。パスカルが見、感じた宇宙は、冷たい、死せる機械体系だったのであろう。しかし、現代のシステム論や創発的宇宙進化論は、宇宙と大自然を自己組織化する有機体とみなしている。「大いなる我」というのは、こうした有機的大自然宇宙の大生命に対する感受性と認識能力が増した「人称性超越的なエージェントとしての自我」なのである、と結論して本章を締め括りたい。

注

（1）L. Wittgenstein, *Trctatus Logico-philosophicus*, Routledge & Kegan Paul, London, 1971, 6. 4312（野矢茂樹訳『論理哲学論考』岩波文庫、二〇〇四年を参照）

（2）鈴木貞美『生命観の探究——重層する危機のなかで——』作品社、二〇〇七年を参照。

（3）M. Boss, *Körperliches Kranksein als Folge seelischer Gleichgewichtsstörungen*, H. Huber, Bern, 1978, S. 101f. 三好郁男訳『心身医学入門』みすず書房、一九五六年、一四一ページ以下）

（4）たとえば、W・フォックス『トランスパーソナル・エコロジー——環境主義を超えて——』星川淳訳、平凡社、一九九四年を参照。

（5）Cf. A. N. Whitehead, *Process and Reality*, The Free Press, New York, 1978（山本誠作訳『過程と実在』（上・下）松籟社、二〇〇〇年）

（6）こうしたことに関しては、拙著『自我と生命――創発する意識の自然学への道――』萌書房、二〇〇七年を参照。

（7）Cf. A. N. Whitehead, *Science and the Modern World*, The Free Press, New York, 1997（上田泰治・村上至孝訳『科学と近代世界』松籟社、一九八七年）

（8）Cf. A. N. Whitehead, *Process and Reality*, The Free Press, New York, 1978（山本誠作訳『過程と実在』（上・下）松籟社、二〇〇〇年）

（9）以下に述べるアリストテレスの根本思想に関しては、『形而上学』（上・下）出隆訳、岩波文庫、二〇〇七年を参照。

（10）H・C・フォン＝バイヤー『量子が変える情報の宇宙』水谷淳訳、日経BP、二〇〇六年、T. Stonier, *Information and Meaning: An Evolutionary Perspective*, Springer, New York, 1997、拙著『情報の形而上学――新たな存在の階層の発見――』萌書房、二〇〇九年などを参照。

（11）品川嘉也『意識と脳――精神と物質の科学哲学――』紀伊國屋書店、一九九〇年、一九六ページ以下

（12）品川嘉也、前掲書を参照。

（13）Vgl. M. Heidegger, *Sein und Zeit*, M. Niemeyer, Tübingen, 1979

（14）Cf. G. H. Mead, *Mind, Self and Society : from Standpoint of a Social Behaviorist*, The University of Chicago Press, 1967（河村望訳『精神・自我・社会』人間の科学社、二〇〇二年）

終章　君自身にではなく自然に還れ

はじめに

本書ではこれまで「創発する意識の自然学」というものを多角的に考察してきた。そして前章で「自然の大生命と大いなる我」について論じた。本章は最後の考察となるが、論題は「君自身にではなく自然に還れ」であり、筆者が数年前から思索してきた事柄である[1]。

人間誰しも自己の存在と人生について思いをめぐらし、その意味について考え、悩むものである。「いずれ死ぬのだとしたら私の存在に何の意味があるのだろうか」という問いにそれは集約できる。もちろん楽天的な人も多く、自己や人生の意味についてそれほど深く考えなかったりする。しかし、自己の死や最愛の人の死に直面すると事態は一変する。死は、楽天的な人と悲観的な人に差別なく、あるいは外向的な人と内向的な人を区別せずに、平等に生命体としての各人の意識に襲い掛かってくる。そして、否応なしに自己の存在と生命の意味を考えざるをえない方向に引き込む。我々はそのとき自己の存在に関する不安、つまり実存的不安を感じるのである。

自己の存在に関する不安は単なる恐怖や悲観的気分ではない。それは楽天主義と悲観主義の対立の彼岸にある、世界内存在としての人間の根本的気分なのである。ハイデガーに倣って言うと、それは自己の世界内存在に関する自覚的気分の核心、つまり根本情態性（Grundbefindlichkeit）ということになる。平たく言うと、自分が置かれた生活環境と人間関係の中で自己の存在を気分づけられた形で自覚的に意識すること、それが人間の根本情態性としての「不安」なのである。(2)

「生きていること」そのものに対する潜在的な根本気分としての不安は、外向的性格と内向的性格の区別を超えて、各人の内面に襲い掛かってくる。人間誰しも自己の内面と格闘するものであり、それは性格類型に関わりない。マゾヒストでない限り、誰も自分の不幸や早死にを望んだりはしない。人間は基本的に快楽を求める利己的存在なのである。しかし「利己性」は一般に考えられているような「道徳的に低級な自己中心性」ないし「我欲」に尽きるものではない。それには「自分の行動に責任を負うために、自己意識を働かせて自己制御する」というセルフ・モニタリング機能の側面があり、それは認知的・倫理的に積極的な意味をもっているのである。なぜ、そういう機能が我々に備わっているかと言うと、それは他者との共同生活を円滑にするためである。つまり、一見悪を思わせる「利己性」に、実は社会性、ひいては利他性の基盤が存しているのである。それゆえ、我々は内省の力を働かせて、自己の内面と格闘し、生の根源的不安を直視し、利他性に目覚めなければならない。しかしその利他性は、隣人愛と社会福祉を超えて、さらに自然への深い帰依へと進まなければならない。つまり、利己的愛他主義ないしセルフ・モニタリング的利他性は単なる道徳性を超えて自然哲学・宇宙論へと深まらなければならないのである。

我々は生きている限り自己の存在を意識し、あるときは悩み、あるときは歓喜し、あるときは空虚感に浸され、あるときは充実感を満喫する。いずれにしても、我々の意識はパートナーのように我々の自我に一生寄り添うのである。前章では「大いなる我」ということを称揚したが、「意識」にも実は内面性を超えて非我的自然へと延び広がる力が潜んでいるのである。

意識には自我のパートナー、換言すればそれの「影」という側面があり、実は無意識的自然へと知らぬうちに延び広がっている。これは「意識の根源的自然」ということを意味し、精神分析学における意識と無意識の区別を超越する可能性を示唆する。我々は、このことを銘記して、「君自身にではなく自然に還れ」という最後の論題に取り組もうと思う。

1　内面との格闘

かつて多くの天才たちが自己の内面と格闘してきた。また、天才でなくても、ほとんどの人は多かれ少なかれ自己の内面と格闘するものである。そのうち、ある者は深いうつ状態に陥って遂には自殺に至り、ある者は長い苦闘の末に自己と世界の和解ないし全現実の肯定に至る。

自殺は必ずしも当人の精神的弱さや道徳的欠陥を表すものではなく、むしろ深い精神性を示唆する場合がある。俗物は自殺を蛇蝎《だかつ》のように忌み嫌うが、そちらの方が人間性の浅さを暴露しているのである。それゆえ、自殺ないし破局に至ったか、それとも明るい生活に戻ったか、ということは重要ではない。なぜなら、強欲な長寿者たちは、自然の恵みを独り占めし、さらには派閥を作って集団で自然の恵みを貪《むさぼ》り食い、その結果生態系に悪影響を及ぼし、ひいては生命の大いなる連鎖を滞らせるからである。

快楽原則にこだわるから、楽天主義とハッピーエンドばかりを称揚し、悲観主義と自殺を無碍に見下し蛇蝎《だかつ》のように忌み嫌うのである。問題なのは、「幸福か不幸か」という表層的な二者択一ではなく、真の利他性の獲得と自然への還帰ということである。これが前章で言及したトランスパーソナル・エコロジーと関係することは自明であろう。

我々は、基本的に誠実だからこそ悩み、自己の内面と格闘するのである。それゆえ悩みのない健康馬鹿の内面性は極めて貧しい。人格が薄っぺらで深みの欠片《かけら》もないのである。早くして大人になった人(すれっからし)、訳知り顔した分別くさい現実主義者、世渡り上手な俗物、上から目線で説教を垂れる仏教系の人、健康と社交性の讃美者で精神病者を蛇蝎《だかつ》のように忌み嫌ういわゆる明るい人。こうした人たちの内面性は極めて貧弱であり、意識に深みはなく、その社交性や集団主義とは裏腹に生命の大いなる連鎖から疎外されている。

それに対して、ムンクやゴッホやジェームズや有島武郎や太宰治の内面は奥深い。基本的にメランコリックで内向的な人の心は深いのである。しかし、意外なことに、こうした人たちは自己の内面を超えて自然へと深く帰依する傾向を有している。特に印象的なのはムンクである。あの有名な絵『叫び』は、統合失調症の幻聴による生の根源的不安を表現したものと言われているが、彼はその後、自己の内面との長い格闘の末に、全現実の肯定、自然との和解に至り、それを巨大な太陽壁画として描き出した。それは、自己の不安をすべて吸収する自然の根源的エネルギーとしての太陽の光を表現したものであり、内面の苦悩と自然の大生命の弁証法的和解を象徴している(3)。

我々各人は有限であるが、生命の大いなる連鎖と自然の大生命は無限である。しかし有限の積み重ねはいつの間にか無限に転換するのである。つまり、有限と無限は矛盾対当の関係にではなく、弁証法的合生《がっせい》(dialectical concrescence)(4)の関係にある。このことに気づくことが自然と意識の根源的関係を理解する基盤となる。換言すれば、内面との格闘はいつしか内面の根底を突き破って大いなる自然へと脱自するのである。内面は一般に超自然的精神性の刻印を帯びたものとして主観主義的に理解されがちだが、実は「内なる自然」を意味するのである。つまり、それは自然の大生命の内面的分有である。次にこのことを意識哲学の側面から掘り下げて考察してみよう。

2 「私」の影としての自然的意識

我々が自己の内面と格闘しているとき、主我と客我の分裂が起こっている。つまり、苦悩や葛藤や不安に苛まれている自我が反省的主観としての主我によって客体化され、客我としてその意識内容が分析されているのである。こうした主我による客我の分析・スキャンニングは、自己の内面と格闘しているときだけではなく、日常生活のあらゆる場面でなされている。しかも、それは覚醒しているときだけではなく、睡眠中に夢を見ているときにもなされている。睡眠中の脳は完全に休んでいるのではなく、パソコンのデフラグのような活動をしているのである。

一般に「自我」と言うと、「主観」に直結して理解される傾向が強いが、実は直前に述べたようにその内部に付属の客観を含んでおり、主我と客我の統一構造として成り立っている。このことは、自我の観念ないし「私」という意識が、発達の過程における他者との出会いからしか生じないという事実を思い起こせば、すぐに理解できるであろう。つまり、個人の意識の内部での主我と客我の関係は、対人関係における我と汝の関係の内面化的移入として理解できるのである。そしてその際、身体性というものが深く関与してくる。

幼児期から青春期にかけての自我意識の成熟の過程には他者との身体性の共有という契機が強く関与し、この身体性が主我と客我の内面的統一の基盤となっている。そして、言うまでもなく身体は自然と直結している。このことを無視すると、周知のデカルト的心身二元論の観点に引き込まれる破目になる。

意識が生きていくための道具であることについては既に詳しく説明したが、自我もまた他者との共同生活を円滑にするための道具なのである。「道具」と言うと、何か「私」が「かけがえのない唯一無二のもの」から「どうでもよい、ありふれたもの」に貶められ、個ないし自己存在の尊厳が穢《けが》されたように感じる人も多いと思う。しかし、それは小さな自分への執着に由来する錯覚にすぎない。小さな自分から大いなる我に脱皮するためには、自我と意識の道具的性格、つまりその利他性を理解しなければならないのである。人間機械論や唯物論的生命観に反発する二元論的精神主義者は、「人間は刺激に対して反応するだけの自動機械《オートマトン》ではない」と青筋立てて主張するが、彼らに「我々は隣人愛ロボットであり、社会福祉ゾンビである」という見解を突き付けたらどういう反応を示すだろうか。反唯物論的精神主義における個の尊厳の主張の裏には、隠された利己性と快楽主義が控えているのである。とにかく、いきり立った精神主義者の青筋は物質界の只中にあり、自然の恩恵の賜物であることを忘れてはならない。

　ジェームズやミードに倣って言うと、主我と客我は弁証法的関係にあり、両者を固定化して捉えることはできない。つまり、主我は不変の主観的観点ではなく、いつでも反省や成長によって客我へと転化し、客我も固定的な客観的対象ではなく、意識生活の転機においてその都度主我の地位に変転するのである。こうした自我の構造を熟視すると、「私」というものをより高次の視点から常に監視している「大いなる我」というものがおぼろげながら見えてくる。それは、「私を超えた自己」であり、どちらかと言えば無意識に近いが、自覚的意識にも浸透しており、一般に言われる意識と無意識の区別を超えた「自然的意識」である。この「自然的意識」は生涯にわたって「私」にパートナーとして付き纏い、あたかも「私」の影のようにふるまう「秘匿的なもの」である。しかしそれはけっして超自然的なものではなく、根源的自然ないし能産的な有機的自然の自己意識への顕現として理解できる。これを主観主義的反省によって捉えようとしても、その網にはけっしてかからず、自ら身を引き、隠れてしまう。それゆえ、この「自然的意識」を捉えたいなら、意識内在主義的構成や主観主義的反省や超越論的意識哲学の態度を放《ほう》下《げ》して、ジェームズの純粋経験とハイデガーの世界内存在とホワイトヘッド有機体の哲学と筆者の創発の存在論を基盤とした新たな「意識の自然学」の観点が必要となる。フロイトやユングの思想も参考にはなるが、彼らの観点は根源的な有機的自然の概念とは縁遠いので、深い次元では役立たない。むしろ、経験と自然を相即させて理解したデューイの自然主義的視点の方がはるかに有益である。とにかく、従来の主観―客観対置図式の乗り越えは必須であり、その乗り越え先は主我と客我の弁証法的関係の把握、ならびに「私」の影としての「自然的意識」の捕捉である。そしてその際、本書においてこれまで何度も触れてきた「意識と経験の関係」が要点となる。

意識が経験を構成するのではなく、経験が意識を可能ならしめるものであることは、主観主義的心観を乗り越える自然主義的経験論の中核的観点である。経験は心身未分、主客統合的な生命機能であり、自然と直結している。経験は意識を内包するものだが、自覚的意識が機能していないときでも常に遂行されている。しかし、これは機能的意識や生物的意識を常に携えているのである。自覚的意識が精神的なものだとするなら、機能的意識と生物的意識は自然的なものである。つまり、後の二者は自然的意識そのものではないが、それの一翼を担うものであり、その理解のきっかけを与えてくれるものとなる。本来の「自然的意識」は、認知心理学的規定を超えるものであり、自然哲学や宇宙論や形而上学や存在論の領域に踏み込んでいる。それを捉えるのは、本書で筆者が提案した「経験の形而上学としての創発する意識の自然学」であることは、注意深い読者にはすぐに分かることであろう。

私が意識を働かせて自己を分析するとき、常に「経験の不断の流れ」と「生命の自己組織活動」が随行し、背後から支えている。そして経験と生命は自然の大いなる自己組織性のバックアップを受けつつ、意識に「個でありながら個を超えようとする衝動」を創発せしめるのである。

意識は自らの主観性の殻を破って、自然へと脱自的に還帰する可能性を内に秘めている。それを常に背後から賦活しているのが、自然の大生命と直結した「〈私〉の影ないしパートナーとしての自然的意識」なのである。

3 「自然へと還帰する意識」と「生命の大いなる連鎖」

ヘーゲルは自然を精神の疎外態として規定したが、筆者はその思想を逆転させて、精神を自然の疎外態として規定したい。

意識は、精神主義の二元論的構図においては自然に対置され、その非物質性が強調される。しかし、意識が自己組織化的物質系としての脳の活動の関数であり、それと切り離せないことは事実である。とはいえ、それに還元できない創発的性質をもつことも銘記しなければならない。この創発的部分が意識と脳の世界内存在に由来することは既に説明した。また、それが自己と世界の生命的連動に基づくことも説明した。筆者の思想が二元論と唯物論の対立の彼岸にあることは、これまで本書ならびに他の著書で繰り返し述べてきた。創発的自然主義とはそういうものなのである。それでは、この創発的自然主義の立場から「自然へと還帰する意識」と「生命の大いなる連鎖」の関係はどう説明できるであろうか。

意識が外界との生命的接触から疎外されて内面の深くに還ろうとするとき、集合的心性としての精神は個的主観性へと矮小化する。それは同時に、自然の自己組織性と密着していた「集合的心性としての精神」がいわゆる「非物質的精神」へと転落することを意味する。そして、これが意識の自然からの疎外と生命の大いなる連鎖からの逸脱につながるのである。

意識には自然から離脱しようとする傾向と自然へと深く帰依しようとする傾向が共存している。これは内面に沈潜しようとする傾向と内部と外部の区別を取り払って開放的になる傾向の共存とも言い換えられる。「内面に沈潜する」ことの反対は「内面を無視して、外部を志向する」ことではない。内部還帰志向の小我的精神主義の否定は、意識の内面も自然の巨大な自己組織化活動の一部であるとみなす、内部と外部の循環的統一を主張する世界内存在論的な自然的経験主義であり、この観点は自然の大生命へのトランスパーソナル・エコロジー的な還帰と相即しているのである。

我々各人の生命は有限であるが、自然の大生命は無限である。しかし、この「無限」は「無終極性」として悪循環（通俗的永遠性）を意味しない。(5) 個でありながら個を脱しようとする生命の衝動は、主観的精神主義の永生への欲望を振り切って、生命の大いなる連鎖へと脱自することを促すのである。

これが「現在に生きる者は永遠に生きる」ということの深い意味なのは言うまでもなかろう。

4　君自身にではなく自然に還れ

「君自身に還れ。真理は外の世界にではなく君自身の内面奥深くに隠されている」。

アウグスティヌス→フィヒテ→フッサールと受け継がれたこの思想は一見奥深いが、主観主義的意識理解の陥穽を端的に示している。そして、それは同時に根源的自然からの逸脱を象徴し、トランスパーソナル・エコロジーの利他主義ならびに自然保護の思想とは対極の位置にある。我々はなぜこのような思想にはまってしまうのであろうか。それは、平凡な言い方になるが、やはり主観—客観、精神—物質、内部—外部といった二元論的構図を基点として、「雑多で統一性のない外的物質世界から内面的精神界へと意識を引き戻すことが自我と意識の統一性を確保し、精神の深い意味の理解へと導くであろう」と思い込むからである。

たしかに外部世界は騒音に満ち、真の自己を見失わせるように思われる。また、俗悪な日常生活や社交界（いわゆる世間）は自己の意識を低俗化させる契機となることが多い。しかし哲学における内面への還帰の思想はそうしたことにとどまるものではない。二元論的世界観が、「意識の本質と自己存在の真の意味を知るためには、外的自然界の存在をエポケーして、純粋自我と先験的意識へと還帰しなければならない」という思考を否応なしに促すのである。そしてこの姿勢の根底には、自然よりも精神の方が存在論的優位性と世界観的高価値性をもつ、という精神主義的ないし観念論的な思考態度が控えている。観念論とは「存在は意識の中に在る」とみなす主観主義的立場であるが、この観点が「存在」全般の理解の原理となり、自我や意識の存在の理解のみならず、自然や物質の存在の把握にまで適用されるのである。たしかに確実に知ることができるのは何よりもまず「意識し考える我」の存在である。それに対して、他者を含む外部世界の一切は自己の存在のような直接的信憑性をもたないように思われる。しかし、こうしたことはあくまで一見そうであるように思われるだけのドクサ、つまりエピステーメー（真なる学知）の対極にある「個人的思い込み」にすぎない。これが客観主義的哲学、すなわち現象ではなく実在を問い求める真の哲学の根本姿勢の対極にあることは言うまでもなかろう。

真の哲学（philo-sophia：真知と真実在を愛し求める営み）は「現象」ではなく「実在」を希求する。ところが主観的観念論の哲学者たちは、この哲学本来の理想に謀反する形で、自己の内面に真理の在り処を求めてしまったのである。実は、この傾向は古代のギリシャ哲学の内部で既に胎動していた。そして、その張本人はソクラテスとプラトンであった。また、自然の探究よりも人生論や道徳を重視する人たちもこれに加担したのである。それに対して、原子論的唯物論を否定しつつも自然を重視し、客観主義的で経験論的な哲学を構築したアリストテレスこそ真の哲学者の名にふさわしいのである。周知のように彼は科学者兼哲学者であり、人間の意識の内面性や観念論的思考よりも、生きた自然や市民社会に関与する経験論的思考を重視し、かつ目的論的理想主義も確保していた。我々はぜひ彼に倣うべきである。

たしかに、意識に直接現れたものは、かけがえのない信憑性と確実性をもっている。しかし、それはその意識の所有者に限られたものであり、普遍的妥当性はない。これは感覚的な自然現象のみならず、意識や自我の本質の理解についても言えることである。太陽は、観察者の知覚と意識の揺るぎなさを信じるなら、たしかに約二〇cmであり、実際には地球の一〇九倍の巨大さをもつという天文学の客観的データは二次的確実性の地位しか与えられない。しかし、ここに初歩的なミスが現れる。「自己の知覚と意識と思考が確実に、つまり他でありえない仕方で確認したもの」は実は「自己の認識の仕方の確実性」に関わるものではあっても、けっして自然的事実の確認たりえないのである。つまり、主観主義者が揺るぎないものと確信した自己判断が妥当するのは「自己の主観的意識による確認と判断」の範囲を一歩も出ないのである。これは「月にはウサギがいて餅をついている」と確信することや「精神病は身体の物質的異変ではなく悪霊の取り憑きである」と確信することの自己確認の絶対的揺るぎなさと何ら変わらない。自分がただそう信じているだけなのである。真理や真実というものは現象にではなく実在にある。この哲学の根本原理を内面還帰主義者たちは見失っている。

しかし、彼らは切り返すであろう。「自己の内面はその人本人にしか知りえない私秘的なものである。それゆえ我々の思考原理は自我と意識の本質把握のためには、やはり第一の選択肢であり最良の手段である」と。しかし残念ながらこの主張も脆くも崩れ去る。フッサールのように間主観性の理論をもち出して、共同的主観による意識の構成をもち出しても無駄である。「主観性」という思考原理に取り憑かれている限り、自然の存在のみならず、自我と意識の本質も理解できないのである。

こうした思考姿勢はすべて「意識に対する経験の先行性」ならびに「主観に対する客観の優位」という基本的事実が分かっていない。そもそも近代以降の超越論的哲学のすべては無駄な努力に終始していたのである。真の哲学的営みは根源的な有機的自然にどっしりと根を下ろした経験論的哲学の帰納的形而上学という方向性に見出せる。「帰納的形而上学」というのは、諸科学の成果を集約・精錬しつつ存在と知の統一的な根本原理を問い求めるものであり、その創始者は言うまでもなくアリストテレスである。また、前章で取り上げたトランスパーソナル・エコロジーの視点も重要である。自己の内面への還帰、否《いや》それへの逃避を防ぎ、根源的自然へ還帰へと意識を転回（回心）されるためには、この視点が極めて有効なのである。

前にも述べたが、「我思う、ゆえに我あり」ではなく、「私は生きている。それゆえたまたま思うこともある」というのが真相である。「生きる」という営みは意識と思考に先行する自然的事実であり、「意識に先行する経験」もこのことを直視なければ理解できない。そして、デューイが強調したように「経験」は観念よりも自然に密着しているのである。このことが理解できれば、「君自身にではなく自然に還れ」というテーゼの意味が自ずと分かってくるであろう。

我々各人は、自らの意志によらずこの世に生を受け、いつからとはなしに意識を獲得し、自我の目覚めを経験し、思い、悩み、喜び、愛し、憎み、ときおり「私は何のためにこの世に生まれ、何のために生きているのだろうか」という感慨に襲われる。が、答えは得られず、日々の生活に追われ、いつの間にか年老い、最後には解体した死せる物質に還る。しかしボスが熱弁したように、自然の生命力はあらゆる崩壊の後に必ず力強い建設をもたらすのである。死は単なる世代交代であり、「生命の大いなる連鎖」を維持するための脱皮的契機なのである。「私が死を超えて生きる」ということは、私の霊魂が肉体の死後も生き続けるということではなく、自然の大生命が個体の生命の連鎖を維持しつつ、エンテレケイアへの無限の創造的前進を繰り返す、その運動に自己を融解せしめる、ということなのである。

注

（1）拙著『自我と生命――創発する意識の自然学への道――』萌書房、二〇〇七年↓『心の哲学への誘い』萌書房、二〇〇七年

『心・生命・自然——哲学的人間学の刷新——』萌書房、二〇〇九年という順序でその問題意識は継承されてきた。なお、「創発する意識の自然学」の発想は『意識の神経哲学』萌書房、二〇〇四年に遡る。

（2）Vgl. M. Heidegger, *Sein und Zeit*, M. Niemeyer, Tübingen, 1979, M. Boss, *Lebensangst, Schuldgefühle und Psychotherapeutische Befreiung*（拙訳『不安の精神療法』醍醐書房、二〇〇〇年）

（3）宮本忠雄『妄想研究とその周辺』弘文堂、一九八二年の第6章「太陽と分裂病——ムンクの太陽壁画によせて——」がこのことに関して興味深い考察をしている。

（4）これは筆者がヘーゲルの「弁証法（Dialektik）」とホワイトヘッドの「合生《がっせい》（concrescence）」を結合して創った言葉である。「弁証法」は「対立する契機の矛盾を介してより高次の真理に到達すること」を意味し、「合生《がっせい》」は「異なった契機が一つの新しい全体へと生成的に統合される過程」を意味する。

（5）波多野精一『時と永遠』岩波書店、一九八三年を参照。

あとがき

本書で体系的に論じられた「創発する意識の自然学」の構想が最初に浮かんだのは二〇〇三年に『意識の神経哲学』の原稿を書いていたときである。その後、二〇〇七年の二冊の著書『自我と生命』と『心の哲学への誘い』において、その輪郭は明瞭となった。特に『自我と生命』は副題が「創発する意識の自然学への道」となっており、その問題意識は確然たるものとなっている。また『心の哲学への誘い』において初めて「君自身にではなく自然に還れ」というモチーフが前面に押し出された。そして、それは二〇〇九年の『心・生命・自然』において論述の収斂点にまで地位が高まり、本書において終章を飾るに至ったのである。

意識についての哲学的研究は近代以降興隆し始め、現代においてますます多くの研究者の関心を集めている。また、意識の研究は心理学の一分野でもあり、近年は脳科学も積極的に関与してきている。こうした流れの中で最も注目すべき学者がジェームズであることは、本書で詳しく説明した。筆者はジェームズの意識哲学をホワイトヘッドの自然哲学によって深める姿勢を自らの「創発する意識の自然学」の基盤に据えた。そして「創発」の概念に生命論的深みを与えつつ、それを意識哲学の存在論的基礎とした。

筆者の意識哲学は、哲学上の分類としては「心の哲学」に属すものだが、生命論と存在論のバックアップを受けている点が特徴的である。またプラグマティズムにおける経験概念も重視している。それらを創発主義によって統制して、根源的自然主義の立場から意識の自然的（生命的）本性を解明しようとしたのが本書なのである。

本書はまた、明確な体系化を目指して書き上げられた体系的哲学書である。日本における哲学研究のほとんどが文献学と思想解釈と翻訳に従事していることは由々しき事態である。かつては西田幾多郎や和辻哲郎、近年では廣松渉が独自の理論体系を構築した。本来なら今頃、日本の哲学界は欧米なみに理論体系の構築が主流となっていたはずなのに、現状は言わずもがなである。

それなら筆者が、たとえへぼでも、それを請け負わなければならないのである。数年前の著書からそれを心掛けてきたが、本書でその意図は明確に示された。つまり、本書は完全な体系的哲学書である。読者の脳に深い意識哲学のプネウマが吹き込まれることを願いたい。ちなみに、次の体系的哲学書は数年後に『存在と時空』、その後に『心の臨床哲学』を予定している。既にその構想は固まっているのである。

最後に、本書を昨年の大震災で命を落とした多数の人々の霊前に捧げ、自然の大生命と生命の大いなる連鎖に謝辞を申し上げることを、許していただきたい。

二〇一二年六月二四日　梅雨空の雲間から差し込む陽光まばゆい自室にて

河村次郎

■著者略歴
河村次郎（かわむら　じろう）
1958年　青森県むつ市に生まれる
1984年　東洋大学文学部哲学科卒業
1991年　東洋大学大学院文学研究科博士課程単位取得退学
現　在　東洋大学非常勤講師
著　書
『時間・空間・身体——ハイデガーから現存在分析へ——』（醍醐書房，1999年）
『脳と精神の哲学——心身問題のアクチュアリティー——』（萌書房，2001年）
『意識の神経哲学』（萌書房，2004年）
『自我と生命——創発する意識の自然学への道——』（萌書房，2007年）
『心の哲学へ誘い』（萌書房，2007年）
『情報の形而上学——新たな存在の階層の発見——』（萌書房，2009年）
『心・生命・自然——哲学的人間学の刷新——』（萌書房，2009年）他。
訳　書
メダルト・ボス『不安の精神療法』（解説つき：醍醐書房，2000年）

創発する意識の自然学

2012年10月31日　初版第1刷発行

著　者　河 村 次 郎
発行者　白 石 徳 浩
発行所　有限会社 萌《きざす》 書 房
〒630-1242　奈良市大柳生町3619-1
TEL（0742）93-2234 / FAX 93-2235
[URL] http://www3.kcn.ne.jp/~kizasu-s
振替　00940-7-53629

印刷・製本　シナノ パブリッシング プレス

ISBN 978-4-86065-070-4